삶을 일깨우는
옛이야기의 힘

삶을 일깨우는 옛이야기의 힘

2012년 11월 1일 처음 펴냄
2022년 3월 30일 8쇄 펴냄

지은이 신동흔
펴낸이 신명철
펴낸곳 (주)우리교육
등록 제 313-2001-52호
주소 03993 서울특별시 마포구 월드컵북로 6길 46
전화 02-3142-6770
팩스 02-6488-9615
홈페이지 www.urikyoyuk.modoo.at

ⓒ 신동흔, 2012
ISBN 978-89-8040-946-4 03810

*이 책의 내용을 쓰고자 할 때는 저작권자와 출판사의 허락을 받아야 합니다.
*잘못된 책은 바꾸어 드립니다.
*책값은 뒤표지에 있습니다.

이 도서의 국립중앙도서관 출판시도서목록(CIP)는
서지정보유통지원시스템 홈페이지(http://seoji.nl.go.kr)에서 이용하실 수 있습니다.
(CIP 제어번호:CIP2012004918)

삶을 일깨우는
옛이야기의 힘

신동흔 지음

우리교육

책 머리에

나에게 옛이야기가 어떤 존재냐고 물으면 이렇게 답하겠다. "나는 아기장수 설화를 장편 소설 '태백산맥'과 바꾸지 않겠다!"

거칠고 보잘것없어 보이는 한 편의 이야기. 그 속에는 수많은 사람들의 삶과 꿈이 깃들어 있다. 순수하고 가식 없는 밑바탕의 진짜 삶 진짜 꿈들이. 옛이야기는 최고의 문학이자 최고의 철학이다.

나는 옛이야기가 '양파' 같다고 말하곤 한다. 거칠어 보이는 겉껍질 안에 하얀 속살이 들어 있다. 그 살을 벗기면 또 다른 속살이 나온다. 그리고 또 다른 속살이. 그 속살은 향긋한 맛이 있다. 그리고 그 안에는 영양소가 가득하다. 속살을 입에 넣으면 입이 벙그러지며 눈물이 찔끔 맺히기도 한다. 이야기도 그렇다. 속살 안에 속살, 그리고 또 다른 속살. 겉보기로 알 수 없는 속살들이 겹겹이다. 그 속살은 재미와 의미로 가득하다. 그걸 음미하다 보면 문득 웃음이 피어나며 때론 눈물이 흐르기도 한다.

 양파를 양파이도록 하는 실체는 무엇일까? 겹겹의 속살 가운데 어느 하나가 곧 양파의 실체라고 할 수 없다. 속살 하나하나가 양파의 본질을 이루며 양파의 가치를 구성한다. 이야기도 마찬가지다. 어느 한 가지 의미를 일컬어 이야기의 실체나 본질이라 말할 수 없다. 겹겹의 의미 요소들이 한데 어울려 이야기의 가치를 이룬다.

 이렇게 말했더니 어떤 사람이 나한테 말했다. "양파의 속살이라 해서 다 같은 것은 아니다. 속살 가장 깊은 곳에 생장점이 있다. 그건 특별한 중요성을 지닌다. 생장점이 없으면 양파는 생명력을 발현할 수 없다." 말을 듣고 보니 그도 그러했다. 이야기에도 핵심적 생명력을 이루는 요소가 있다. 우리가 흔히 '원형'이라고 부르는 요소다. 원형적 요소가 제대로 살아나야 이야기가 본연의 힘을 낼 수 있다.

 얼마 전에는 어떤 학생이 이렇게 말했다. "양파의 겉껍질도 무시할 게 아니에요. 거기 영양가가 아주 많다던데요." 듣고 보니 그 또한 그러했다. 영양가가 있고 없음을 떠나서, 먹을 수 있는가 없는가를 떠나서, 겉껍질이 있으므로 그 안에 속살이 깃드는 것이었다. 붉고 거친 겉껍질 안에 희고 고운 속살이 있음으로 해서 양파는 더 아름다운 것이었다. 이야기도 마찬가지다. 거칠어 보일 수 있고 무미해 보일 수도 있는 표면의 언술이 있음으로 해서 그 안에 다양한 의미 요소들이 오롯이 살아 움직일 수 있다.

양파를 까는 일은 그리 어렵지 않다. 껍질을 벗기면 바로 속살이 드러난다. 이야기도 그렇게 착착 속살이 드러난다면 얼마나 좋을까만, 그게 그리 만만치 않다. 이야기는 눈에 보이지 않으며, 손에 잡히지 않는다. 이야기의 속살을 찾아가는 일은, 속살 깊은 곳의 생장점 – 원형적 의미 요소 – 을 찾아내는 일은 꽤나 어렵다. 자칫 헛다리를 짚기 쉬우며 실체를 왜곡할 수 있다.

그래서 나는 이렇게 말하곤 한다. 이야기는 그냥 이야기 자체로 즐기라고. 무리하게 분석하는 것보다 이야기를 한 번 더 해 보는 게 좋다고. 자꾸 이야기를 하다 보면, 이야기와 더불어 즐겁게 놀다 보면 이야기는 자연스럽게 자기 것이 되기 마련이다.

하지만 나는 이야기의 껍질을 벗겨서 속살을 드러내 보이고 싶은 욕망으로부터 도망갈 수가 없다. 그게 운명적으로 만난 나의 과업인 걸 어쩌겠는가. 만약 그 일이 이야기를 뒤트는 일이 된다면, 사람들과 이야기 사이를 멀어지게 한다면 그건 무척 슬픈 일이 될 것이다. 그래서 조심스러우며, 조금 두렵기도 하다.

그래서 나는 '이야기'를 하기로 했다. 어떤 이야기인가 하면 옛이야기에 대한 이야기. 옛이야기들과 어울리는 즐거운 여행길에서 이야기의 속살과 어떻게 만났는지를, 이야기에 깃든 재미와 의미에 어떻게 접속하게 됐는지를 '나의 이야기'로 풀어내 보기로 했다. 쉽고 편안하게, 그리고 주관적으로.

돌이켜 보면 나의 삶을 크고 작게 흔들어 놓은 많은 이야기들이 있었다. 나를 일깨워 주고 일으켜 준 이야기들! 일컬어 나의 '삶의 이야기'들이다. 나의 이야기이므로 나는 그 이야기를 할 수 있다. 어쩌면 그것은 나의 이야기이므로 다른 이들의 마음에 가닿지 않을 수도 있다. 하지만 그것은 다름 아닌 '나'의 이야기이므로 또 다른 많은 '나'의 이야기가 될 수 있을지도 모른다.

나는 이야기의 힘을 믿는다. 특히 원형적인 옛이야기의 힘을. 좋은 이야기를 통해 얻은 깨달음은 순수하고 심오하며 강력하다. 그것은 머리가 아닌 가슴에 새겨져서 몸을 바꾸고 삶을 바꾼다. 어느새 우리와 한 몸이 되어서 함께 움직여 나간다. 우리 삶이 지속되는 최후의 그날까지. 아니, 어쩌면 삶이 마무리되는 그날 이후까지도! 사람은 떠나도 이야기는 남는다.

옛이야기와 함께하는 나의 삶은 복받은 삶이다. 꽉 막혀 답답하던 일도 옛이야기와 어울리다 보면 술술 풀린다. 어둠은 어느새 빛으로 바뀌어 있다. 이 복받은 삶을 열어 준 소중한 인연들에 감사한다. 어린 막내한테 도란도란 옛이야기를 들려주신 우리 부모님. 그 이야기를 들을 때 나는 평화 그 자체였다. 이야기 공부의 길을 이끌어 주신 존경하는 스승님들과 옛이야기에 대한 이야기를 함께 나누어 온 선후배 동학들. 그 귀한 만남이 지금의 나를 있게 했다. 그리고 저 갸륵한 옛이야기들을 입에서 입으로 전해 온 이 땅의 할머니 할아버지와 어머니 아버지 형님 누님들. 이야기와 더불어 행복하셨으리라고 믿는다. 긴 시간의 기다림 끝에 미력한 이야기를 오롯이 갈무리해 준 우리교육 편집자들께도 고마운 마음 전한다. 삶의 이야기를 함께 만들어 가고 있는 사랑하는 나의 가족. 나의 수호여신 유희정과 우주의 귀한 딸 은혜와 은지. 우리의 진짜 이야기는 이제 시작이야!

2012년 가을, 양평의 작은 마을 풀무골에서

신동흔

차례

책 머리에 5

여는 이야기
이야기에 깃든 복 15

그가 간 길, 내가 가야 할 길
장자못 전설과 고갯마루의 메타포 24

삶을 위한 저항
아기장수의 죽음, 그 너머의 의미 38

인간에 대한 예의
신립의 길과 이순신의 길 53

눈물겨운 내 안의 신성
그 구렁이는 어떻게 용이 되었나 71

욕망하니까 인간이다
울지 마요 광청아기, 당금애기 84

소중한 건 어디 있는가
먼 길 돌아와 만난 내 곁의 여신   101

남자의 꿈? 여자의 현실!
선녀와 우렁각시, 그들은 왜 떠났을까   117

쉿! 엄마의 두 얼굴
해님달님 이야기의 오싹한 내막   135

떠나라, 떠나보내라
집 떠난 딸들의 길, 바다에 이르다   150

돌아와 마주 서라
진짜 아들의 귀환을 위한 긴 여정   169

속이는 자? 부딪치는 자!
막동이와 트릭스터의 존재론   185

세상을 얻는 자는 누구인가 1
신선비 각시의 호랑이 눈썹   201

세상을 얻는 자는 누구인가 2
민담형 인간이 살아가는 법　219

나의 길을 가리라
편견을 돌파한 소신의 여인들　237

마음 베푸는 나눔의 철학
타인을 돕는 법, 스스로를 돕는 법　252

다가와 손 내미는 관계의 철학
그 호랑이는 어떻게 형님이 되었나　271

삶을 꽃피운 아름다운 선택들
선이 선을 불러 행복을 낳다　285

운명 그 너머의 운명
운명을 만들어 낸 사람들　313

다시 여는 이야기
나의 길, 이야기의 길　333

여는 이야기
이야기에 깃든 복

이야기를 한다는 것

옛날 얘길 그걸 들구서는 누귀한테 가 얘길 안 하면 얘기가 굶어 죽어. 그러면 얘기가 굶어 죽는다구. 그러, 괜히 살煞이 되면 안 돼. 그러니까 얘길 해요. 오늘 저녁에 들은 거 아무 데라도 댕기면서 얘기를 해야 얘기가 자꾸 빠져나가면서 얻어먹구 살잖아.

어느 할머니가 이야기를 시작하면서 꺼낸 말이다. 강원도 횡성군 학담리의 목수희 할머니. 할머니가 펼쳐 낸 이야기는 바로 '이야기 주머니'다.《한국구비문학대계》2-6, 강원도 횡성군 공근면 설화, '이야기 주머니'

옛날에 어떤 도령이 이야기 세 마디를 듣고 와서는 그 이야기들을 주머니 속에 꼭꼭 가둬 놓고서 아무한테도 내내 얘기를 하지 않았다. 배가 고파 굶어 죽게 된 이야기들은 참다못해 복수를 하기로 결심했다. 도령이 장가드는 날, 이야기들은 각기 독이 깃든 꽃과 딸기, 날카로운 화살로 변해서 도령을 해치려 했다. 때마침 이야기들의 모의를 살짝 엿들은 이가 있었다. 도령이 부리는 종이었다. 종은 자청해서 도령의 신행길에 따라나선 뒤 이야기들의 연이은 공격을 차례로 물리쳐 도령을 구했다. 죽을 뻔하다가 가까스로 살아난 도령은 이후 종을 은인으로 떠받들었다고 한다.

꽤나 널리 알려진 이 이야기는 이야기의 본질이 어떤 것인가를 잘 말해 준다. 이야기는 해야 맛이다. 이야기를 듣고서 전하지 않으면 이야기는 사邪가 되고 살煞이 되어 해를 끼친다. 꺼낸 이야기가 해가 되는 건 몰라도 안 꺼낸 이야기가 어찌 해가 될까 생각할 수 있겠지만, 가만 따져 보면 이치가 꼭 그러하다. 이야기를 전하지 않는다는 건 세상과 소통하기를 그친다는 뜻이다. 스스로 고립되어 외롭고 우울하고 답답해지게 될 터이니 해로운 일이 아닐 수 없다. 말은 '이야기를 가둔다'고 했지만 그것은 실제로는 '나를 가두는 것'과 다르지 않다고 할 수 있다.

이야기는 생명이며, 친구이다. 목수희 할머니의 구연에서 내 마음을 쿡 찌른 대목이 무엇인가 하면 옛날 얘기를 전하지 않으면 이야기가 '굶어서 죽는다'는 말이었다. 이야기가 굶어 죽다니! 그건 곧 이야기가 살아 있는 존재라는 뜻이다. 살아 있으니 먹을 양식이 필요하다. 그 양식이 무언가 하면 바로 '들려주고 듣는 일'이다. 물건은 쓰면 닳는데, 이야기는 쓰면 살아난다. 내가 다른 이한테 들려주고 그가 또 다른 이한테 들려주어 입에서 입으로 옮겨 가다 보면 이야기는 어느새 뽀얗게 생명력이 피어오른다. 이야기만이 아니다. 이야기를 주고받는 우리들의 마음에도 생명력이 피어오른다.

위 이야기에서 도령을 구한 사람은 종이었다. 그가 그렇게 해낼 수 있었던 것은 이야기의 말을 엿들었기 때문이다. 그는 어떻게 그 말을 들을 수 있었을까? 그 답은 바로 '관심'이 아닐까 생각해 본다. 이야기에 관심이 있었으니 이야기의 말을 듣게 되었고 그 감춰진 내막을 알 수 있었다는 뜻이다.

그 덕에 도령의 목숨을 구한 저 사람은 나서서 그 이야기들을 구원했을 것이다. 가두어졌던 이야기들을 꺼내어 이리 전하고 저리 전해서 그들의 허기를 달래고 즐겁게 세상을 나돌게 했을 것이다. 어떻든 저 사람은 이렇게 한 편의 그럴싸한 이야기의 주인공이 되었으니 사람들 마음속에 깃들어 기나긴 생명을 얻은 터다. 명색은 미천한 종이지만 실상은 당당한 '주인'으로서.

사람을 죽이기도 하고 살리기도 하는 그 무엇, 이야기.

이야기를 좋아하면 어떻게 되나

옛말에 이야기를 좋아하면 가난해진다고 했다. 하지만 이런 말도 있다. 마음이 가난한 자에게 복이 있다고. 두 말을 연결시키면? "이야기를 하면 복이 온다!"

어찌 보면 말장난 같지만, 나는 그 이치를 그대로 믿는다. 이야기를 좋아하는 이들은 실제로 마음이 가난한 사람들이다. 그리고 그 삶에는 천복이 깃든다.

옛날 옛날에 할멈과 영감이 살고 있었다. 긴 밤에 잠은 안 오니 얼마나 무료할까. 할멈이 영감한테 재촉한다. "영감, 그러지 말고 이야기 하나 해 주!" "에궁, 뭔 이야기를 하나? 내 이야기보따리 벌써 다 떨어진걸!" 아무리 채근해도 이야기가 나오지 않는 영감.

다음 날 할멈은 아침 일찍 일어나 따끈따끈 맛난 떡을 삶아서 한 그릇 가득 챙겨 주면서 영감한테 말한다. "영감, 이 떡 가지고 나가서 이야기 좀 사 오슈!" "어허, 어딜 가서 이야기를 사나?" 하여튼 쭐레쭐레 길을 나선 영감. 여기저기 다니면서 이야기를 사려고 해도 이야기를 해 줄 사람이 없다. 그때 들에서 일하던 농사꾼 하나가 어찌나 배가 고팠는지 일단 떡을 먹고 보는 것이었다. "거, 내가 이야기 팔리다!" 그렇게 떡은 먹었는데 이야기가 없으니 이를 어쩌나. 그때 들을 바라보니 웬 황새 하나가 논에서 먹이를 찾아서 엉금엉금 기어 온다. "자, 이야기 시작이오. 엉금엉금 기어 온다!" "옳거니! 엉금엉금 기어 온다!" 농부가 또 보니 황새가 우렁이를 찾아서 둘레둘레 주변을 살핀다. "둘레둘레 살펴본다!" "둘레둘레 살펴본다!" 이번엔 우렁이를 발견해서 딱지를 똑 뗀다. "딱지를 똑 떼는구나!" "딱지를 똑 떼는구나!" 황새가 씰룩하고 우렁이 속을 삼키니까, "저놈이 씰룩하는구나!" "저놈이 씰룩하는구나!" 황새가 나가는 걸 보고 "저놈이 이제 나가는구나!" "저놈이 이제 나가는구나!" 농부가 시침을 뚝 떼면서, "자, 이야기 다 됐소."

고생 끝에 이야기를 구한 영감이 집에 들어오자 할멈이 묻는다. "이야기 사 왔소?" "아무렴, 사 왔지!" "그럼 들려주오." "아, 이야기는 밤중에 해야 맛이라구." 그렇게 오순도순 저녁을 해 먹고 이부자리 속에 나란히 누운 영감과 할멈. "자, 이야기 시작해 보우." "자, 그럼 시작이오." 신이 오른 영감이 호기롭게 목소리 높여 이야기를 꺼내는데, "엉금엉금 기어 온다!" 할멈이 받아서, "엉금엉금 기어 온다!" 마침 그때 그 집에 도둑이 들어서 집으로 엉금엉금 기어들고 있는 중이었다. 방에서 나는 소리를 듣고는 그만 깜짝! "어이쿠, 이거 뭐지?" 둘레둘레 주변을 살필 적에 영감이 이어서 하는 얘기 "둘레둘레 살펴본다!" "둘레둘레 살펴본다!" 도둑이 깜짝 놀랐지만 설마 싶어서 솥뚜껑을 여는데, "딱지를 뚝 떼는구나!" "딱지를 뚝 떼는구나!" 도둑이 깜짝 놀라 씰룩하니 "저놈이 씰룩하는구나!" "씰룩하는구나!" 도둑이 도둑질이고 뭐고 깜짝 놀라서 문밖으로 향하니까 "저놈이 이제 나가는구나!" "저놈이 이제 나가는구나!" 도둑이 그만, '아이쿠, 이 집에 신인이 사는구나!' 헐레벌떡 줄행랑을 쳤다고 한다.

옛날부터 널리 전해져 왔고 근래에 이야기 책으로도 거듭 만들어져 세상에 널리 알려진 이야기이다. '훨훨 간다' 같은 제목으로 유명한데, '이야기로 도둑 쫓은 사람'이 일반적인 명칭이다. 이야기로 도둑을 쫓았으니 이야기를 통해 복을 받은 사연을 전하는 이야기가 된다.

그런데 이렇게만 말하고 나면 좀 싱겁다. 이야기는 해야 맛이라지만, 이야기에 담긴 뜻을 이리저리 헤아려 보는 재미도 그에 못지않다. 그래 좀 더 따져 보기로 한다.

저 노부부, 어떻게든 이야기를 구해 보려고 부러 떡을 한 그릇 준비한다. 그 떡을 주고서 구한 이야기란 게 참으로 허망한 것이었다. "엉금엉금 기어 온다"라니! 그 허망한 이야기 하나를 위해 나름 큰 투자를 한 터, 이런 식으로 살기로 하면 아닌 게 아니라 가난해지기 십상이다. 따져 보자면 꼭 떡을 갖다 바치거나 돈을 줘야만 손해가 나는 것이 아니다. 이야기를 얻어 듣겠다고 오가면서 들인 시간과 노력까지 계산하면 적자도 상당한 적자가 될 것이다. 그 시간에 땅이라도 한 번 더 파면 돈이 한 푼이라도 나오지 않겠는가 말이다.

하지만 그건 적자가 아니었다. 허망하기 짝이 없어 보이는 그 이야기로 인해 집에 든 도둑을 쫓았으니 결과적으로 더 큰 손실을 막아 흑자가 된 상황이다. 그런데 여기에는 하나의 재미있는 함정이 있다. 이야기를 듣는 우리는 도둑이 놀라서 도망갔다는 것을 알지만 정작 영감과 할멈은 그 사실을 모른다는 사실. 그러니까 결국 그들한테는 아무 일도 없었던 셈이고 따로 얻은 것이 없는 셈이다, 하고 말한다면 그건 이 이야기의 묘리를 놓치는 일이 된다. 이 이야기의 묘미가 무엇인가 하면 이야기를 하다 보면 '자기 자신도 모르는 사이에' 복을 얻는다고 하는 사실이다. 이야기를 하는 사이에 도둑이 들었다가 제풀에 도망가 사라졌으니 저 부부는 이야기를 주고받는 과정에서 이미 복을 받은 상황이다. 어찌 눈으로 직접 보고 확인해야만 복이겠는가. 우리가 미처 모르는 사이에 스며드는 복이 진짜 복이다.

한 발짝 더 나아가 본다. 어찌 복면을 쓰고서 기어 들어오는 도둑이라야만 도둑일까. 여기서 도둑은 하나의 상징으로 볼 수 있다. 어떤 상징인가 하면, 나의 소중한 것을 앗아 가는 나쁜 기운들의 상징. 다시 말하면 갖가지 형태의 불안이나 걱정, 우울, 상실감, 짜증 따위가 그것이다. 그들이 스며 들어오면 삶의 평화와 행복이 어느새 솔솔 사라져 없어지는 터이니 그 야말로 인생의 큰 도둑이라 할 수 있다. 그 도둑을 잡는 것이, 아니 스스로 제발 저려서 도망가게 하는 것이 바로 이야기다. 마음을 열고서 주고받는 즐거운 이야기의 힘이다.

위 이야기에는 재미있는 후일담이 덧붙곤 한다.

이야기를 주고받은 그날 밤, 영감과 할미는 오랜만에 이부자리 속에서 회포를 풀었다. 그다음 날 도둑이 아무래도 뭔가가 이상해서 과일 장수로 가장한 채 그 집에 찾아들었다. 그런데 가지고 간 물건이 좀 시원치 않았던지 자그마한 배 두 개가 서로 붙은 게 있었다. 그 배를 보고서 할멈이 영감한테 소리쳤다. "영감, 저놈이 꼭 어제 그놈 같소!" 그 말에 도둑이 깜짝 놀라서 '아이쿠야, 이거 알아도 정말 무섭게 아는구나. 여기 있다간 뼈도 못 추리겠다!' 가지고 온 과일 다 내버리고서 뒤도 안 돌아보고 줄행랑을 치고 말았다. 영문을 몰라 서로 얼굴을 바라보는 영감과 할멈. 할멈이 한 말은 그 배의 생김새가 지난밤 영감의 불알 모양과 꼭 같다는 것이었는데 도둑이 제 발이 저려 도망한 것이었다.

그냥 재미로 갖다 붙인 후일담이라 할 수 있지만, 꼭 그렇지만도 않다. 즐겁게 이야기를 주고받은즉 무엇이 통하는가 하면 정情이 통한다. 이야기를 하는 사람과 듣는 사람이 은근히 서로를 끌어당겨 한 몸이 되도록 하니 이거야말로 진짜 큰 복이라 할 수 있다. 표현은 다르지만 '도둑을 쫓았다'고 하는 것과 같은 의미에 해당하는 복이다. 영감과 할미가 덤으로 과일까지 공짜로 얻게 되었다는 것은 이야기의 애교라 할 것이다. 하지만 어찌 아니 그럴까. 나쁜 기운 훌쩍 사라지고 정이 솔솔 통하면 생겨나는 것이 어디 과일뿐이겠는가 말이다. 상큼하고 달콤한 일 가지가지! 그리하여 자연스럽게 도달하는 결론. 이야기는 좋은 양식이다. 우리 마음을 풍요롭게 하는.

'이야기를 좋아하면 가난해진다'는 말, 곧이곧대로 들을 일이 아니다. 그걸 진짜로 '가난해진다'고 이해하는 이는 이야기를 모르는 사람이다. 그건 그만큼 이야기가 좋다는 말이다. 다른 게 필요 없을 정도로 마음이 충만해진다는 뜻이다. 이야기를 좋아하면 부자가 된다. 금전 따위로 헤아릴 수 없는 진짜 부자가.

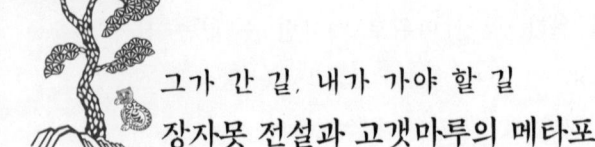
그가 간 길, 내가 가야 할 길
장자못 전설과 고갯마루의 메타포

세상의 큰 비밀이 깃든 이야기

대학에 들어오고 국문과에 진입한 뒤 처음 나간 학술 답사. 우연인지 필연인지 나는 설화반에 속해 있었다. 우리가 찾아간 곳은 계룡산 자락 신도안 마을. 방 안 빼곡 들어찬 학생들을 앞에 두고서 도인처럼 긴 수염을 지닌 노인이 계룡산에 얽힌 이야기를 꺼냈다. "계룡이 닭 계鷄 자에 용 룡龍 자거든. 계룡산이 닭 벼슬을 한 용의 형세란 말여. 이 계룡산이 팔백 년 도읍지라구!……"

전설을 전하는 사람들은 꽤나 진지했다. 세상의 큰 비밀을 알려 주는 것처럼 눈을 반짝이면서 윗대로부터 내려온 이야기를 전해 주었다. 그 기운에 담뿍 이끌려 들어서 나의 마음 또한 일렁였다. 시골 마을에서 노인한테 이야기를 전해 듣고 있다는 사실 자체가 꿈을 꾸듯 신기했다. 어린 시절로, 또 더 먼 과거로의 아련한 시간 여행.

현지답사에 가면 대개 제일 먼저 만나게 되는 전설이지만, 그 내용을 보자면 조금 김이 빠지는 면이 있다. 본래 이야기라는 것이 낯설고 신기한 내용이 있어야 한다고는 하나 전설은 정도가 지나친 면이 있다. 상식으로 이해되지 않는 내용들 투성이다. 아기의 겨드랑이에 날개가 달려 있었다거나, 여인이 하루 만에 산성을 쌓았다거나, 사람이 한순간에 뱀이나 돌이 되었다거나 하는 등등. 생각하면 좀 의아한 일이기도 했다. 사람들은 단순하고도 황당한 이야기들을 왜 그리 대단한 것이라도 되는 양 꼭꼭 전해 온 것일까.

얼핏 말이 안 되는 것처럼 보이는 그 이야기들은, 실제로도 그러한 것이 아니었다. 그 이야기들은 어느 순간 놀라움을 동반한 깨우침으로 나의 마음을 흔들었다. "아하, 이게 이런 이야기였구나!" 아기장수 전설이 그랬고, 오뉘힘내기 전설이 그랬으며, 상사뱀이나 상사바위 전설이 그랬다. 그리고 역사 인물에 얽힌 전설들이 그러했다.

사람들이 그 이야기들을 힘써 전승해 온 데는 이유가 있었다. 오랜 세월을 이어 온 전설들에는 세상의 큰 비밀들이 실제로 깃들어 있었다!

우리나라에서 아주 널리 전해 오는 전설에 '장자못'이 있다. 악행을 일삼다가 천벌을 받아서 망한 부자에 관한 이야기. 내용이 좀 황당하면서도 빤해 보이는 이야기다.

이 전설과 만나 온 오랜 세월 동안 나는 그 속에 내 삶을 흔들어 놓을 무엇이 담겨 있으리라고 거의 상상조차 하지 않았었다. 그러나 그렇게 되고 말았다.

장자못 전설과 두 개의 서사

옛날 어떤 마을에 인색한 장자가 살았다. 어느 날 한 스님이 그 집에 찾아와 시주를 청하자 장자는 바랑에 두엄을 퍼 넣고서 스님을 내쫓았다. 그 모습을 지켜보던 장자의 며느리는 남 몰래 쌀을 퍼 가지고 스님을 따라가서 시주를 드리며 잘못을 사죄했다. 스님은 며느리를 물끄러미 보더니 뜻 모를 말을 남겼다. "지금 바로 길을 떠나서 저 산마루를 넘어가시오. 어떤 일이 있어도 뒤를 돌아봐선 아니 되오."
며느리는 스님이 말한 대로 집을 나서서 산마루로 향했다. 그가 고갯길로 올라서서 산마루를 넘어서려는데 뒤에서 세상이 무너지는 요란한 소리가 났다. 그 순간 며느리는 스님의 말을 어기고 뒤를 돌아보았다. 보니까 장자의 집이 함몰되어 물바다가 되고 있었다. 뒤돌아 그 모습을 본 며느리는 그 자리에서 돌이 되고 말았다. 그때 장자의 집이 가라앉으며 생긴 연못과 며느리가 변해서 생긴 바위가 아직도 마을에 남아 있다.

딱 보기에 이 전설은 좀 뻔한 이야기로 다가온다. 많은 것을 소유하고도 베풀 줄을 몰랐던 인색한 사람이 하늘의 징벌을 받아서 쫄딱 망했다는 이야기. 그런즉 가진 것을 베풀면서 타인과 어울려 살아야 한다는 이야기. 꽤나 도덕적이고 교훈적인 서사가 된다.

살펴보면 이야기 속에 눈길을 끄는 경이로운 요소가 없지 않다. 큰 부자가 살던 집터가 한순간에 함몰하여 연못이 됐다는 것은 예사로운 일이 아니다. 특히 지금 눈앞에 보고 있는 마을 안의 실제 연못이 그렇다는 건 말이다. 그러한 경이감은 연못 속에서 베틀이나 맷돌, 볍씨 같은 것이 발견됐다는 식의 후일담을 통해 배가되기도 한다. 하지만 거기까지다. 장자의 집이 연못이 된 놀라운 일이 실제로 벌어졌다고 하더라도, 이 이야기가 악인의 몰락에 얽힌 인과응보의 교훈적 서사라는 사실은 변하지 않는다.

하지만 장자의 서사는 이 전설의 전부가 아니다. 이 전설 속에는 또 하나의 서사가 있다. 어떤 서사인가 하면 장자 며느리의 서사. 금기를 어기고 뒤를 돌아본 탓에 돌이 된 여인 말이다. 그 여인은 장자와 질적으로 다른 인물이었다. 그는 바른 심성과 함께 그것을 행동에 옮기는 실천력을 함께 갖춘 인물이었다. 마음자리나 행동거지로 볼 때 복을 받아야 마땅한 인물이다. 하지만 그가 결국 어찌 되었는가 하면, 한 덩어리 차가운 돌이 되었다. 이건 도대체 무언가.

무언가 앞뒤가 안 맞는 상황. 그렇다. 지금 우리는 전설의 본령으로 나아가는 중이다. 어떤 학자는 전설을 토론과 논쟁의 이야기로 규정한 바 있거니와, 세상의 일반적 상식과 어긋나 보이는 모종의 상황으로부터 전설적 토론의 화두話頭가 도

출된다. 그리고 그 화두가 이야기를 살아나게 한다.

과연 그 의미 맥락은 무엇이었을까. 스님은 왜 며느리를 홀로 떠나보내면서 뒤를 돌아보지 말라고 했을까? 며느리는 왜 뒤를 돌아보았으며, 어떤 이유로 돌이 된 것일까? 며느리가 돌이 된 것은 과연 이치에 합당한 일인가?

금기, 신적 질서의 다른 이름

스님이 며느리에게 내린 금기禁忌에 대한 일반적인 해석은 그것을 '신적 질서'의 발현으로 보는 것이다. 그러한 해석은 스님의 존재로부터 자연스레 이끌어 낼 수 있다. 이 전설 속의 스님은 범상한 존재가 아니다. 많은 자료에서 그를 '도승道僧'이라 칭하고 있거니와, 서사의 맥락상 그는 신적 존재의 표상으로 읽힌다. 그는 장자를 염탐하기 위해 일부러 그곳을 찾아온 터였다. 그를 모욕하여 내쫓은 장자의 집이 한순간에 함몰되는 것은 필연적인 하늘의 징치가 된다.

같은 맥락에서, 며느리에게 주어진 금기 또한 신神의 명령으로 이해될 수 있다. 신의 명령이므로 그것은 무조건 지켜야만 하는 절대적인 의무였다. 그것을 어기는 순간, 이유가 무엇인가와 상관없이, 그에 앞서 어떤 일을 했는가와 상관없이 혹독한 징치를 피할 수 없는 지엄한 명령이었다.

다음 자료들은 장자 며느리가 돌이 된 것이 명령을 어긴 데 따른 처벌이었음을 명시하고 있다.

그래 거기다가, 그냥 저건 할 수 없다구, 그 여자를 거기다 부처를 만들어 놓구 갔다 그렇다더니.

- 《한국구비문학대계》 1-5, 경기도 화성군 정남면 설화 '귀래리 방아못 전설' (강성직 구연)

그래서 그 중이 하는 말이,
"뒤를 돌아보지 말고 왔으면 날과 같이 될 것인데 뒤를 돌아다봐서 안 된다고, 여기서 오가는 사람 침이나 받아먹으라."
고, 가 버리고 그 여자는 거기서 죽어 버리고 그 서낭이 그 며느리라는 게야.

- 《한국구비문학대계》 2-3, 강원도 삼척군 삼척읍 설화 '장자못 전설' (김대봉 구연)

구원에 앞서 하나의 '시험'을 두려고 한 것일까? 신은 며느리가 가는 길에 하나의 큰 제한을 두었다. 약한 인간으로서 좀처럼 피해 가기 어려운, 감당하기 어려운 제한이었다. 뒤에서 세상이 다 무너지는 소리가 나는데 어찌 뒤를 돌아보지 않을 수 있겠는가 말이다. 말하자면 그것은 일종의 '함정' 같은 것이었다.

며느리는 어김없이 그 함정에 빠졌고 신의 위력에 의해 무너지고 말았다. 장자를 징치해 집을 함몰시킨 신은 선량한 며느리조차 돌로 만들어 버림으로써 신적 질서가 얼마나 엄중한 것인지를, 신이라는 절대자 앞에 인간이란 얼마나 미약한 존재인지를 보란 듯이 현시한다.

한 마을을 온통 물로 휩쓸어 버리면서 살려 둔 유일한 인간에게 조차 신은 '돌아보지 말라'는 금기를 설정하여 유혹했다. 그것은 금기이면서 동시에 '돌아보라'는 강렬한 유혹이었던 것이다. 유혹에 넘어갈 것임에 틀림없는 것이 인간이라는 존재임을 알면서도 신은 늘 금기를 만들어 자기들의 영역에 인간이 접근하는 것을 차단했다.

신화 연구자인 김선자의 말이다.^{김선자, 〈금기와 위반의 심리적 의미에 관한 고찰〉, 중국어문학논집 11, 1999, 2쪽} 설명에 따르면 장자의 몰락뿐만 아니라 며느리의 죽음까지 모든 것이 '신의 장난'이었다. 인간은 신의 경계에 들어설 수 없다는 것을 보이기 위한, 감히 신의 영역에 접근할 엄두를 내지 말라는 것을 시위하기 위한 '의도된 기획'이었다. 그 기획에 넘어가 속절없이 돌로 박힐 수밖에 없는 것이 인간의 예고된 운명이었다.

참을 수 없는 존재의 나약함! 신의 위력 앞에 인간은 이토록 하찮을 수밖에 없는 것인가?

이 의문에서 며느리의 행위에 대한 또 다른 해석은 시작된다. 비록 허무하게 무너져 돌이 되고 말았지만, 뒤를 돌아본 그녀의 행위를 비난할 수 없다는 것. 그 행위는 인간적이므로 오히려 소중하다는 것. 신이 어떻게 하든 인간은 인간의 길을 가리라는 것. 신의 명제에 대한 인간의 '반명제antithese'다.

다시 김선자의 이야기를 들어 보자.앞의 글, 26쪽

신들이 그어 놓은 경계선을 넘어서는 행위는 신들의 눈으로 보면 오만이지만 인간의 눈으로 보면 용기이다. '돌아보지 말라'는 금기를 깨는 것으로 인하여 인간은 돌로 변해 버리지만, 돌로 변할지언정 자신의 의지에 의해 돌아다보는 그 용기는 가상하지 않은가. 어차피 신 앞에서 인간은 나약한 존재, 자신의 의지와 상관없이 돌이 되어 버릴 수밖에 없는 운명을 지닌 것이 인간존재의 근원적 비극이라면.

인간은 한계를 지닌 존재이지만, 그 한계 속에 장엄하게 침몰하는 모습 그 자체에서 의의를 찾을 수 있다는 시각이다. 금기를 파괴하는 일에서 인간의 자유의지를 찾아내고 신적 억압에 대한 인간의 운명적 항변을 읽어 내는 관점이다. 그 관점을 취할 때, 며느리가 변하여 된 돌은 좌절한 인간 의지의 기념비가 된다. 태양 마차를 몰다 나락으로 떨어진 파에톤의 주검에 세워진 비석처럼. 이렇게 인간은 신들이 만든 세상 속에서 다시금 '주인'이 된다.

비극적 좌절이 숭고한 가치로 전변하는 역설! 지금 우리는 전설의 본령으로 들어서고 있는 중이다. 겉껍질 안의 속살로. 그렇다면 여기까지일까? 그 안에 또 다른 속살은 없는 걸까?

아니, 신이 그리한 것이 아니다!

언젠가 제자들과 세미나를 하면서 대화를 나누고 있을 때였다. 예의 장자못 전설 속 돌이 된 며느리에 대해 가볍게 이런저런 얘기를 나누고 있었는데, 문득 한 가지 상념이 머리를 스쳤다.

"근데 말이야, 그 며느리가 돌이 된 거, 생각해 보면 제법 그럴듯하기도 해. 사람이 깜짝 놀라면 돌처럼 굳어지잖아? 하하."

그렇게 말하고 난 뒤끝에 갑자기 머리가 멍해졌다.

"보자! 그 며느리 말이야, 도승이 그를 돌로 만든 게 아니고 스스로 돌이 된 거 아냐? 뒤를 돌아보고는 상황을 감당하지 못해서 그대로 굳어져 쓰러진 게 아니냐고!"

그렇다. 그 스님은 며느리에게 '명령'을 내린 게 아니었다. 그것은 돌아보면 그냥 두지 않겠다고 하는 위협이 아니었다. 그것은 '계시啓示'였다. 돌아보면 무너지고 말 것이니 그리하면 안 된다는 말이었다. 스님은 그렇게 '진실'을 알려 준 것뿐이었다. 집을 떠나라고 하는 말도 마찬가지였다. 그 또한 명령이 아닌 계시였다. 거기 머물러 있으면 삶이 무너지고 말 것임을 그렇게 알려 준 것이었다.

나는 《한국구비문학대계》에 실려 있는 장자못 전설 자료 수십 편을 놓고 여인이 돌이 된 대목을 하나하나 살펴보았다. 앞에 인용한 것처럼 '도승이 여인을 돌로 만들었다'는 식으로 이야기된 경우는 소수였다. 대다수 자료는 이 대목을 그와 다른 방식으로 전하고 있었다.

이 여인이 가는데 가분자기(갑자기) 뇌성벽력을 하면서 그 벼락 치는 소리가 나니까, 깜짝 놀래서인지 뒤를 돌아봤단 말야. 그러니까 그 자리에서 그만 화석이 돼서.
- 《한국구비문학대계》1-1, 서울 도봉구 수유동 설화 '용정리의 용소 전설'(김용규 구연)

어느 정도 가다이까네, 천지가 막 개벽하는 소리가 막 꽝! 하는 소리가 나이까네, 이 여자가 안 돌아볼 수가 없는 게라. 자기 살던 집이이까네. [큰 소리로] 떡-! 돌아보는데 그게 고마 돌미륵이 됐부랬어요. [본래 소리로] 어린애 업은 채로, 이래 [몸짓으로 형상 흉내를 내면서] 돌따보는(돌아다보는) 형상 그대로.
- 《한국구비문학대계》7-10, 경북 봉화군 소천면 설화 '황지못과 돌미륵'(홍성수 구연)

앞에서 말했던 대로다. 도승이나 하느님이 나서서, 또는 황건역사나 저승 차사 같은 존재가 나서서 힘으로 주저앉히고 할 성질의 일이 아니다. 뒤를 돌아보는 순간 며느리는 스스로 (그대로) 그 자리에 주저앉고 말았던 것이었다.

뒤에서 벌어지는 상황. 그것은 며느리가 바이 감당할 수 없는 것이었다. 왜 그러한가 하면, 이유는 많고도 많다. 예기치 못한 엄중한 상황에 대한 놀라움. 지난 삶이 송두리째 허물어지는 상황이 주는 두려움. 버리고 떠나온 냉정함이나 어리석음에 대한 회오悔惡. 막막한 세상에 아득히 홀로 남겨진다는 절망감……. 뒤를 돌아보는 순간 이 모든 것은 한꺼번에 닥쳐와 그를 주저앉게 했던 것이다.

요컨대 장자의 며느리가 돌이 된 것은 스스로 행한 일에 따른 업보로 보아야 한다는 것이 나의 생각이다. 지난 삶을 떨쳐 내고 새로운 삶으로 나아가는 고빗길에서 미처 고갯마루를 넘지 못하고 뒤를 향함으로써 저 사람 과거적 삶의 함정에 발목을 붙잡혀 속절없이 쓰러지고 말았다는 것이다.

다시 전설의 내용으로 돌아가 보자. 며느리가 속해 있던 '장자의 집'은 부정과 모순의 공간이었다. 장자는 누구나 부러워하는 부자였지만, 실상은 욕망과 부조리의 늪에 포획되어 속절없이 수장水葬될 존재였다. 질척한 늪 속에 겨우 머리를 내밀고 가쁜 숨을 쉬고 있으면서도 그 사실을 까맣게 모르는 장님이자 귀머거리였다.

스님의 바랑에 두엄을 퍼 넣고 내쫓는 순간은 그가 늪에서 벗어날 최후의 희망을 놓아 버린 순간이 된다. 그더러 늪을 벗어나라고 한들 그리할 수도 없었을 것이고 그리하려고도 안 했을 터이니, 그가 그 자리에서 수장된 것은 누구의 강제도 아닌 스스로의 업보였다.

욕망과 모순에 의해 함몰되고 말 부정한 공간, 거기 어울리지 않는 단 한 사람이 바로 장자의 며느리였다. 그는 장자와 달리 귀를 열고 있었고 눈을 뜨고 있었다. 그리하여 그곳을 떠나야 한다고 하는 계시와 접속할 수 있었다. 그러나…….

나아가지 못하면 돌아갈 곳은 없다

며느리는 계시를 따라 길을 나선다. 고갯마루 너머 새로운 세상으로. 그가 내딛는 걸음걸음은 과거의 삶을 극복하고 새 차원의 삶으로 향하는 엄중한 발걸음이었다.

그 가는 길이 아무 걸림 없이 순탄하다면 얼마나 좋겠는가. 훌쩍 새로운 삶으로 안착할 수 있다면 말이다. 하지만 그렇지 못한 것이 인생이고 또한 서사다. 결정적인 고비를 만날 수밖에 없다. 이야기는 그 고비를 '금기'라는 형태로 형상화한다. '뒤를 돌아보지 말라'는 것. '과거에 발목 잡히지 말라'는 것! 미련과 두려움 결연히 떨치고, 그 마루턱 훌쩍 넘어서라는 것!

그 일깨움에도 불구하고, 고갯마루 턱에서 며느리는 뒤를 돌아본다. 그리고 주저앉는다. 거기까지였다.

참으로 무서운 것은 돌아봄의 다른 이름이 곧 '죽음'이었다고 하는 사실이다. 지금까지 누려 온 삶을 떨치고 새로운 삶으로 나아가지 못하는 것은 곧 죽음과 같다는 말이다. 나아가지 못하면 다시 돌아갈 곳이 없다는 말이다. 참으로 엄중한 계시이거니와 생각해 보면 이치가 그러하다. 과거에 연연해서야 어떻게 미래를 열 수 있겠는가 말이다.

그리하여 나는 이렇게 믿는다. 장자의 며느리는 두 눈 질끈 감고서, 놀라움이나 두려움, 자책과 회오, 고독감과 절망감 이 모든 것 결연히 뿌리치고서, 혹시라도 주어질지 모를 조롱이나 비난 따위 무릅쓰고서 그 고갯마루를 훌쩍 넘어서야 했다고. 그건 물론 어려운 일이었겠지만 불가능한 일이 아니었노라고. 그는 그렇게 '혁명革命'을 이루어 내야 했다.

며느리는 그 일을 앞두고 고개 마루턱에서 무너지고 말았다. 그리하여 고개를 넘는 일은 숙제로 남았다. 그 숙제를 누가 감당해야 하는가 하면 답은 자명하다. 저 며느리의 일을 두 눈으로 지켜본 나 자신이 그 일을 해야 한다.

고갯마루 너머에는 무엇이 있나

만약 며느리가 뒤를 돌아보지 않고 고갯마루를 넘어섰다면 그는 어찌 되었을까? 고갯마루 너머의 낯선 세상은 과연 어떤 것이었을까?

며느리는 고개 너머를 보지 못했지만, 나는 그곳을 볼 수 있다. 일찍이 그 고갯마루를 훌쩍 넘어선 이들이 있었으므로. 그 한 사람, 웅녀熊女. 자신의 과거를 송두리째 버리고 깜깜한 동굴 속에서 마늘과 쑥만 씹는 고통을 무릅쓰고서 마침내 고갯마루를 훌쩍 넘어선 그. 그 넘어섬의 결과가 무엇인가 하면 '인간'으로의 거듭남이었다. 그리고 '조선'으로 상징되는 새로운 역사의 창조였다. 또 한 사람, 바리데기. 산 사람은 갈 수 없다고 하는 저승의 문턱을 훌쩍 넘어서서 생명수를 찾아낸 그. 그 넘어섬의 결과가 무엇이었는가 하면 뭇 인간의 영혼을 구원하는 여신으로의 거듭남이었다. 고통과 두려움에 휩싸인 세상의 구원이었다.

　홀로 고갯마루를 넘어선다는 것은 두려운 일이며 외로운 일이다. 굳이 그리로 나아가지 않고 여기 이대로 머무르는 편이 더 편안하고 행복할 수 있다. 하지만 단지 그뿐이다. 삶은 고갯마루를 넘어서는 사람들의 것이니, 그 결연한 넘어섬에 의해 마침내 존재는 그 의미를 발현할 수 있다.

　저 한 편의 작은 이야기는 천둥과도 같은 울림으로 나에게 말한다. 나아가야 한다. 나아가서 훌쩍 넘어서야 한다. 굳어져 돌이 되지 않으려면. 저 너머의 찬란한 빛과 만나려면…….

* 장자못 전설과 새롭게 만나고 나서 나는 두어 가지 결심을 했다. 지금의 자리에 머물지 않기로 했다. 활동 영역을 밖으로 넓혀 세계의 이야기 전문가들과 소통해 나가기로 했다. 그리고 때가 되면 소설을 쓰기로 했다. 세상을 깜짝 놀라게 할 소설을.

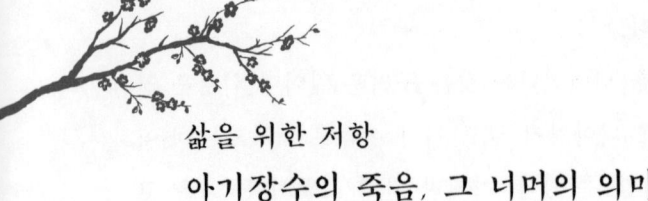

삶을 위한 저항
아기장수의 죽음, 그 너머의 의미

'아기장수'와의 인연

내가 아기장수를 처음 만난 것이 언제였을까? 그것은 대학에 들어가고 국문과에 진입한 뒤의 일이었다. 어쩌면 4학년 봄 학기 '구비문학론' 수업에서였는지도 모르겠다. 어찌 그리 늦었나 의아할 수도 있겠으나, 그 수업을 듣기 전까지 나는 구비문학 쪽에 문외한이었다. 현대문학을 전공으로 생각하고 있던 나로서는 구비문학이라는 용어부터가 낯선 상황이었다. 어릴 적 듣던 설화나 민요 같은 것이 국문학의 연구 대상이 된다는 사실은 때 늦은 신기한 발견이었다.

졸업을 한 학기 남겨 둔 채로 학교를 쉬고서 출판사에서 일하던 중에 나는 구비문학을 공부하자는 결정을 내렸다. 구구한 과정은 생략하거니와, 내가 지금껏 살아오면서 내린 최고의 결정 가운데 하나였다고 믿고 있다. 그 뒤 학교에 돌아와 졸업 논문을 준비할 때 내가 우선적으로 집어 든 이야기가 바로 '아기장수 설화'였다. 논문 제목이 아마 '아기장수 설화와 꾀쟁이 하인 설화의 비교 고찰'이었을 것이다. 둘 다 '저항'을 화두로 한 이야기이면서도 서로 이야기 색깔이 다르다는 데 주목했던 것 같다.

 그 뒤 대학원에 들어와 석사 학위를 받은 뒤 학회에 선보인 첫 연구의 대상으로 다시 아기장수 설화를 선택했다. 박사 과정 재학 중에 한국고전문학연구회(현 한국고전문학회)의 연구 발표를 떠맡고서 '아기장수 설화와 진인출현설의 관계'를 주제로 삼았다. 아기장수 설화를 단독으로 다룬 것은 아니지만, 작업의 핵심은 이 설화의 의미 구조를 새롭게 해석하는 데 있었다. 발표 논문은 학회 발표를 거친 뒤 같은 제목으로 《고전문학연구》 5집에 실렸거니와, 내가 전문 학술지에 수록한 최초의 연구 논문이었다.

 아기장수 설화에 관한 연구는 나한테 적지 않은 의미를 지닌다. 거기에는 설화를 보는 내 나름의 중요한 시각이 반영돼 있다. 문면에 직접 말해진 것 너머에 있는 숨은 의미를 찾는 관점이 그것이다. 나는 그 관점을 이후의 논문들에도 널리 적용해 왔다. 나의 박사 학위 논문은 역사 인물에 관한 설화를 분석한 것이었는데, 텍스트 너머에서 실현되는 의미를 찾아내는 것이 주요한 과제였다.

 이야기를 하다 보니 설화 공부의 이력을 늘어놓은 셈이 됐는데, 요점은 간단하다. 아기장수 설화가 내 인생 여정의 한 축이 되는 이야기라는 것. 어떤가 하면 이는 단순히 물리적인 측면에서 그러한 것이 아니다. 나의 삶에서 아기장수가 갖는 의미는 학문적인 것 이상이다. 그것은 불의나 폭력 앞에 무기력한 나의 심약과 비겁을 일깨우는 날카로운 침針 또는 창槍과 같은 이야기이다. 그 이야기는 나를 불편하게 하지만, 나는 그로부터 도망갈 수 없음을 안다. 그리하면 나의 삶이 비굴하고 하찮은 것이 될 터이므로.

옛날 옛적에 훠어이 훠이

대학 2학년이나 3학년 때였을 것이다. 소설이 아닌 희곡이 사람을 한가득 전율시킬 수 있다는 것을 놀랍게 깨닫도록 한 작품이 있었다. 최인훈의 《옛날 옛적에 훠어이 훠이》. 나는 그 뒤에도 이만큼 강한 인상을 주는 희곡과 만난 기억이 없다.
  아하, 이제 생각이 난다. 어느 현대문학 수업인가에서 '최인훈론'에 대한 주제 발표를 맡은 적이 있었다. 그때 최인훈 작가의 작품들을 두루 찾아 읽는 과정에서 이 작품과 만났었다. 그리고 보면 내가 아기장수 설화와 대면한 것도 바로 이 작품을 통해서인 것 같다. 이 작품을 읽었을 때의 강렬한 인상이 남아서 뒷날 구비문학을 공부하기로 결심한 다음에 '아기장수 설화'를 찾아보게 되었던 게다. 새록새록 되살아나는 학창 시절의 기억.
  《옛날 옛적에 훠어이 훠이》가 나한테 전해 준 것은 놀라움과 공포였다. 이제 작품을 옆에 두지 않은 상태에서 내 기억 속에 남아 있는 형상과 느낌을 서술해 본다.

아주 가난한 시골집이었다. 부부가 자식을 기다리고 있었다. 남편은 말을 더듬는 사람. 순박하기 짝이 없는 사람이다. 그 아내 또한 나쁜 일이라곤 생각도 못 할 착하기 그지없는 여인. 마침내 아이를 낳았는데 기쁨도 잠시, 아이가 날개로 날아다닌다는 사실이 드러난다. '장수가 났구나!' 경악하는 부부. 그 순간부터 깊은 고민이 시작된다. 장수가 났다는 걸 알면 나라에서 사람을 보내 죽일 텐데, 온 마을이 난리가 날 텐데 이를 어쩌나.

부부가 마을 사람들과 이 일을 상의했는지는 잘 기억이 나지 않는다. 아마 그랬던 것도 같다. 어떻든 부부는 깊고 깊은 고민 끝에 아기를 하늘나라로 돌려보내기로 결정한다. 다른 이의 손을 거치지 못하게 부모 자신의 손으로. 어떻게 아기를 잠들게 했는지도 잘 기억나지는 않는다. 다만 아기를 누르면서 그 아버지가 아기보다 더 큰 고통으로 죽도록 괴로워했던 것 같다. 마침내 잠이 든 아기…….

그 뒤에 아주 깊은 인상으로 남아 있는 것은 매우 환상적으로 채색된 아기의 승천 과정이다. 부모에 의해 잠든 아기는 용마인가를 타고서 하늘로 훨훨 날아간다. 부모는 고통 없는 곳으로 어서 가서 편히 쉬라며 손을 흔든다. 마을 사람들 다 함께 모여 아기장수를 떠나보내며 손을 흔든다. '어서 가거라. 훠어이 훠이.'

아이가 장수라는 사실을 확인하는 순간 처절한 두려움과 번민에 휩싸이던 부부의 모습. 그 순박한 부부의 더할 나위 없는 공포는 책을 읽는 나한테도 강하게 전달되었다. 세상에! 저들이 저렇게 공포에 휩싸일 정도로 장수가 태어나는 일이 무서운 일이란 말인가. 역적이 될 수 있다는 한 가지 이유로 아기 장수를 샅샅이 뒤져서 모조리 잡아 죽인다는 권력의 위력. 그 힘이 닥칠 수 있다는 한 가지 이유로 극도의 전율에 휩싸이는 한 마을…….

제 아기를 제 손으로 죽이던 저 부모의 미칠 듯한 고통의 형상이 지금도 생생하다. 말을 더듬는 모습 때문에, 부부가 너무나 순박하다는 사실 때문에 몇 배로 더 짙게 다가오던 고통의 느낌. 그 고통은 추상적인 것이 아니라 매우 구체적인 것이었으니, 책을 읽던 그 당시 현실을 이루고 있었던 5공화국의 서슬 퍼런 권력은 전율하도록 난폭했던 터였다.

그나마 이 작품에서 위안이 되는 것은 부모의 바람대로 아기장수가 용마를 타고 하늘로 훨훨 날아가는 장면을 볼 수 있었다는 점이다. 그 장면에 이르러 독자들은 자식을 제 손으로 죽이는 극단의 선택이 아기를 위하는 최선의 길이었음을 확인하게 된다. 아기가 하늘로 날아오르는 장면에서 아이의 부모와 마을 사람들의 눈가에 두루 이슬이 맺혔던 것 같기도 하다. 어쩌면 책을 읽던 나의 눈가에도.

슬픔의 격정을 거쳐 마음의 정화catharsis를 가져오는 전형적인 비극. 그 극적 효과와 설득력은 상당한 것이었다. 돌이켜 생각해 보면 이 작품은 세상에 잘못 태어난 아기장수와 그 아기를 떠나보낼 수밖에 없었던 부모를 위한 한 판의 씻김굿 같은 것이 아니었나 싶다. 작가는 아기장수 설화를 통해 무자비한 권력 아래 신음하고 있었던 민중의 생활상을 드러내면서 그들의 원한을 위로하고 싶었던 것이리라. 작품의 배경이 되는 과거는 물론이고 작품이 쓰이고 읽히는 '현재'를 염두에 두면서.

언제 어디서부터였는지는 기억나지 않지만, 마음 한구석에 이 작품의 이야기 해석에 대한 의문이 생겨나서 점점 자라나기 시작했다. 과연 아기장수는 그렇게 죽을 수밖에 없었던 것일까? 부모가 제 손으로 자식을 죽인 것은 과연 어쩔 수 없는 필연적 선택이었을까?

아기장수가 무참하게 죽은 것이 필연이었다고 하는 것은 실패와 좌절을 정당화하는 논리로 생각되었다. 그것이 저 설화가 궁극적으로 말하고자 하는 바는 아닐 것만 같았다. 이윽고 설화 공부에 나서서 아기장수 전설의 각편(version; 특정 설화의 이본들을 '각편'이라 일컫는다)들을 살피는 과정에서 그러한 의문은 확신으로 변해 갔다. 어느 날, 나는 아기장수 설화에 대한 《옛날 옛적에 훠어이 훠이》식 해석과 결별을 고했다. 그러한 해석의 설득력과 의의를 인정하면서도, 그것이 이 설화의 본질적인 의미일 수 없다는 결론을 내렸다. 이 설화의 더욱 본질적인 의미는 그 너머에 있다!

사람들은 왜 그 비극을 되새기는가

아기장수 설화는 우리나라의 여러 설화 가운데 가장 많은 각편이 채록 보고된 이야기이다. 최근에 김영희가 세세히 정리한 바에 따르면 자료 수가 300편 이상이다.^{김영희, 《비극적 구전서사의 구연과 여성의 죄》, 연세대 박사논문, 2009} 전국 웬만한 고을마다 이 이야기가 있었다고 보면 틀림이 없다. 사람들은 이 비극적인 전설을 도대체 왜 이렇게 열심히 전승해 온 것일까? 민중이 쓰라리게 패배하고 좌절할 수밖에 없는 현실을 되새기기 위해서 그들은 이 이야기를 전하고 또 전했던 것일까?

이 질문에 대한 나의 답을 제시하기 전에 기초적인 사실을 먼저 확인하고 넘어가는 것이 좋겠다. 보통 '아기장수 설화'라고 통칭되지만, 실상 그 안에는 서사 맥락을 달리하는 두 가지 이야기가 있다. 하나는 '날개 달린 아기장수와 용마'로, 또 하나는 '어머니의 배반으로 실패한 아기장수'로 명명될 수 있다. 이야기 내용은 다음과 같다.

> 날개 달린 아기장수와 용마 : 시골 어떤 집에 아이가 태어났는데, 부모가 일을 하고 돌아와 보니 갓난아이가 땀을 흘리고 있었다. 놀란 부모가 몰래 엿보니 아이가 겨드랑이의 날개를 움직여 방 안을 폴폴 날아다니는 것이었다. 집에 장수가 난 것을 깨달은 부모는 자칫 집안에 후환을 미칠까 두려워하여 볏섬(또는 돌, 기타)으로 아이를 눌러서 죽이고 말았다. 아이가 죽고 나자

어디선가 용마가 나타나 구슬피 울다가 사라졌다.

어머니의 배반으로 실패한 아기장수 : 한 시골집에서 여인이 들판에서 일을 하다가 억새로 탯줄을 끊고 아이를 낳았다. 그 아이는 아랫몸이 없고 윗몸만 있어 우뚜리라고 불렸다. 어느 날 그 아이는 (장수의 비범한 능력을 보인 뒤) 어머니에게 청하여 (곡식을 가지고) 바위 밑으로 잠적했다. 장수가 났다는 소문에 나라에서 그를 잡아 죽이려고 나섰다. 탐문 끝에 아기장수의 어머니가 붙잡혔다. 위협에 직면한 어머니는 장수가 말했던 기한을 코앞에 두고서 아들 있는 곳을 실토하고 말았다. 군사가 들이닥쳐서 바위를 깨고 보니 아기장수 우뚜리는 아랫몸이 거의 다 자란 상태에서 (곡식이 변한 수많은 군사를 거느리고) 출정할 준비를 하고 있었다. 그러나 날짜가 하루 모자랐던 탓에 그는 힘을 쓰지 못하고 죽임을 당하고 말았다.

 자료에 따른 이야기의 다양한 편차에 대해서는 길게 논하지 않는다. 다만 두 이야기가 신이한 능력을 지니고 태어난 아이가 부모에 의하여(또는 어머니 탓으로) 죽임을 당했다는 공통점을 지니고 있어 함께 다룰 만하다는 점을 확인해 둔다. 곧바로 핵심 문제로 들어가 보자. 과연 사람들은 이 이야기에서 아기장수의 비극적인 죽음을 통해 무엇을 확인하려 했다는 말인가? 민중은 권력의 무서운 힘 앞에 억눌려 쓰러질 수밖에 없다고 하는 인식이 아닌 다른 그 무엇을?

이에 대해 내가 먼저 주목하는 것은 아기장수가 가지고 태어난 신이한 능력이다. 이야기 속 장수의 능력은 비범한 것 이상이다. 겨드랑이의 날개나 용마, 바위 속의 군사 조련 등은 인간의 한계를 넘어선다. 그 신이한 능력이란 신으로부터 부여받은 것이니, 아기장수는 곧 신탁神託을 받고 태어난 존재가 된다. 그가 태어났다는 것은 세상이 바뀔 때가 되었다는 하늘의 뜻을 표상한다. 하늘의 뜻을 표상하는 존재이므로 그는 당연히 성공해야 하는 터였다.

그럼에도 아기장수는 쓰러지고 만다. 상대의 힘이, 또는 현실의 벽이 그만큼 강했기 때문이라는 것이 일차적인 해석이 된다. 하지만 우리가 놓치지 말아야 할 중요한 사실은 이 이야기에서 아기장수의 죽음이 '필연적인' 결과가 아니라고 하는 점이다. 아기장수의 죽음은 당연히 그럴 수밖에 없었던 죽음이 아니다. 그리되면 안 되는 죽음이었으며, 얼마든지 그리되지 않을 수 있는 죽음이었다. 그는 출전과 성공을 눈앞에 둔 상태에서 너무도 안타깝게, 너무도 아깝고 억울하게 실패하고 만 것이었다.

'날개 달린 아기장수와 용마'를 보자. 그가 날개를 지녔다는 사실이 그리 허망하게 노출되지 않았더라면 장수는 죽지 않았을 것이다. 용마가 조금만 더 일찍 나타나 장수를 태워 갔더라도 그는 죽거나 실패하지 않았을 것이다. 용마를 타고 나서기만 했다면 천하무적으로 세상을 훌쩍 뒤집었을 것이다. '어머니의 배반으로 실패한 아기장수'에서는 안타깝고 억울한 지점이 더 많다. 정체가 그렇게 드러나지 않았더라면, 또는 그 어머니가 아들의 종적을 노출하지만 않았더라면, 또는 더도 덜도 말고 단 하루의 시간만 더 있었더라면 장수는 좌절하지 않고 세상을 훌쩍 바꾸어 놓았을 것이다. 조금만, 아주 조금만 더 운수가 닿았더라면!

결국은 장수가 죽었으니 마찬가지 아니냐고 말할 수도 있겠다. 하지만 그렇지 않다. 죽을 수밖에 없어 죽었다는 것과 죽을 일이 아닌데 죽었다는 것은 크나큰 차이이다. 전자와 달리 후자에는 '성공의 가능성'에 대한 희망 내지 의지가 깃들어 있다. 말하자면 이런 식이다.

하늘의 뜻을 안고 세상에 장수가 났다. 그런데 미처 나서서 힘을 써 보지도 못한 채 죽고 말았다. 말이 안 되는 아깝고 억울한 죽음이었다. 그 억울한 죽음이 없었다면, 세상은 바뀌었을 것이다. 어떻든 아기장수는 죽었다. 하지만 그것이 끝이라는 법은 없다. 그의 출생이 하늘의 뜻이었다면, 장수는 다시 태어날 것이다. 아니, 이미 태어나서 어딘가에서 나설 날을 준비하고 있을지 모른다. 그 장수가 또다시 그렇게 속절없이 좌절하지는 않을 것이다. 마침내 시운이 그를 외면하지 않는다면, 그는 세상에 나서 보란 듯이 성공할 수 있을 것이다. 그리하여 세상은 바뀌게 될 것이다.

이 설화에서 과거의 좌절은 '가능했던 성공'을 부각하는 방식으로 논리화되어 있다. 그리고 그것은 이야기 텍스트를 넘어서 현실을 향해 열리면서 '가능한 성공'으로 이어진다. 요컨대 사람들은 '미래의 성공'을 말하기 위해 '과거의 실패'를 말하고 있는 중이다. 이것이 내가 발견한 이 설화의 비밀이다.

책임은 누구에게 있는가

아직 우리의 이야기는 결론 난 것이 아니다. 진짜 이야기는 이제 시작이다.

안타깝게 죽은 이야기 속의 장수와 달리 시운時運을 얻을 수 있다면 새로운 장수는 성공할 수 있을 거라고 했다. 하지만 아기장수의 성공과 좌절이 단지 시운과 관련되는 것이라면 그건 꽤나 허무한 이야기가 될 것이다. 그것은 또 다른 결정론에 불과하다. 언젠가 시운을 제대로 얻은 하늘의 장수가 나타나서, 무소불위의 힘을 가진 영웅이 훌쩍 나타나서 단숨에 세상을 뒤집고서 도탄에 빠진 민중을 훌쩍 구원한다? 천만에! 그건 장밋빛 환상일 따름이다. 그런 일은 일어나지 않는다.

문제는 싸움이다. 어떤가 하면 상대는 공포감을 불러일으키기에 충분할 정도로 강하며 인정사정이 없다. 장수가 아직 어리니 클 때까지 봐준다는 식의 온정은 그들의 것이 아니다. 그들의 권력을 위태롭게 할 최소한의 조짐이라도 보이면 가차없이 싹을 뽑아서 짓밟는 것이 그들의 생리이다. 아무리 그들을 탓하고 원망해 본들, 바뀌는 것은 없다.

그리하여 핵심은 어디에 있는가 하면, 과거의 실패든 또는 미래의 성공이든, 그것은 우리 자신에게 있다. 이야기 속으로 돌아가면, 장수의 부모에게, 마을 사람들에게 있다. 장수를 제 손으로 눌러 죽인, 또는 종적을 노출한 그 사람들 말이다. 그렇다면 그 사람들의 잘못을, 장수의 아버지나 또는 어머니의 잘못을 탓하자는 말인가? 바로 그렇다. 그들을 탓하자는 것이다. 그들의 잘못이었다. 그들이 아기장수를 지켜 주지 못한 탓이었다. 그 못난 보신주의 때문에, 그 나약한 패배주의 때문에 모든 게 잘못되었다. 세상을 바꿀 기회가 날아가고 말았다.

> 못헌 일이죠 암, 잘못헌 일이죠. 생명 하나 죽이는 것두 잘못헌 일이구, 더구나 큰 재목 될 사람에서루 죽인 것이 잘못헌 일, 한없이 잘못 아니것슈. 통탄헐 일들이지.
>
> － 1989년 5월 21일, 충남 부여군 내산면 묘룡리에서 김충현 구연(신동흔 채록)

> 즈그들이 다 죽어도 자석을 나아(놔) 두었이몬 큰 성공을 하고 말긴데…….
>
> － 《한국구비문학대계》 8-2, 경남 거제군 거제면 설화 '아기장수와 용마'(박천수 구연)

자기들이 죽더라도 장수를 살렸어야 한다! 저 한마디 말이 천둥처럼 문제의 핵심을 꿰뚫는다. 그렇다. 사람들이 나서서 지켜 주지 못하는데, 부모조차 믿어 주지 못하는데, 어떤 놀라운 힘을 가진 장수인들 성공할 수 있으랴. 스스로가 희망도 의지도 없는데 세상이 어떻게 조금이라도 바뀔 수 있으랴. 내가 다치더라도, 내가 죽더라도 그 희망을 지켜 내야만 미래가 있는 것이 아니겠는가. 스스로 저버리고 나서 아무리 '지켜 주지 못해 미안해!'를 되뇐들 그게 다 무슨 소용이겠는가.

마침내 다다른 지점이 《옛날 옛적에 휘어이 휘이》의 해석과 꼭 반대가 된다. 아기장수를 죽인 부모의 행위는 어떻게 해도 정당화될 수 없다는 것, 어떤 식으로도 정당화해서는 안 된다는 것. 그것이 나의 결론이다. 그 행위를 정당화하는 순간, 싸움은 끝이 난다. 권력은 음흉한 미소를 지으며 축배를 들 것이다.

자식을 죽인 저 부모의 모습이, 자식의 종적을 노출한 저 어머니의 모습이 우리 자신의 모습을 표상하는 것임은 길게 설명하지 않아도 되리라 믿는다. 하여 저 설화는 우리한테 묻는다. 만약 네가 아기장수의 부모가 된다면 너는 어찌하겠느냐? 너는 과연 저들처럼 하지 않겠느냐? 너는 목숨을 다해 그를 지켜 주고 키워 줄 것이냐?

사람들은 이야기를 전승하면서 궁극적으로 이 질문에 대면했던 것이라고 믿는다. 그 질문을 거듭하면서 옹골지게 마음을 다지는 것, 그것이 이 설화의 핵심적인 존재 의미였다고 믿는다. 아기장수 설화는 우리 안의 비겁을 꿰뚫는 냉정한 성찰의 서사라는 것이, 그를 통해 절망 속에서 희망을 찾아내고 키워 나가고자 하는 다짐의 서사라고 하는 것이 나의 최종적인 결론이다.

나는 아기장수 설화와 진인출현설의 관계를 논하면서, 죽은 아기장수가 새로운 장수를 낳으며 그 장수가 떨치고 나설 때 세상의 구원자인 '진인眞人'이 된다고 했다. 진인이 나섰다는 것은 '드디어 때가 됐다'는 뜻이다. 그러한 공감대가 형성될 때 사람들은 한 목숨 초개처럼 내던지며 들불처럼 일어났으니, 홍경래 항쟁 때 그러했고 동학 농민전쟁 때도 그러했다. 19세기를 점철한 그 수많은 민란들! 그때 죽어 간 수많은 사람들. 과연 그들은 무엇을 믿고서 그렇게 떨쳐 일어났던 것이었을까. 남들은 뭐라 할지 몰라도, 나는 그 밑바탕에 입에서 입으로 전해 온 '이야기'가 있다고 믿고 있다. 저 냉정한 성찰과 결연한 다짐의 서사로서 아기장수 설화 말이다.

내 가슴속의 아기장수

아기장수를 죽음으로 몰아간 현실. 그것은 현재 진행형이다. 봉하마을 부엉이 바위의 그 쓰라린 죽음은 무엇을 뜻하는가. 그것은 이 사회의 기득권 지배 권력에 의한 교묘하고도 조직적인 살해였다. 저 아래로부터 시작되는 민주주의가 언젠가 자기네 권력을 위태롭게 할지도 모른다는 판단이 들자 저들은 그 싹을 싹둑 잘라 버렸던 것이다. 합법의 탈을 쓴 무서운 음모! 하지만 그것은 그들에게 생존의 기본 법칙일 따름이다.

그리하여 아기장수 설화가 던지는 질문은 바로 나 자신이 답해야 할 질문이 된다. 너는 과연 어찌하겠느냐? 또다시 그렇게 장수를 버리지 않을 수 있느냐? 저 무도한 불의와 드센 폭력에 맞서서 장수를 지켜 낼 준비가 되어 있느냐? 스스로를 배반하지 않고 끝까지 갈 수 있느냐?

고백하자면, 나는 어려서부터 순둥이로 자라난 겁약하기 짝이 없는 사람이다. 서슬 퍼렇던 5공 시절, 두려움 때문에 한 번도 '데모'를 제대로 해 본 적이 없다. 촛불 시위에 몇 번 나가서 소리도 지르고 항변도 해 보았지만, 경찰이 증거 채취용 카메라를 들이대면 슬그머니 숨기 바빴다. 말하자면, 허용된 틀 안에서 진짜 싸움이 아닌 싸우는 시늉을 했을 뿐이다. 만약 진짜 싸움이 벌어진다면, 그리하여 나를 버려야 할 상황이 된다면, 나는 과연 그리할 수 있을까. 나는 정녕 희망을 배반하지 않고서 끝까지 나아갈 수 있을까.

나는 스스로 장수가 될 자신은 없다. 그것이 나의 길이라고 생각되지도 않는다. 하지만 장수를 지켜 주는 일은, 장수와 함께 싸움터로 나아가는 일은 '선택'일 수 없다. 그것은 세상의 정의를 꿈꾸는 한 시민의 최소한이자 최대한의 의무이다. 그 일을 피한다면, 인간의 길을 포기하는 것이다. 그러므로 나는 그 길을 갈 수밖에 없다.

만약 내가 앞으로 정의로운 세상에 대한 희망을 지키는 일에 나서서 그 길을 굳게 이어 갈 수 있다면, 그리하여 한 알의 밀알이라도 될 수 있다면, 그 중요한 바탕은 '아기장수'와의 인연일 것이다. 그 가는 길, 아기장수가 지켜봐 주고 힘을 줄 것이라고 믿는다.

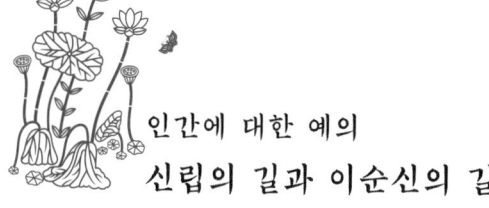

인간에 대한 예의
신립의 길과 이순신의 길

원귀가 전쟁을 망치다?

전설의 프로그램 '전설의 고향'. 거기 빠질 수 없는 것이 귀신이다. 특히 원한 서린 여자 귀신! 그 원한의 9할은 남자에 의한 것이다. 그 남자에 대한 서릿발 같은 복수. 그런데 그 복수가 한 남자를 망치는 데 그치지 않고 전쟁을 통해 나라와 백성을 도탄으로 빠뜨렸다는 이야기가 있다. 임진왜란 탄금대 전투에 얽힌 전설이다.

탄금대 전투의 주역이 누구였는가 하면 신립 장군이다. 신립은 요새인 문경새재를 포기하고서 남한강가 탄금대에서 배수진을 치고 왜군을 맞았다가 크게 패하여 죽었다. 신립이 왜 문경새재를 포기하고 탄금대에 진을 쳤는가 하는 것은 지금껏 풀리지 않는 의문으로 남아 있거니와, 사람들은 이에 대해 한 여인의 원한에 얽힌 전설을 입에서 입으로 전하고 있다.

신립이 젊었을 적에 길을 나섰다가 산중에서 날이 저물었다. 산속을 헤매던 신립이 한 기와집을 발견하여 유숙할 것을 청했으나, 집에 있던 처녀가 재워 줄 수 없다고 하였다. 집안 식구를 몰살한 흉악한 종이 그날 밤 자기를 죽일 텐데, 함께 있으면 화를 당하리라는 것이었다. 신립은 처녀의 만류를 물리치고 그 집에 묵기를 자청했다. 그리고 그날 밤, 신립은 처녀를 겁박하려 하는 종과 맞서 그를 죽음으로 몰아넣었다.

죽을 위기에서 살아난 처녀는 신립의 은혜에 사례하면서 소실로든 종으로든 자기를 거두어 달라고 간청했다. 그러나 신립은 이미 처자식이 있어 그럴 수 없으니 좋은 짝을 만나 결혼하라고 하고는 처녀를 남겨 놓고 길을 나섰다. 그가 막 등성이를 넘어가려는데 뒤에서 자신을 부르는 소리가 들렸다. 돌아보니 처녀가 집에 불을 지르고 지붕에 올라 불에 타 죽어 가고 있었다.

신립이 돌아오자 장인인 권율이 그 얼굴을 보고는 어떤 일이 있었는지 물었다. 신립이 처녀에 얽힌 사연을 말하자 권율은 어찌 여자 하나를 살리지 못했느냐며 낙담했다.

그 후 임진년에 왜적이 쳐들어오자 신립은 장군이 되어 적군을 막으러 나섰다. 그가 문경새재에 진을 치려고 할 때 하늘에서 이상한 소리가 들려왔다. 탄금대로 가서 진을 치라고 하는 소리였다. 신립은 그 말대로 탄금대로 가서 배수진을 쳤으나 그 결과는 처참한 패전이었다. 신립은 스스로 목숨을 끊고 말았다.

그때 하늘에서 들려온 목소리의 주인공은 전날 산중에서 만났던 여인이었다. 전날의 원한을 그렇게 갚은 것이었다.

탄금대 전투의 패배는 임금의 피난과 전 국토의 유린으로 이어진 뼈아픈 패전이었다. 그 믿을 수 없는 일에 대해 사람들은 '원귀'를 끌어들이고 있거니와, 그 의미 맥락은 무엇일까? 그게 다 운수소관이었다는 것? 여자가 얽히면 뭔가 뒤탈이 난다는 것? 얼핏 보면 패전의 책임을 엉뚱한 곳에 전가하고 있는 것 같은 이야기이다. 그러나 그 속에는 어김없이 인간의 진실, 역사의 진실이 숨어 있다. 문제는 무엇이었던가. 어디서 어떻게 잘못되었던 것일까.

은혜와 원한 사이

 탄금대 전투의 패배라는 역사적 사건의 배후를 설명하고 있는 위의 전설은 역사나 정치, 전투에 얽힌 사연 대신 신립과 한 처녀의 우연한 만남에 얽힌 곡절을 기본 줄기로 삼고 있다. 서사의 중심은 두 사람 사이의 은원恩怨 관계에 놓여 있다. 죽을 목숨을 살렸다고 하는 크나큰 은혜가 한순간에 씻을 수 없는 원한으로 바뀌는 지점이 이 전설의 핵심 요소가 된다.
 신립을 만나기 전, 처녀는 절망적인 상황에 있었다. 제 가족을 살해한 간악한 원수의 손에 저 또한 속절없이 죽을 처지에 있었다. 처녀한테는 거기서 벗어날 수 있으리라는 최소한의 희망조차 없었다. 급하면 지푸라기라도 잡는다는데, 자기 집에 묵겠다는 신립을 굳이 내보내려 했다는 데서 자포자기의 심리

상태를 읽어 낼 수 있다.

자청해서 처녀의 집에 머문 신립은 우여곡절 끝에 흉악한 종을 징치한다. 그리고 '죽은 목숨'이었던 처녀의 귀한 생명을 구한다. 처녀의 입장에서 보면 신립이 제 목숨을 구해 주었을 뿐 아니라 죽은 가족의 원수도 갚아 준 터이니 그 은혜를 이루 헤아리기 어려울 정도다. 아무 조건 없이 감사하고 또 감사해야 마땅한 일이었다. 감사한 마음으로 은인을 떠나보내면 될 일이었다.

그런데 뜻밖의 일이 벌어진다. 처녀가 신립한테 자기를 거두어 달라고 하는 상황 말이다. 신립이 마음에 들었던 것일까? 아니면 그렇게라도 은혜를 갚고자 했던 것일까? 아니면, 혼자 산중에 남는 것이 너무나 두려웠던 것일까? 어떻든 신립으로서는 미처 예상치 못했던 상황 전개였다. 그 처녀를 거둔다는 건 아무리 따져 보아도 난처한 일이다. 총각과 처녀가 함께 길을 간다 해도 보는 눈이 심상치 않을 터인데, 처자식 거느린 양반네가 양갓집 처녀를 거두어 길을 나선다면 세상이 무어라 하겠는가 말이다. 그건 도저히 명분에 맞지 않는 일이었다.

그리하여 신립은 '명분'의 편에 선다. 처녀의 청을 뿌리치고 혼자서 길을 떠나기로 한다. 그것이 자기는 물론 처녀한테도 좋은 일이라고 생각했을 것이다. 엉뚱한 사람 따라서 나서는 것보다 어서 제 삶을 추스르고 좋은 짝을 만나 앞길을 열어야 하지 않겠는가 말이다.

그런데 신립 장군이 그랬다고.

"나는 이미 장가를 들어서 처자도 있고 부모가 있는 사람이니까, 지금 꽃 같은 처녀로서 다른 마땅한 데가 있어서 시집을 가면 좋지 않느냐? 잘 살고." 하고 거절을 했단 말여.

- 《한국구비문학대계》 3-1. 충북 충주시 설화 '신립 이야기'(이용규 구연)

이치에 맞고 법도에 꼭 맞는 일이다. 신립의 결정은 가히 공명정대한 것이었다고 할 만하다.

그런데 그 결정이 뜻밖의 몹쓸 사단을 낳았으니 이건 또 무슨 일인가. 처녀가 자기를 거두어 주지 않은 신립한테 앙심을 품고서 제 집과 제 몸에 불을 질러서 죽어 버린 일 말이다. 원한으로 부릅뜬 눈에 담겼을 저주의 말 "봐! 네가 나를 이렇게 만든 거야! 너 때문이라고!"

생각하면 황당한 일이다. 애써 물에서 건져 주었더니 보따리 내놓으라는 격이다. 목숨을 구해 줬으면 제가 알아서 뒷일을 감당할 일이지 무턱대고 매달려 늘어지면 어떻게 하란 말인가. 그리고 그만큼 타일렀으면 알아들을 일이지 제 목숨 구해 준 은인한테 대놓고 분풀이는 또 무어란 말인가. 소중한 생명을 스스로 불사르면서 말이다. 거기까지는 그렇다 치자. 귀신이 되어 나타나 신립을 죽음으로 내몬 처사는 또 무언가. 그 일로 인해 수많은 군사들이 죽고 나라와 백성이 도탄에 빠지게 됐으니 그 책임을 어찌 질 것인가.

무엇 하나 이치에 맞는 일이 없다. 정상이라 하기 어렵다.

그건 너의 책임이다

기껏 사람을 구해 놓고선 못 볼 꼴을 보게 된 신립, 생각하면 참 재수도 없는 사람이다. 차라리 그 집에 안 들고 그냥 지나갔다면, 또는 어쩔 수 없는 척 처녀를 첩으로 거두었다면 그런 일을 안 당했을 것을······. 이 무슨 얄궂은 운명의 장난이란 말인가.

그리하여 그 일련의 사건에서 신립에게는 책임이 없는 것일까? 그는 억울한 피해자였던 것일까? 아니, 그럴 리 없다. 이 전설의 전승자들은 처녀의 죽음과 전쟁에서의 패배에 대해 그 책임을 거의 예외 없이 신립에게 돌리고 있다. 그가 상황에 제대로 대처하지 못했다고 한다. 아니, 애초 그릇이 되지 못했다고 한다.

"너는 얼굴에 수심이 이렇게 돌으니 나는 너를 큰 사람으로 될 줄루 알구 사위로 삼았었는데 너는 무슨 일을 했길래 얼굴이 숭하게 그렇게 됐느냐?"
아 이러니께 그것두 바른대루 지껄이니께,
"에이, 못생긴 놈이다. 참 지질이 못생긴 놈이다."
- 〈한국구비문학대계〉 3-2, 충북 청원군 미원면 설화 '오성과 신립'(홍종운 구연)

권율이 신립을 보고서 한 말이다. 들어 보자면, '왜 그리했느냐?'고 책망하는 정도가 아니다. 대실망과 낙담의 표현이다.

'지지리 못난 놈'이라 한다. 큰 사람이 될 줄 알았더니 그게 아니었다 한다. 그 문맥에는 이런 탄식이 생략되어 있다. '아아, 장차 이 나라를 어찌할꼬?'

말하는 사람은 권율이지만, 그건 이야기를 전하는 사람들의 말이다. 사람들은 권율의 입을 빌려 신립을 책망하고 있는 것이다. 왜 사람들은 신립을 그렇게 '지지리 못난 놈'이라고 비난하는 것일까. 분명 그의 행동은 법도에 맞는 공명정대한 것이었는데 말이다.

그에 대한 답은 명백하다. 명분보다 '사람'이 먼저라는 것.

> 그래 그 내력을 냉제(나중에) 이약을 하는데,
> "어떤 사람이 사람을 살리 놓고 봐양 되지 어데 그런 법이 어디 있냐? 넌 성공 못하이껀데, 내 집에 오지 마라."
>
> - 《한국구비문학대계》 7-13, 대구시 동구 설화 '신립 장군과 원혼녀'(배동벽 구연)

그렇다. 그 상황에서 신립이 해야 할 가장 중요한 일은 그 처녀의 생명을 지키는 일이었다. 간악한 종한테서 구한 것으로 끝이 아니다. 그것으로 할 일 다한 것이 아니다. 그는 그 처녀가 살 수 있도록 끝까지 그녀를 책임져야 했다. 몸과 마음을 던져 자기한테 매달리는 처녀를 그렇게 떼쳐서는 안 될 일이었다. 그건 사람을 살리다가 마는 일이었다. 아니, 살리는 척하다가 죽이는 일이었다.

그 처녀가 자결할 줄이야 어찌 알았겠느냐고 말할 수 있다.

죽은 사람이 잘못이지, 어떻게 그것까지 책임지겠느냐고 할 수도 있다. 아니, 그렇지 않다. 그 상황까지 살피고, 거기 제대로 대처하는 것이 맞는 일이다. 설화 자료를 보면 신립이 길을 떠나는 장면에서 처녀의 극단적 선택이 암시되어 있다. 처녀는 "가다가 언덕 위에서 한번 돌아보라"고 말하곤 하거니와, 이는 무슨 일을 벌이겠다는 말이다. 앞날에 대한 무대책으로, 또는 상처받은 자존심으로 처녀는 이미 죽음 직전의 상태였다. 마땅히 그것을 헤아려 해결해야 했다. 보통 사람이라면 또 모르지만, 적어도 한 나라의 장수를 할 사람이라면 말이다. 생명을 지키는 것이 장수의 일이 아닌가 말이다.

그러면 신립은 그때 어찌했어야 하는가. 처녀의 말 그대로 그녀를 거두어서 소실로 삼는 것? "아, 그렇지!" 하고 일부 전승자들은 말한다. 사내대장부가 여러 여자를 마다할 게 있느냐는 것이다. 하지만 그것이 이 설화의 본뜻이 아님은 물론이다. 생각해 보면 어찌 길이 없겠는가. 법도에 맞으며 사람도 살릴 수 있는 그런 길이. 그 집에 더 머물러서 처녀를 잘 다독이고 설득해서 마음을 다져 먹게 할 수 있을 것이다. 가까운 마을로 처녀를 데려가서 관아나 고을 양반들의 도움을 받게 할 수도 있을 것이다. 일단 제 집으로 데려온 다음 적당한 혼처를 주선해 줄 수도 있는 일이다.

어떻든 확실한 사실은 그렇게 방치해 두고 떠나서는 안 되었다는 것이다. 처녀를 두고 혼자 떠나는 것은 죽어 가는 사람을 보고도 모른 척 지나치는 일과 마찬가지가 된다. '대의 명분'이나 '공명정대'가 다 무슨 소용이랴. 사람의 죽음이 걸린 시점에서 그런 명분이란 방관을 합리화하는 핑곗거리에 지나지 않는다. 이 지점에 이르면 신립이 나서서 처녀를 구한 일조차 진정한 구원이 아니라 호기豪氣나 객기客氣에 불과한 일로 격하되고 만다.

결정적인 장면

어떤가 하면, 나는 신립이 처녀를 두고 떠난 일을 어떻거나 이해할 수 있으며 용서할 수 있다. 그 처녀가 정말로 그렇게 죽어 버릴 줄이야 아득히 몰랐을 수도 있는 것이니까. 나름대로 잘한다고 했는데 뜻하지 않게 곤란한 일이 이어지는 건 사람이라면 누구라도 완전히 피해 갈 수 없는 일이다.

하지만 신립의 행위에는 절대 합리화될 수 없는, 용서될 수 없는 장면이 있다. 그것이 어디인가 하면 불에 타 죽어 가는 처녀를 그대로 버려두고서 가던 길 계속 가는 그 장면이다.

신립에 관한 전설 어느 자료에도 신립이 뒤돌아서 처녀의 집으로 달려왔다는 이야기가 없다. 그냥 가던 길을 갔다는 것이다. 아아, 이건 아니다! 신립은 그것을 자기와는 상관없는 '남의 일'로 여긴 것일까? 아니면, 다시 가 봐야 아무 소용없는 일이라고 생각한 것일까? 아니다. 그건 '남의 일'이 될 수 없다. 소용없는 일이 아니다. 설사 '남의 일'이라 해도, 이미 돌이킬 수 없는 일이라 해도, 인간으로서 그 상황을 모른 척할 수는 없는 법이다. 그는 당연히 처녀한테로 달려와서 시신을 수습하여 고이 묻어 주고 정성껏 제사를 지내 주어야 했다. 백배사죄하며 그녀의 원혼을 달래 주어야 했다. 그것이 최소한의 양식이다. '인간에 대한 예의'다.

> 그래서 누구든지 사람을 엄 밀뵈여선 안 돼. 누구든지 게 에 아무리 나만 못한 사람이래두 할 건 해야 해여.
> — 《한국구비문학대계》 3-2, 충북 청주시 모충동 설화 '살릴 여자 죽인 신립 장군'(김동근 구연)

그것을 외면하고 모른 척 돌아서는 순간, 신립의 인생은 막혀 버린 것이었다. 그는 당당한 한 인간의 자격을 잃었다. 뭇 사람들의 생명을 책임질 장수로서의 자격이야 더 말할 것도 없다. 그가 귀신의 장난으로 목숨을 잃는 것은, 자기뿐만 아니라 군사들의 생명을 희생시키고 수많은 백성을 사지로 몰아넣은 것은 필연적인 귀결이 된다. 권율이 단숨에 알아챘던 그대로 말이다.

이제 우리는 탄금대 전쟁에서의 참패라는 역사적 사건에 원귀의 복수에 얽힌 사연이 결부된 맥락을 알아챌 수 있다. 그것은 얼핏 패전의 책임을 여자 원귀의 장난으로 돌리기 위함으로 보이지만, 진짜 이유는 그것이 아니다. 전쟁이든 역사든 결국은 '인간'의 문제라는 것이 이 설화에 담긴 철학이다. 인간을 지킬 수 있는 사람이라야, 인간에 대한 예의를 다할 수 있는 사람이라야 역사에서 온전한 제 몫을 할 수 있다. 신립으로 표상되는 조선의 장군은, 조선의 지배층은 그리하지 못했다. 그리하여 나라와 백성이 도탄에 빠지고 말았다. 요컨대 이 설화에 내재된 것은 운명론이 아니다. 준열한 비판이다.

배반당한 욕망의 아픔

세상을 살다 보면 예기치 않은 난감한 상황과 종종 마주치게 된다. 특히 사람의 관계가 그러하다. 사람마다 처지가 다르고 성격이 다르다 보니 서로 뜻이 어긋나는 경우가 생길 수밖에 없다. 사소한 일은 그냥 그러려니 하면 되겠지만, 문제가 심각하게 꼬인 경우 감당하기가 쉽지 않다. 사람의 목숨이 걸린 일이야 더 말할 것도 없다.

그러한 심각한 사단은 남녀 간 애정에 얽힌 문제에서 특히 많은 것 같다. 누군가가 상대방을 절박하게 원하는데 그것이 혼자만의 일방적인 욕망인 경우가 대표적이다. 상황이 딱 맞는 것은 아니지만, 신립과 처녀 사이의 일도 이 비슷한 측면이 있다. 처녀는 간절히 신립한테 매달렸는데 신립은 그 상황을 부담스럽게 여겨 받아들이지 못했던 터이니 말이다. 처녀가 자살이라는 극단적인 선택을 하고 또 죽어서도 저승에 못 가고 원귀가 된 것은 다른 무엇보다 자신의 욕망이 아득히 배반당한 데 따른 원한 때문이었는지도 모른다.

설화 가운데는 이성에 대한 일방적 사랑이 병이 되고 죽음으로 이어지는 사연을 전하는 것들이 많다. 상사병으로 죽은 사람들이 무엇이 되는가 하면, 바위가 되기도 하고 뱀이 되기도 한다. 이른바 '상사바위'이고 '상사뱀'이다. 어떤 사람이 상사바위가 되는가 하면, 말 못하는 사랑을 가슴속에 돌덩이처럼 간직하고 있던 이들이 죽어서 바위가 된다. 어떤 사람이 상사뱀이 되는가 하면 마음속에 이성에 대한 욕망이 또아리를 틀고 있던 이들이 죽어서 뱀이 된다. 요컨대 상사바위나 상사뱀이란 내면의 풍경을 상징적으로 표상하는 설화적 형상이라 할 수 있다.

이성에 대한 마음을 가누지 못해 상사바위가 되고 상사뱀이 된 이들이 많다. 특히 욕망이 온몸을 휩싸서 상사뱀이 된 이들이 무척 많다. 그리고 그 맞은편에는 그 상사뱀을 감당해야 했던 사람들이 있다. 어딜 가나 따라붙어 떨어지지 않는 상사뱀 때문에 고통의 날을 보내야 했던 사람들. 그 가운데는 역사적 유명 인물들도 있는데, 대부분이 좋지 않은 결말에 이르렀다고 돼 있는 걸 보면 애정이라는 이름의 욕망에 대처하는 것은 참으로 어려운 일임에 분명한 것 같다.

그런데 여기 눈에 확 띄는 한 사람이 있다. 신립과 더불어 임진왜란 때의 장군이면서 그와는 아주 다른 길을 걸었던 사람. 나라를 구하고 백성을 구했던 구국의 명장. 바로 이순신이다. 그는 자기 때문에 상사뱀이 된 여인과 어떻게 대면했을까?

이순신과 상사뱀이 된 여인

이순신. 길게 설명할 필요가 없는 인물이다. 그가 이룬 역사와 수많은 일화는 이미 민족의 신화처럼 된 지 오래다. 근래에는 소설이나 드라마를 통해 그 인물과 행적이 거듭 조명되기도 했다. 다른 이들도 대개 그렇겠지만, 이순신은 일찍부터 내 마음속의 영웅이었으니 특히 위인전 속에 담긴 이야기들이 끼친 영향이 컸다. 그런데 지금 내 안에 가장 강력하게 깃들어 있는 이순신의 형상은 설화를 공부하면서 만난 한 편의 전설에 의한 것이다. 지금껏 내가 만난 가장 아름다운 이야기 중 하나인.

이순신이 젊은 시절 공부를 할 때였다. 어느 날 한 시골 사람이 이순신을 찾아와 뜻밖의 이야기를 했다. 자기 딸이 길을 오가는 이순신을 보고 마음에 두어서 상사병이 들어 죽을 지경이 됐는데 한번 와서 봐줄 수 없느냐는 것이었다. 이순신은 마침 그날 급한 일이 있던 터라 다음 날 그 집에 찾아가기로 약속을 했다. 그런데 밤사이에 큰 비가 내려 강물이 크게 불어나고 말았다. 이순신이 그 집에 가려고 길을 나섰으나 아무리 해도 물을 건널 방도가 없었다. 결국 하루를 더 지체하고 그다음 날이 되어서야 처녀의 집에 이르렀는데, 도착하고 보니 이순신을 기다리던 처녀가 벌써 세상을 떠난 뒤였다. 한을 품고 죽은 처녀는 구렁이가 되어 있었다. 처녀의 아버지가 그냥 돌아가라고 했으나, 이순신은 자청해서 뱀이 된 처녀가 있는 방으로 들어갔다. 이순신이 들어가자 뱀은 이순신의 몸을 칭칭 감고서 한참을 있다가 풀어 주었다. 뒷날 이순신이 임진왜란 때 전투에 나설 적에 그 구렁이가 그를 많이 도와서 공을 세울 수 있도록 했다고 한다.

― 《한국구비문학대계》 8-5, 경남 거창군 거창읍 설화 '이순신 장군과 상사병 걸린 처녀'(신종출 구연)

이 이야기 속 처녀의 욕망은 말 그대로 일방적인 것이었다. 이순신으로서는 전혀 생각도 하지 않았던 상황이었다. 저 혼자 좋아하고 병이 난 것이니 99퍼센트 그 자신의 책임이었다. 그 아버지가 이순신에게 찾아와 제 딸을 만나 달라고 한 것은 명분에 닿지 않는 범람한 요청이었다. 이순신으로서는 책임이 없는 일이니 무시해도 그만인 일이었다. 그런 일로 처녀를 만난다면 오히려 괜한 구설에 오르기 십상인 상황이었다.

그렇지만 그것은 명분이나 이해관계를 따지기에 앞서 한 인간의 애절한 소망이었다. 한 사람의 목숨이 달린 일이었다. 그 마음 받아 주고 풀어 주는 것, 그것이 인간에 대한 예의였다. 비록 1퍼센트나 또는 그 이하더라도, 그것은 '나'라는 존재한테서 비롯된 일이다. 그리고 사정이 어찌 되었든 상황을 풀어 낼 열쇠가 나한테 있다. 그러니 나아가지 않을 수 없다. 그리하여 이순신은 험한 물길 헤치고서 처녀가 있는 곳으로 향한다. 부득이 약속 날짜를 놓친 것을 무릅쓰고서.

거기까지는 다른 사람이라도 그리할 수 있을 것이다. 정말로 놀라운 것은 그 뒤의 일이다. 처녀가 죽어서 뱀으로 변한 것을 알고서도 그 방으로 들어가 여인을 받아 준 일 말이다. 돌아보면 처녀한테로 가기 위해 최선을 다하였으니 이순신으로는 할 일을 다한 터였다. 그걸 못 기다리고 죽어 버렸으니 어찌 보면 팔자소관이었으며, 더 정확하게는 여인의 자해였다. 하지만 이순신은 그 일을 상황 탓으로 돌리지 않았다. 끝까지 스스로 나서서 인간에 대한 예의를 다하고자 했다. 징그러운 뱀이 도사린 방문을 열고 들어가 자신의 몸을 감는 뱀의 행동을 받아 주는 그의 행동은 얼마나 경이로운지!

그래 문을 열라캉께,
"아이고 못 엽니다."
"와카는고? 우짜는고?"
"저기(저것이) 죽고 나서 구렁이가 돼 가지고, 방 하나, 커단(커다란) 구렁이가 돼가 있입니다."
"그래도 문 못 열 것 있입니까?"
그래 문을 탁 여이까네로 고개를 번쩍 들미 스리렁 것거든.
그래 인자 이순신 장군이, 뱀이 이기 그 아래위로 활씬 벗고 들어가서,
"이 못된 것아 니가 그런 마음이 있으마 진작 나한테 칼끼지. 니 속에 넣어 놓고 있으마 내가 아나."

— 위와 같은 설화

이순신이 옷을 활활 벗고 뱀한테 몸을 맡겼다는 것은 설화

적 수사에 해당하는 표현이다. 중요한 것은 그 형상에 깃든 '마음'이다. 징그러운 뱀이 된 한 천한 여인의 범람한 욕망을 기꺼이 품는 그 마음 말이다. "그런 마음이 있으면 진작에 말하지 그랬느냐"는 말은 속절없이 죽은 여인에게 전하는 최대한의 위로가 된다. 일컬어 해원解寃의 주사呪辭.

어떤가 하면 그 몸짓을 통해 원한은 거꾸로 은혜가 되었다. 이순신의 몸을 칭칭 감으며 눈물깨나 쏟았을 그 뱀, 이순신을 해치는 것이 아니라 나서서 그를 돕는다. 이순신이 전쟁에서 승리해서 나라를 지키고 백성을 구하게 한다. 신립의 서사에서 은혜가 원한이 되고 복수로 이어졌던 것과 꼭 반대되는 일이다. 그 차이의 밑바탕에 무엇이 있는가 하면 '인간'이 있다. '인간에 대한 예의'가 있다. 명분이나 형식이 아닌 실질이고 진심으로서의 진짜 예의가. 이것이 바로 전설이 전하는 인간사의 섭리다. 그리고 역사의 진실이다.

생각해 보라. 저 이름 없는 한 여인을 진정으로 품어 주고 지켜 주는 존재였으니 이 땅 백성들의 생명을 지키기 위해, 또는 군사들의 안위를 책임지기 위해 오죽이나 마음을 쓰고 노력했을까. 뱀이 된 처녀가 전쟁에서 이순신을 도왔다지만, 그것은 하나의 서사적 상징일 뿐이다. 이순신은 스스로 그 자신을 도운 것이다. 하늘은 스스로 돕는 자를 돕는다는 사실!

신립의 길과 이순신의 길

앞서 여인의 죽음을 방관하여 죽음을 자초한 신립에 관한 이야기 속에 '준열한 비판'이 깃들어 있다고 했다. 이순신의 당당한 모습과 비교해 보면 신립의 모습은 더욱더 초라해진다. 작은 차이가 만들어 낸 너무나 다른 결과. 아니, 그것은 작은 차이가 아니었다. 본질적인 차이였다. 신립은 애초에 '깜'이 아니었던 것이다.

그러나 이 설화에 담긴 의미가 어찌 단지 '비판'뿐이겠는가. 나에게 그 이야기가 환기하는 것은 비판보다는 '반성'이다. 신립이 했던 그 선택이 '남의 일'일 수가 없기 때문이다. 그 이야기는 나한테 묻는다. 만약 네가 신립이었다면 너는 어찌하였겠는가를. 과연 그와 다르게 행동하였겠는가를.

돌이켜서 지나온 역정 헤아려 보면 그 질문 앞에서 나는 무력해질 수밖에 없다. 살다가 만나는 이런저런 '귀찮은 일'에 대해서 나는 갖가지 구실을 만들어서 슬쩍 그것을 회피하곤 했던 것이다. 그렇게 타인에게 상처를 주고 실망을 안긴 일이 얼마였던지. 아마도 나였다면 '우리 집에 묵으면 죽게 된다'는 말을 듣고서 얼른 발걸음을 돌렸을지니 신립의 발끝에도 못 미칠 위인인 터다.

여인이 불에 타 죽는 모습을 보며 돌아서 제 길을 간 신립. 징그러운 뱀이 도사린 방으로 들어가 그에게 몸을 내맡기는 이순신. 과연 나는 신립의 서사를 넘어서 이순신의 서사로 나아갈 수 있을까?

   생각하면 아득한 일이다. 까마득한 심연을 넘어서야 하는 그런 일. 하지만 아예 몰랐다면 모르되 이렇게 극명하게 진실과 만난 터에 그것을 회피할 수는 없는 일이다. 한 걸음씩이라도 나아가는 것이 정답이다. 그렇게 나아가다 보면 어느 날인가 심연 건너편에 서 있는 나를 보게 될지도 모른다.

* 노파심에 한 가지 덧붙이면, 전설 속의 신립과 이순신의 형상은 역사 속의 실제 모습을 그대로 반영한 것이 아니다. 저 전설이 전하는 사연은 사실과 거리가 먼 문학적 허구이다. 사실로 말하자면 신립은 설화에서와 달리 부적절한 취첩 문제로 곤욕을 겪었다고 한다. 그리고 그가 문경새재를 포기한 것은 이미 때를 놓친 상태에서 어쩔 수 없는 선택이었다고도 한다. 이순신은 어떤가 하면, 처녀에 얽힌 사단이 진짜로 있었던 일인지 알 길이 전연 없다. 여인이 죽어 상사뱀이 된 대목은 말 그대로 완전한 '전설'일 뿐이다.
〈난중일기〉를 보면 이순신이 참 섬세하고 가슴 따뜻한 사람이었음을 알 수 있다. 사실일 가능성이 아주 작은 일이지만, 저 처녀에 얽힌 전설을 이순신의 실제 일화로 믿고 싶은 마음이다. 그렇다고 해서, 또 그렇지 않다고 해서, 특별히 달라지는 것은 없지만 말이다.

눈물겨운 내 안의 신성
그 구렁이는 어떻게 용이 되었나

'변신'을 생각하다

 이야기의 기본 화소 가운데 '변신變身'이 있다. 말 그대로 몸을 바꾸는 일. 어떤 존재가 전혀 다른 모습으로 몸을 바꾼다는 것은 얼마나 놀라운 일인지 모른다. 민담이 '꿈의 서사'라 할 때 그 꿈 같은 상상력의 전형적인 예가 바로 변신이라 할 수 있다.
 이야기 속에서 변신과 만나는 일은 그 자체로 놀랍고 또 즐겁다. 특별히 복잡한 의미를 부여하기보다 그 발랄한 상상 자체를 있는 그대로 즐기고 싶다는 충동을 느낀다. 나 자신 '변신'이라는 화소를 재미있게 여기면서도 거기 특별한 학문적 관심을 나타냈던 적은 거의 없었다.
 그런데 최근 들어 그 변신의 의미 맥락이 예전과 달리 심상치 않은 무엇으로 다가오곤 한다. 변신 화소의 상징적 의미가 존재의 본질과 맞닿아 있음을 감지한다. 나를 포함하여 세상에 존재하는 모든 것들 가운데 고정불변의 것은 없다. 변화는 존재의 숙명이라 할 수 있으니, 변하면서 나아가는 그 자체가 삶이라 말할 수도 있을 것이다.

나는 오랫동안 이야기 속의 변신을 '대상'으로서 보아 왔다. '그들'의 일로 보았을 뿐, 그것이 나 자신의 이야기일 수 있다는 생각을 거의 하지 않았었다. 나는 그냥 여기 이대로 있는 사람으로 두는 가운데, 나를 둘러싼 수많은 존재들의 '두 가지 얼굴'을 거리를 두고서 바라보곤 했다. 예컨대 〈상사뱀〉 같은 설화를 보면서도 그 상사뱀이 나 자신일 수 있다는 생각을 하지 못했었다.

언제 어떤 계기 때문이었는지는 잘 기억나지 않는다. 어느 순간 이야기 속의 변신이 나 자신의 일일 수 있다는 생각이 스쳤다. 그것은 작지 않은 놀라움과 함께 모종의 가슴 섬뜩한 느낌을 가져다주었다. 나의 여러 가지 얼굴! 나 자신이 호랑이일 수도 있고, 여우일 수도 있고, 구렁이일 수도 있다는 것. 생각해 보니 그것은 엄연한 진실이었다. 그 진실을 깨닫고 나니 이야기 속의 변신에 담긴 의미가 전혀 다르게 다가오기 시작했다.

변신을 다룬 설화는 그 양상이 다양한데, 특별히 나의 눈길을 끌고 있는 이야기가 무엇인가 하면 '삼단 변신'을 화두로 삼는 설화들이다. 동물과 인간 사이의 변신 외에 인간 너머의 존재로 변신하는 것까지를 서사화한 이야기들인데, 전형적인 사례가 구렁이 변신담에서 발견된다. 한때 사람의 모습을 하기도 했던 구렁이가 용으로 변신하여 승천하는 부류의 이야기가 그것이다.

이 이야기들에서는 '동물 - 인간 - 신神'의 삼자 관계가 문제시된다. 말을 좀 바꾸면, 수성獸性과 인성人性, 신성神性 등 세 층위의 존재적 속성이 동시적으로 문제시된다.

이 이야기 속의 변신 화소는 인간이 수성과 신성 사이에 위태롭게 놓인 존재라고 하는 각성과 함께, 극에서 극으로 변신을 거듭하는 사람살이의 실상을 응시할 수 있는 길을 열어 주고 있다.

삼단 변신이 형상화되어 있는 구렁이 관련 설화 가운데 한순간 내 마음을 크게 흔들어 놓은 이야기가 있다. 그 설화의 제목은 '구렁이각시'. 학계에서 주로 '구렁이와 지네의 승천다툼'으로 불려 온 이야기이다.

변신담의 화제작, 구렁이각시

옛날 한 마을에 가난한 사람이 살고 있었다. 어찌나 가난한지 끼니를 잇기가 어려웠다. 제 몸 간수는커녕 처자식까지 다 굶어 죽을 지경에 이르자, 남자는 이렇게 살아서 뭐하겠냐며 스스로 죽기로 결심하고 섣달그믐에 산으로 올라갔다. 그가 산 중턱에 올라 죽을 자리를 찾는데 웬 불빛이 움직이는 것이 보였다. 무언가 살펴보니 한 어여쁜 여인이 등불을 들고 산을 올라오고 있었다.

여자는 남자가 죽으려고 산에 올라온 사실을 알고서 자기가 구해 줄 테니 마음을 고치라 했다. 남자가 가족들이 굶어 죽게 된 사정을 말하자 여자는 자기가 어떻게든 해 보겠다며 자기를 따라오도록 했다. 남자는 여자를 따라서 산을 내려가 강가에 있는 기와집에 다다랐다. 그리고 여자가 권하는 대로 그 집에 머물며 여자와 살림을 차리게 되었다. 좋은 집 좋은 음식에 꿈 같은 날이었다.

그렇게 날을 보내던 남자는 떠나온 가족이 걱정되어 견딜 수 없었다. 이를 알게 된 여자는 꼭 다시 돌아와야 한다는 말과 함께 남자로 하여금 집에 다녀오도록 했다. 남자가 집에 이르러 보니 가난했던 집이 어느새 부자가 되어 아내와 아이들이 편안하게 잘 지내고 있었다. 모두 여자가 그리해 준 일이었다.

이제 집 걱정을 덜게 된 남자는 가벼운 마음으로 여자에게로 향했다. 그가 여자의 집을 향해 물을 건너려는데, 낯익은 목소리가 들렸다. 돌아보니 돌아가신 아버지였다. 아버지는 아들이 걱정돼서 왔다며 그 여자가 사람이 아니라 구렁이라고 했다. 믿기지 않으면 몰래 뒷문으로 살펴보라고 했다. 그 구렁이를 물리치려면 밥을 씹는 척하다가 여자에게 뱉어야 한다고 했다. 그러지 않으면 구렁이에 의해 죽게 되리라 했다.

의심이 생긴 남자는 몰래 담장을 넘어 들어가서는 뒷문에 구멍을 내고 안을 들여다보았다. 아니나 다를까 방에는 예쁜 여자가 아니라 보기에도 흉측한 커다란 구렁이가 도사리고 있었다.

남자가 다시 집을 나와 대문으로 들어가자, 안에서 여자가 나와 반기며 맞아들였다. 여자는 밥상을 차려 내면서 어서 들라고 했다. 밥을 씹으면서 여인을 유심히 바라보던 남자는 씹고 있던 밥을 뱉지 않고 꿀꺽 삼켰다. 그렇게 밥 한 그릇을 다 먹었다. 자기를 구해 주고 보살펴 준 저 여인을 죽이기보다 차라리 스스로가 죽겠다고 하는 마음이었다.

그때 뜻밖의 일이 일어났다. 여인이 눈물을 흘리며 남자의 손을 꼭 잡는 것이었다. 자기가 구렁이인 줄을 알면서 어찌 밥을 뱉지 않았냐고 했다. 아버지 모습으로 나타난 이는 자기와 승천 경쟁을 하는 지네인데 자기를 방해하려 그리한 것이라 했다. 남자가 자기한테 밥을 뱉지 않은 덕에 자기는 이제 용이 되어 승천할 수 있게 됐다고 했다. 자기가 용이 되도록 해 주었으니 앞으로 하는 일이 다 잘될 것이라 했다.

말을 그치자 청천벽력 같은 소리가 나더니 집과 여인이 사라졌다. 구렁이각시가 용이 되어 하늘로 올라간 것이었다. 그 뒤 남자는 가족한테로 돌아와 오래도록 행복하게 잘 살았다고 한다.

이 이야기는 우리 민담 가운데 변신담의 최고 화제작이라 할 만하다. '우렁각시'나 '구렁덩덩신선비' 같은 설화에 비해 세간에 훨씬 덜 알려져 있지만, 구비 전승 현장에서 전승력은 그 이상이다. 《한국구비문학대계》에만 60여 편의 이야기가 실려 있어 자료 수가 '구렁덩덩신선비'는 물론 '우렁각시'와 '선녀와 나무꾼'을 웃돈다. 사람들이 아주 큰 관심 속에 이야기를 전승해 왔음을 알 수 있는 대목이다.

이 이야기는 두 동물 사이의 승천 다툼을 문제 삼고 있는데, 그 동물의 정체는 자료에 따라 무척 다양하다. 구렁이와 지네가 주인공 내지 경쟁자로 가장 많이 등장하며(자료에 따라 둘의 위치가 뒤바뀌곤 한다), 여우와 지렁이, 미꾸라지, 돼지 등이 경쟁자로 등장하기도 한다. 구렁이와 지네 가운데 어느 쪽을 주인공으로 선택할 것인지가 고민 아닌 고민인데, 아무래도 구렁이가 어울린다고 보았다. 지네보다는 구렁이가 용으로 변하는 것이 더 자연스러워 보인다는 생각이다. 물론 대세에 큰 지장이 있는 사항은 아니다.

어두운 방 안의 구렁이 한 마리

구렁이각시. 착하고 아름다운 여인의 모습으로 다가왔으나 실제로는 징그러운 구렁이였던 사람, 아니 동물. 어느 쪽이 진짜였는가 하면 구렁이가 그것이었다. 미녀의 모습이란 남자를 홀리려고 뒤집어쓴 껍질일 따름이었다. 겉보기는 번드르르하지만 실상은 추하기 그지없는 그런 존재.
한 가지 재미있는 지점은 그가 언제 사람 모습을 하고 언제 구렁이 모습을 하는가 하는 부분이다. 위 설화는 그 차이를 선명하게 대비해 보여 준다. 그는 남자 앞에 나설 때는 미녀의 모습을 하며, 혼자 방 안에 있을 때는 구렁이 모습으로 돌아온다. 그 상황에 담긴 상징적 의미 또한 명백하다.

'미녀'는 남에게 의식적으로 드러내 보인, 남의 눈에 비친 모습이다. '구렁이'는 자기 스스로만이 아는, 남들에게는 은밀히 감추어져 있는 실제의 모습이 된다. 그 둘 사이에 놓인 극적인 거리가 미녀와 구렁이 사이의 변신이라는 화소로 표상된 것이다. 달리 말하면 그것은 '낮의 모습'과 '밤의 모습'에 해당하는 터, 의미 맥락이 '지킬 박사와 하이드'와 흡사하다고 할 수 있다.

차라리 거꾸로였으면 좋았으리라. 겉으로는 징그러운 구렁이지만 실제로는 사람인 그런 존재였다면. 그런 경우가 없지 않으니 '구렁덩덩신선비'의 주인공이 대표적인 사례다. 뱀의 외형을 가지고 있었으되 실제로는 신선이었던 존재. 뭇사람들한테 징그럽다고 외면을 당하지만, 언젠가 이면의 미덕이 드러나면 활짝 꽃필 존재였으니 행복한 경우라 할 수 있다. 소설 〈박씨전〉의 박씨도 이 비슷한 사례에 해당한다.

하지만 이와 같은 경우는 특수한 쪽에 속한다. 대부분은 그 반대이다. 남에게 비치는 모습은 아름답고 근사하되 실제로는 초라하고 흉측하기 그지없는 그런 존재. 앞의 구렁이각시가 그렇고, 변신 설화에 등장하는 또 다른 유명한 주인공 구미호가 그러하다.

지네, 쥐, 너구리, 두꺼비……. 겉보기에 멀쩡한 사람이었지만 실제로는 동물이었던 존재들의 행렬은 꽤나 길다. 그 '동물'이 인간의 이면적 실상의 표상이라고 생각할라치면 그것은 참 슬픈 일이 된다. 사람들 내면에 수성獸性이 주인으로 자리

잡고 있다는 것은.

앞에서 이야기 속의 변신이 타자가 아닌 나 자신의 일일 수 있다고 했다. 그건 바로 이 '구렁이각시' 설화가 전해 준 각성이었다. 겉으로 사람이지만 실제로는 구렁이인 저 형상이 바로 나 자신의 모습이라는 것⋯⋯.

어떤가 하면 나는 오랫동안 이 설화를 보면서 은연중 스스로를 '남자'에 투영해 왔었다. 남자가 구렁이 여인을 어떻게 대하는가에 관심을 두면서 이야기 흐름을 따라갔었다. 그때 이 설화는 한 편의 편안하고 즐거운 미담美談이었다. 구렁이가 용이 되는 순간 고개 끄덕이며 박수를 보내면 되는 일이었다. 하지만 불현듯 저 구렁이가 나일 수 있다는 생각을 하는 순간, 그 충격은 놀라움을 넘어 절망에 가까운 것이 되었다. 왜냐하면 그것은 정확한 진실이었으므로.

> 그래 인제 가서는 위로 담을 넘어서 그 사람 말대로 이제 슬쩍 넘어서 가서 뒷문을 요렇게 침칠을 해서 뚫르구서 요렇게 딜여다보니께는 이 방으로 하나 차다시피 했더래요. 막 이런 구렝인디, 통나무 겉은 구렝이가 방으루 하나 이게 서리구 있는데, 헷바닥을 그저 넘실넘실 넘실넘실하구 있더래요.
>
> — 1991년 12월 17일, 충남 공주시 이인면 복룡리에서 한득상 구연(신동흔 채록)

남자가 뒷문으로 몰래 들어가 여인의 정체를 엿보는 대목이다. 이 순간 무방비 상태로 있던 여인은 숨겨 왔던 정체를 꼼

짝없이 노출당하고 만다. 아무도 안 보는 은밀한 곳에서 펼쳐진 있는 그대로의 모습. 그 모습은 바로 징그러운 구렁이!

아, 저 사람이 구렁이한테 그랬던 것처럼, 만약 누군가가 나만의 은밀한 시공간에 작은 구멍을 내고서 나의 모습을 들여다본다면······.

소스라쳐 돌아본 나의 모습은 영락없는 구렁이각시였다. 겉으로는 미인이되 실제로는 구렁이인 그런 존재. 꽤나 번듯한 모습을 하고 남들 앞에 나서서 나름 인정을 받고 사랑과 기림을 받기도 하지만, 돌아와 어두운 방 안에서 허물을 벗은 나의 모습은 오갈 데 없는 한 마리 구렁이였다. 징그럽고 누추한 욕망과 모순의 존재. 뭇사람들의 환상 따위 단번에 깨 버리고 말······.

실질과 허상 사이의 아득한 거리감에 나는 절망하고 말았다. 양 무릎을 감싸 안고 앉아서 소리 없이 흐느낄 수밖에 없었다.

그런데, 그런데 말이다. 저 이야기, 구렁이를 무참히 짓밟지 않고 구원하고 있으니 이건 무언가. 저 구렁이를 용으로 변신시켜 승천시키고 있으니 이건 대체 무슨 일인가. 저 징그러운 구렁이, 어떻게 찬란한 용이 될 수 있었던 것인가.

아름다운 그 말 '인참'

이야기 속의 남자는 어느 순간 여자의 정체를 알게 된다. 다른 이도 아닌 죽은 아버지가 나타나 그 실체를 폭로해 준다. 그 말은 그르지 않았다. 문틈으로 들여다본 저 여자, 아름다운 은인인 줄만 알았으나 실제로는 흉측한 구렁이였다. 그 독毒으로 나를 파멸시키고야 말.

이제 정해진 순서는 그로부터 탈출하는 것이다. 당하기 전에 도망가야 한다. 아니, 도망으로는 부족하다. 괴물이 따라올 수 있으므로. 제거하여 후환을 없애는 것이 최선이다. 그리고 그는 방법을 알고 있다. 씹고 있던 밥을 뱉으면 된다. 그건 어려운 일도 아니다. 구미호를 떨쳐 내기 위해 그 숱한 우여곡절을 겪은 주인공들에 비하자면.

남자가 입에 밥을 떠 넣는 그 순간, 구렁이 여인은 어떤 심정이었을까. 남자는 그 사실을 몰랐지만, 여자는 이미 모든 걸 알고 있었다. 저 남자가 제 정체를 눈치챘다는 것을. 그렇다. 그것은 언젠가 닥쳐올 일이었다. 존재의 본질을 영원히 감출 수는 없는 법. 자신이 어떤 존재인지를 결국 저 사람은 알게 되어 있다. 아니 알아야만 한다. 맞닥뜨림은 필연이다. 맞닥뜨리지 않고 넘어설 수는 없다.

그런데 저 순간, 여인은 무력하다. 나서서 할 일이 없다. 무어라 할 것인가. 자기는 구렁이가 아니라 사람이라고 강변할 것인가. 제발 불쌍히 여겨서 살려 달라고 눈물을 짜며 매달릴 것인가. 아니면 차갑게 노려보며 허튼짓 말라고 위협할 것인가. 어느 것도 할 수 없다. 그런 짓을 하는 순간 그녀는 스스로가 구렁이임을 확인하게 될 따름이다. 다시 사람이 될 기회는 속절없이 사라지고 만다.

저 남자, 이 여인을 버려도 그만이다. 큰 은혜를 입고서 잘 지냈다지만, 그건 진짜가 아니었다. 자기 자신을 위한 가짜의 자선이었다. 이제 가짜였음을 알아 버린 터에 허튼 동정을 품을 일이 아니다. 더군다나 이건 생존이 걸린 일이다. 이 위기에서 살아나려면 정신 바짝 차려야 한다.

그런데 저 남자, 그 순간 밥을 꾹꾹 씹어 삼킨다. 그렇게 여인을 받아들인다. 거짓일지 모르고 환영일지 모르되 저 여인 덕에 자기 삶이 빛나고 행복했던 일을 그대로 받아들인다. 다 좋은 추억이었어, 하면서. 그냥 이렇게 간다면 그것도 또 인생 아니겠어, 하면서…….

예전에 남자 편에서 이 이야기를 읽을 때 저 남자 좀 멋지다 생각했었다. 이제 여인의 편에서 이야기를 새로 읽으니 눈물이 맺혀 왔다. 나 자신이 구렁이라는 것을 알아 버린 저 사람. 나 자신이 추한 모순의 존재라는 것을 알아 버린 세상. 저 사람은, 이 세상은 나를 가차 없이 버리리라 믿었다. 그렇게 나의 존재는 지워지리라 믿었다. 그런데 이 초라하고 흉측한 존재를 향해 따뜻하게 손을 내밀어 주는 저 사람!

그 순간 저 여인, 용이 되는 것이었다. 가히 이룰 수 없으리라 여겼던 범람한 꿈이 문득 실현되는 것이었다. 누가 이름을 불러 주자 꽃이 되었다는 시 구절처럼. 그때 그녀가 할 수 있는 일이 무엇이겠는가. 두 손 꼭 잡고서 뜨거운 눈물을 주르륵 흘리는 것 외에.

그런디 이 여자는 인참을 얻을라구 그랬거유. 인참을 얻을라구 그랬거유. 인참을 얻을라구 했넌디 저늠이 심술을 부려서두 이 남자가 밥을 안 뿌리구서 '너 용이나 돼라' 이게 마음을 먹었기 때민에 하늘에까지 그걸 알어. 그래서 용이 올라갈 수 있어.

- 위와 같은 설화

충남 공주에서 만난 한득상 어르신은 저 여인이 남자로부터 얻어야 할 무엇을 일컬어 '인참'이라 했다. 그 구렁이는 인참을 얻어야 승천할 수 있었던 것이라 했다. 찾아보니 '인참'이란 말은 사전에도 없다. 하지만 그것은 나에게 무척이나 아름다운 말로 남아 있다. 저 밑바닥으로 손을 뻗쳐 존재의 초라함을 끌어안아 주는, 그리하여 그 안의 신성을 이끌어 내 펼쳐 주는 그 무엇, 인참!

인간의 허물 안에 흉한 동물이 있다. 그리고 그 동물의 허물 깊은 곳에, 찬연한 신성神聖이 있다. 진심으로 손을 내밀어주면, 우리 안의 수성獸性은 문득 신성神性이 된다. 무모하기 그지없는 나의 꿈은, 어쩌면 현실이 될지 모른다. 누군가 나를 진심으로 믿어 준다면. 귀한 인참 건네준다면.

어쩌면, 그렇게 손을 내밀어 주는 사람, 나 자신도 그가 될 수 있을지 모른다. 초라한 구렁이가 되어 신음하고 있는 누군가를 용으로 만들어 줄 수 있을지 모른다. 나의 작은 인참 건네진다면.

저어기 하늘로 착착 날아오르고 있는 맑은 빛들! 이야기가 드러내 보이는 인생의 이치란 어찌 이리 살뜰하도록 오묘한지 모른다.

욕망하니까 인간이다
울지 마요 광청아기, 당금애기

성적 욕망과의 불화

논산에서 만난 한 이야기꾼이 있었다. 식견이 높고 기억력이 비상해서 중국 역사와 조선 주요 인물의 사적을 꿰고 있던 분이었다. 인물담을 주로 구연하다가 고담을 하나 전해 주었는데, 한 여인을 겁간하려다 살해한 뒤 그 사실을 감추고 지내다가 암행어사에게 잡힌 스님에 관한 사연이었다. 무엇보다 기억나는 것은 이야기 끝에 화자가 덧붙인 말이다. "성性이란 게 참 불같은 거여. 불같은 거라구."

말 그대로다. 성性이란 참으로 불같은 것이다. 사람이 가진 욕구에 여러 가지가 있지만 성욕性慾만큼 강렬하고 끈질긴 것을 다시 찾기 어렵다. 어느 결에 새록새록 솟아나서는 눌러도 사그라지지 않고 점점 자라나 존재를 통째로 흔들곤 한다.

누구라도 욕망으로부터 자유로운 사람은 없겠지만, 성욕에 따른 번민과 갈등에 유난히 크게 사로잡히는 사람들이 있다.

이를테면 욕망이 남달리 강한 사람이나 욕망을 풀어낼 통로가 막혀 있는 사람 등등. 이때 우리가 아프게 떠올리게 되는 것은 사춘기를 힘들게 겪고 있는 청춘 남녀들이다. 성적 욕망은 한창 솟구쳐 오르는데 어떻게 풀어낼지 알 수 없는 아득한 상황. 과연 그 무거운 존재를 어떻게 감당해 나가야 하는 것인지.

돌이켜 나 자신을 보자면 무척이나 길고도 힘든 터널이었다. 교과서적인 도덕으로 무장되었던 나에게 성性은 어둡고 불결한, 억눌러야 하는 그 무엇이었다. 그런데 욕망은 불시에 피어나 커져만 가면서 심신을 흔드니 이 일을 어쩌나. 욕망을 가누지 못해 번민하고 방황하면서 보낸 불면의 밤이 한두 번이 아니었다. 나는 왜 이리 욕망이 강할까 자책도 하고 하늘은 왜 나를 이렇게 만들었을까 원망도 했다. 인정하기 싫은 누추한 비밀을 안고서 헤매 도는 모순의 존재. 나의 청춘은 그렇게 잿빛이었다.

그때 스스로에 갇혀 있었던 나는 미처 몰랐었다. 그것이 단지 나만의 문제가 아니었음을. 다른 많은 청춘들이 비슷한 고민 속에서 제 안의 욕망을 힘들게 감당해 나가고 있다는 사실을. 성性과 욕망에 대해 조금 더 알았더라면, 고민을 함께 나눌 친구들이 내 곁에 있었더라면 나의 불면의 밤은 많이 줄어들었을지 모른다. 그래, 지금 알고 있는 이야기들을 그때 진작 알았더라면!

슬픈 그 이름, 광청아기

앞서 상사뱀에 얽힌 전설을 보았고 용이 되려 한 구렁이에 대한 민담을 보았다. 이제 보고자 하는 것은 입에서 입으로 이어진 신화의 사연이다. 민중의 삶의 철학을 오롯이 담고 있는 원형적인 이야기들. 거기 깃든 사연들은 어찌 그리 아리도록 슬픈 것이 많은지 모른다. 그중에서 빼놓을 수 없는, 하염없는 눈물의 밤을 보내야 했던 큰애기들의 사연이 있다. 욕망과 성에 얽힌 아픈 청춘의 사연들.

제주도의 구전 본풀이 신화 자료를 이리저리 살피던 중에 한 구석에서 만난 이야기가 있다. 제주도 전역에서 섬겨지는 신(일반신)도 아니고 한 마을에서 모셔지는 신(당신, 본향)도 아닌, 한 집안에서 모시는 신(조상신)에 대한 이야기였다. 그 이름은 광청아기. 제주도 김녕마을 송씨 집안에서 모시는 신이다. 그 사연으로 말하자면, 금치 못할 욕망으로 방황하고 좌절하는 슬픈 청춘의 서사다.

제주 동김녕마을 송동지 송선주가 섣달그믐을 맞아 서울로 진상을 바치러 길을 떠났다. 온갖 산물을 진상하고 고향으로 돌아오던 송동지는 광청고을 허정승댁에 머물게 되었다. 저녁상을 받고 잠자리에 들었는데 삼경이 가까워 오도록 잠이 오지 않아 밖에 나와 배회했다. 그때 초당에 희미한 불빛이 보여 다가가 보니 어여쁜 아기씨 하나가 머리를 풀어 놓고 무엇을 생각하는 듯 창문 밖을 내다보고 있었다. 송동지가 돌아서려 하는데 아기씨가 방문을 열면서 할 말이 있으니 들어오라 했다.

송동지가 방 안으로 들어가 움츠려 앉자 아기씨가 술상을 내어놓고 술을 권하면서 뜻밖의 말을 했다. 이렇게 만난 것이 인연인데 잠도 안 오고 하니 심심풀이 놀이를 하자고 했다. 앞으로 혼인을 하면 하게 될 그 행동을 해 보고 싶으니 자기 옷은 송동지가 입고 송동지 옷은 자기가 입은 채 밤이 지새도록 색시놀이를 해 보자 했다. 술에 취한 송동지가 응락하여 놀음이 시작됐다. 송동지는 연분홍 저고리에 대홍 대단 연분홍 치마 구슬 족두리를 머리에 얹고, 아기씨는 넓은 갓에 백도포를 입고 부채를 들었다. 두 사람이 서로 손을 마주 잡자 얼음 같은 손길이 구름 녹듯 녹아났다. 어느새 한 몸이 된 두 사람은 온 세상이 제 것이 되어 시간 가는 줄을 몰랐다. 다음 날 송동지가 주인을 이별하고 돌아오는데 간밤의 일이 꿈인지 생시인지 분간할 수가 없었다.

여러 달이 지난 뒤 송동지는 다시 서울로 진상을 가게 되었다. 진상을 마치고 돌아올 때 광청고을 허정승댁을 찾아들어 해가 지자마자 광청아기 방으로 달려갔다. 뜻밖에도 아기씨는 송동지 아이를 잉태한 사실을 말하며 옷깃을 잡고 밤새도록 눈물을 흘렸다.

그때 시절이 육지 여자는 제주에 못 가고 제주 여자는 육지에 못 갈 때였다. 송동지는 아기씨가 울음 끝에 도포 자락을 놓은 틈을 타 문밖으로 내달아 포구로 나와서 배 밑에 들어앉았다.

광청아기가 불룩 나온 배를 이끌고 포구로 나와 송동지 배를 찾는데 무정한 사공이 발판 다리를 당겨 버렸다. 아기씨는 감태같은 머리를 풀어 헤치며 물로 풍덩 뛰어들어 구름 녹듯 녹고 말았다.

송동지가 제주 고향으로 돌아와 동김녕 포구에 배를 들여 매는데 아버지를 마중 나왔던 막내딸이 갑자기 허파에 바람 든 듯 머리를 풀어 헤치고 부모 형제도 몰라보면서 바닷물 속으로 달려들려고 했다. 송동지가 깜짝 놀라 막내딸을 붙잡자 딸이 다른 사람 목소리를 내며 이상한 소리를 늘어놓았다. 송동지는 광청아기 혼령이 막내딸한테 의탁했음을 알고 그 원혼을 풀어 주기 위해 심방을 불러 굿을 했다. 용왕국에서 광청아기 삼혼을 건져 낸 다음 축문을 올리고 아기씨 맺힌 간장을 낱낱이 풀어 주었다. 그런 뒤로 송동지 집은 부자가 되고 셋째 아들이 나라에 벼슬을 하게 되었다. 그후 송씨 집안에서는 광청아기를 조상신으로 모시게 되었다.

– 제주시 용담동 안사인 구연, '광청아기 본풀이'(요약)

이름도 어여쁜 처녀 광청아기. 그는 왜 저한테 아버지뻘이나 될 늙은 과객을 방으로 끌어들여 술을 권하고 유혹했던 것일까. 세상이 금지한 그 못된 일을 어떻게든 해 보려고 했던 것일까. 그것도 남자 옷 여자 옷 바꿔 입고서.

엉뚱하고도 범람한 욕망이다. 납득하기도 용인하기도 어려운 변태로운 사랑놀음이다. 누가 알기라도 하면 당장 경을 치게 될, 집안이 온통 결딴날 수도 있는 불온한 사단이었다. 그 렇게 선을 넘어서는 안 될 일이었다. 하지만 뉘라서 가히 저 어린 처녀를 흉보고 욕할 수 있을까. 채찍을 들어 내리칠 수 있을까. 저 큰애기, 깊은 곳에서 밀려 올라오는 욕망이 어찌나 컸으면 저런 일을 벌이고 있겠는가 말이다. 모르긴 해도 불같은 몸을 뒤척이면서 홀로 보낸 불면과 번민의 밤이 하루 이틀이 아니었을 것이다.

그렇게 송동지와 보낸 하룻밤은 뿌듯했을까? 그냥 없던 일처럼 지나가 버렸다면 얼마나 좋았을까마는 뜻과 같지 않은 것이 인생이다. 딱 걸려들어서 사고가 터지니 이 일을 어쩔까. 불러 오는 배를 바라보면서 속절없이 눈물로 지새웠을 그 밤을 생각하면 나오는 건 한숨이고 눈물이다. 돌아보면 스스로 초래한 일이니 누구를 원망하며 누구한테 하소연할까. 그저 제 존재가 슬프고 하늘만 원망스러웠을 것이다. 하느님은 왜 나를 이렇게 만들었나요!

그렇다. 그것은 하늘의 일이었다. 그 욕망이란 인간에 의해 금지된 불온한 것이었지만 인간 이전에 하늘이 그리 내린 것이었다. 그러니 그 또한 신성神性이다. 신성이 참으로 유난하기도 하여 제 마음의 타오르는 불꽃에 의해 존재를 불사르고 만 광청아기. 그 마음속의 불은 차가운 바닷물 속에서도 꺼지지 않고 남아서 모진 한恨이 되었다. 어찌 아니 그러할까. 그 서러움과 원통함을 돌덩이처럼 안고 있는 무거운 몸으로 어떻게 훌쩍 저세상으로 건너갈 수 있었겠는가.

송동지는 어떠한가. 처녀의 불같은 욕망을 달래어 가라앉히지 못하고 거기 편승해서 금지된 불장난을 한 그였다. 배가 부른 채 눈물 흘리며 매달리는 그 큰애기를 떼어 놓고 저 하나 살자고 내빼어 숨어 버린 그였다. 그리하여 그 사람, 저 꽃다운 청춘의 존재를 절망과 죽음으로 내몰았으니 오갈 데 없는 큰 죄인이다. 천벌 받아 마땅하다. 자기는 그저 큰애기 유혹에 넘어간 것뿐이라고? 천부당만부당한 허튼 변명이다.

만약 송동지가 그렇게 그 일을 합리화했다면, 아무도 모르는 일이니 덮어 두기로 작정하고 발뺌했다면 그는 하늘의 벌을 면치 못했을 것이다. 막내딸한테 이상한 증상이 나타난 것은 작은 시작일 뿐, 패가망신은 경각에 달린 일이었을 것이다. 따로 본 사람이 없다지만, 아무도 모르는 일일 리 없다. 하늘이 보고 있는 일이고 스스로가 가장 잘 아는 일이다.

그런데 저 사람 어떻게 되었는가 하면 벌을 받아 쓰러진 것이 아니라 거꾸로 집안이 일어났다. 이건 또 무슨 일인가. 어떤가 하면 그것이 바로 하늘의 섭리였다. 자기 자신으로부터 도망갔던 그, 자기한테로 돌아온다. 무덤 속까지 가지고 가고 싶었을 그 부끄러운 일을 가족과 이웃 앞에 낱낱이 드러내고 속죄 의식을 거행한다. 차가운 바다로부터 큰애기의 넋을 건져 그 가슴에 맺힌 한을 솜솜이 녹여 준다.

신의성방(심방) 불러다 용왕국으로 광청아기 초혼 이혼 삼혼을 건져, 송동지 영감 셋째 아들 세명(양자) 올려 축지방 하고, 아기씨 맺힌 간장 서린 간장 원성귀제맞이 올려 신정국태추태로 일천 간장 풀렸더니.

- 안사인 구연, '광청아기 본풀이'(현용준·현승환 역주, 《제주도 무가》, 고려대 민족문화연구원, 1996, 414~415쪽)

그것은 단순한 속죄 의식만이 아니었다. 한 가녀린 넋을 위로하고 되살리는 해원과 부활의 의식이었다. 그 외롭고 아픈 존재에 손을 내밀어 빛이 되어 오르도록 하는 일이었다. 그리고 제 자신의 깊은 곳에 손을 내밀어 스스로의 허물을 벗는 일이었다. '굿'이라는 이름의 그 일, 그렇게 신성에 가닿는 일이었으니 광청아기는 마침내 신神이 되고 송동지는 신을 모신 자가 된다. 이치에 꼭 맞는 일이다. 하늘의 섭리가 아니고 무엇일까.

내가 아는 어떤 소리광대는 광청아기 이야기를 처음 보고는 '가슴 시리도록 아름다운 이야기'라고 감탄했다. 나의 생각이 꼭 그러하다. 이 이야기는 금지와 억압이 낳은 상처와 좌절을 따뜻하게 보듬어 솜솜이 풀어내는 긍정과 포용의 서사이며 자유와 해방의 서사이다.

이 서사가 펼쳐 내는 씻음과 풀어냄은 단지 광청아기와 송동지에 대한 것으로 한정되지 않는다. 광청아기라는 저 아프도록 뜨거운 존재 속에 스스로를 투영하는 가운데 이루어지는, 마음 한구석 불온하게 묻어 둔 욕망의 질곡으로부터의 풀어짐이 있다. 송동지와 손을 잡는 가운데 이루어지는, 참람한 욕망과 무거운 죄의식으로부터의 풀어짐이 있다. 한 여인의 욕망을, 한 인간의 욕망을 도덕과 규범의 덫에 가두어 놓고 감시의 눈을 부릅뜨는 그 가혹한 편견과 억압으로부터의 해방이 있다.

다시 말하지만 이 이야기는 굿에서 구연되는 본풀이 신화이다. 굿판에 남녀노소가 다 함께 모여 이야기를 듣고 또 듣는다. 그 신성한 의례 속에서 그들은 저 아름다운 서사의 축복을 받아 왔던 터다. 그 이야기를 가슴에 새기며 자란 청춘들, 신의 손길로써 제 가슴에 묻어 둔 욕망을 어루만지면서 '내 안의 또 다른 나'와 따뜻하게 손잡을 수 있지 않았을까. 그 신성의 빛을 등불로 삼아서 함정 많은 청춘의 터널을 또박또박 걸어 나갈 수 있지 않았을까? 그 시간들을 지우고 싶은 방황의 시간이 아닌 소중한 성찰의 시간으로 삼으면서.

당금애기 또는 미혼모의 초상

'바리데기'와 더불어 우리나라에서 가장 널리 전승돼 온 구전 본풀이 신화로 '당금애기'가 있다. 당금애기는 신화 여주인공의 이름이기도 하다. 자료에 따라서는 그 아들 신의 이름을 따서 '제석 본풀이'라고 하기도 한다. 제목을 보면 좀 딱딱해 보이기도 하는데, 사연을 보자면 애틋하기 그지없다. 특히 당금애기가 걸어가는 길이 그러하다. 꽃다운 딸에서 한순간에 고달픈 어머니로 옮겨 가야 했던 어린 여인. 그 아린 성장통에는 역시 남녀 간의 문제가 얽혀 있었다. 어른이 되자면 피할 수 없는 그 일…….

세상 한편에 이름도 아름다운 당금애기가 살고 있었다. 해동 조선 귀한 집안에서 아들을 아홉 낳은 뒤에 명산대천에 정성껏 빌어서 얻은 귀한 딸이었다. 맑은 자태와 고운 마음씨가 눈곱만 한 티끌 한 점 없었다. 한 떨기 꽃과 같은 존재였다.
어느 날 당금애기에게 꿈에도 생각지 않았던 일이 닥쳐온다. 마침 부모님과 오빠들이 집을 비우고 없을 때였다. 낯선 화주승 하나가 꽁꽁 닫힌 문을 도술로 열고서 당금애기가 있는 별당으로 들어왔다. 스님은 시주를 받으면서 부러 곡식을 땅에 흘려 시간을 끌더니 날이 저물자 잠을 자고 가겠노라고 했다. 어두운데 손님을 보낼 수는 없는 법. 당금애기는 제가 자는 별당 윗목에 화주승의 자리를 마련해 주었다. 그날 밤, 당금애기는 이상한 꿈을 꾸었다. 해와 달이 어깨에 얹히고 이상한 구슬 셋을 삼키는 꿈이었다. 화주승은 그게 삼형제 낳을 꿈이라고 하는 벽력같은 말을 남기고는 온데간데없이 사라졌다.
아니나 다를까, 당금애기의 배가 자꾸만 불러 오기 시작했다. 감추려야 감출 수가 없었다. 마침내 부모님과 오라비들이 그 사실을 알게 되자, 한바탕 사단이 났다. 아버지와 오라비는 자기들의 사랑을 어찌 이렇게 배반할 수 있느냐며, 씻을 수 없는 집안의 망신이라며 당금애기를 칼로 쳐서 죽이려 했다. 칼이 뚝뚝 부러져 나가 죽일 수가 없자, 오라비들은 만삭인 당금애기를 뒷

동산 컴컴한 토굴에 갖다 버렸다.

당금애기는 그 토굴에서 혼자서 세쌍둥이를 낳는다. 그리고 어머니의 인도로 집에 돌아와서 홀로 세 아이를 키운다. 아비 없는 자식이라는 조롱과 놀림. 큰 서러움 속에 성장한 세쌍둥이는 어머니를 가마에 태운 채 아버지를 찾아 먼 길을 떠난다. 그리고 갖은 우여곡절 끝에 아버지와 상봉한다. 그 뒤 세쌍둥이는 삼불제석 제석신이 되고, 당금애기는 아기의 신 삼신이 되었다고 한다.

이 이야기에서 서사의 전환점이 되는 부분이 어디인가 하면 당금애기가 화주승과 결연하는 대목이다. 그 결연을 계기로 평온하던 당금애기의 삶에 일대 파란이 닥쳐오게 된다. 그런데 그 결연의 양상은 자료에 따라 상당히 다르게 이야기된다. 화주승이 땅에 떨어진 낟알을 건네 주자 당금애기가 받아먹었다고도 하고, 당금애기가 낟알을 줍는 동안 두 사람의 옷이 서로 휘감겼다고도 한다. 화주승이 도술로 당금애기한테 태몽을 불어넣었다고도 하며, 두 사람이 덮고 잔 이불이 아침에 보니 바뀌어 있었다고도 한다. 그리고 그 결연을 두 사람의 육체적 동침으로 그려 낸 자료들이 있다.

이 신화에서 나타난 결연 대목을 다룰 때 나는 둘의 육체적 결합을 암시하는 화소들을 애써 외면하고 덮으려 했었다. 나의 생각에 당금애기는 언제까지나 깨끗한 동정의 처녀여야 했다. 그가 화주승과 성적으로 결합한다는 것은 당금애기의 이미지와 어울리지 않을 뿐 아니라 신성한 이야기인 신화의 서사로서 합당하지 않다고 생각했다. 굳이 그 대목을 생생한 육체적 결합으로 묘사하는 동해안 지역 무당들은 대체 무슨 뜻을 품고 있는 것일까 의아하기도 했다. 그런 무리한 설정을 통해 조금이라도 더 사람들의 관심과 흥미를 끌어내려 했던 것일까.

그런데 언제부턴가 나는 이 대목에 대해 이전과 전혀 다른 새로운 태도를 가지게 되었다. 둘의 결연을 육체적 결합으로 묘사한 대목이 가장 진실에 가까운 것일지 모른다는 생각이 들었다. 그러한 결합은 신성神聖과 어긋나는 것이 아니라는 깨우침이 뇌리를 스쳤다.

저 신님이 난데 없이야 / 상사병이가 일어야 나는데 / 얼굴이는 붉으락 희락 붉으락 / 왈왈 떨기를 시작하는가부요 / 아무리 생각하여도 아니 된다 싶어서 / 부처님 도술로 피우더니만 / 난데 없이 왕거미가 되어 가지고 / 병풍으로 굼실굼실 넘어간다 / 아가씨 머리맡에 쪼그리고 앉더니 / 한 시간 동안을 아가씨를 폭으로 내려다보고 있더니만 / 저 신님이가 공중 일어나서 / 입었던 장삼을 활활 벗어서 네 갈 데로 가거라 / 염주도 벗어 네 갈 데로 가거라 / 단주도 벗어 네 갈 데로 가거라 / 빨가벗은 알중이 나서더니 / 아가씨 자는데 단침 이불 속으로 굼실굼실 기어들어가더니 / 아가씨 가는 허리를 아드답싹 끌안고 / 죽을지 살지 살지 죽을지 / 배 위에 걸타고 올라타더니 바꿈 끌안고 / 입

을 쭉쭉 맞추더니 / 네 사랑이냐 내 사랑이냐
- 강원도 강릉시 박월례 구연 '제석 본풀이'(김태곤 편, 《한국무가집》 1, 집문당, 1971, 206~207쪽)

　한밤중에 왕거미로 변하고 병풍을 타 넘고 이불로 스며 온 화주승을 당금애기는 마침내 거부하지 못하고 운명처럼 그와 한 몸이 된다. 검고 얽고 땟국물 흐르는 떠돌이 화주승과 꽃밭의 화초처럼 티 한 점 없이 자라 온 귀한 집 고명딸의 육체적 결합……. 가장 불편하고 합당치 않아 보이는, 좀처럼 용납이 되지 않는 장면이다. 몹쓸 화주승! 불쌍한 당금애기!
　하지만 불편하기 짝이 없는 그 '야합'은 실상 하늘이 아는 신성한 결합이었다. 저 화주승은 세상에 훌쩍 나선 신이었고, 당금애기는 신의 선택을 받은 존재였다. 둘의 결합은 세상의 구원자(삼불제석)를 잉태하는 과정이었고, 세상의 어머니 신(삼신)을 점지하는 과정이었다. 가장 추해 보이고 못마땅해 보이는 저 상황 속에, 세속적이기 짝이 없어 보이는 저 상황 속에 신성이 깃들어 있다는 이 역설. 신성은 이렇게 우리의 예상을 보기 좋게 깨면서 제 모습을 발현하곤 한다.
　문제는 어디에 있는가 하면 그 결합에 있는 것이 아니라 그 결합을 인정하지 못하는 지점에 있다. 규범을 벗어난 결연을 용납 못 할 죄악으로 규정하고 억압하며 단죄하는 닫힌 태도에 있다. 위 이야기는 당금애기의 아버지와 오라비를 통해 그 모순을 단면적으로 드러내 보인다. 제 딸과 누이를 세상 누구보다 아끼고 사랑한다는 그들이었다. 하지만 당금애기가 외인과 사통하여 아이를 잉태했다는 사실을 아는 순간 그들의 태도는 180도로 변한다. 배반감에 떨면서 당금애기를 없애려 한다. 칼로 쳐서 죽이려다가 여의치 않자 뒷산 토굴 속에 사정없이 팽개친다. 출산을 눈앞에 둔 여린 피붙이를.

'우리가 얼마나 너를 사랑했는지 아느냐'고 말하지만, 그들은 당금애기를 사랑했던 것이 아니었다. 그들이 사랑한 것은 자기 자신이었을 따름이다. 그들에게 당금애기는 자기네 삶을 더 즐겁고 화려하게 하는 하나의 치장에 지나지 않았다. 제 맘에 안 드는 모양을 하게 됐을 때 마치 시든 꽃 내던지듯 속절없이 내다 버릴 그 무엇이었다. 그들은 당금애기를 꿇려 놓고서 그녀가 자기네를 배반했다고 몰아세우고 있지만, 실제로는 그들이 배반했던 것이었다. 인간을, 그리고 신의 뜻을. '신의 아이'를 잉태한 당금애기를 토굴에 버리고 돌아오던 아홉 오라비가 흙비와 돌비를 맞고서 쓰러진 것은 당연한 귀결이다.

이 신화가 전해 준 일련의 깨우침은 나에게 무척 충격적인 것이었다. 그것은 나로 하여금 내 속에 있는 아비와 아홉 오라비의 모습을 들여다보게 했다. 나의 의식 또는 무의식에서 당금애기는 화주승과 관계를 하여 순결을 잃고 더럽혀진 것이었다. 만약 내가 저 아비나 오라비와 같은 상황에 부닥친다면 나 자신 여지없이 실망하고 분노하여 치를 떨었을 것이다. 찬서리와 함께 마음의 문을 꽁꽁 닫아서 그 가련한 이가 손 내밀 길을 막아 버렸을 것이다. 내 아이가 미혼모라니! 그는 더 이상 내가 아는 그 딸, 그 여동생이 아니었을 것이다.

하지만, 이야기는 내게 묻는다. "그래, 둘이 그렇게 한 몸이 되었다. 그래서 어쨌단 말인가. 대체 무엇이 변했단 말인가."

그렇다. 당금애기는 여전히 당금애기일 뿐, 변한 것은 없다. 무엇이 저 고귀한 존재를 더럽힐 수 있단 말인가. 만약 그가 더럽혀졌다면 그건 받아들이는 이의 마음속에서 그리되었을 따름이다. 제 아이가 언제나 어여쁜 꽃봉오리로 남아 있기를 바라는 이기적인 마음속에서.

돌이켜 보니 내 마음속에 도사리고 있던 편견이 하나둘이 아니었다. 내 주변 사람의 성생활에 대한 나의 편견은 아집에 가까운 수준이었다. 나이 어린 미혼모란 있을 수 없는 존재였다. 그런 일이 내 주변에서 벌어진다는 것은 상상조차 하기 어려운 일이었다. 어찌 그뿐일까. 나는 술집 여자나 접대부, 몸가짐 헤퍼 보이는 여자, 하다못해 이혼녀에게조차 은연중 편견을 가지고서 부정적인 시선을 보내고 있었다. 그렇게 사방팔방으로 신성을 배반하고 있었던 것이었다.

죄 없는 그대, 당당하라

광청아기, 그 당돌했던 정념의 여인은 금기의 벽에 부딪혀 옴짝달싹 못하다가 속절없이 제 몸을 바다에 던졌다. 광청아기와는 비교가 안 될 정도로 여리고 소극적인 처녀였던 당금애기. 꽃처럼 사랑받고 칭찬만 받다가 한순간에 무방비로 땅바닥에 내던져진 상황에서 그는 어찌하였던가.

 헤아려 보면 누가 나서서 어찌하기 전에 스스로 포기하고 말 상황이었다. 그렇게 자취 없이 스러지는 것이 필연적인 귀결일 것 같았다. 하지만 당금애기는 그리하지 않았다. 깜깜한 토굴 속에 버려진 상태에서 정신을 놓지 않고 버텨서 제 한 몸으로 세쌍둥이를 출산한다. 아니, 이야기에 의하면 그는 혼자가 아니었다. 하늘이 나서서 출산을 돕고 흰 새들을 보내 아기들을 덮어 주었다고 한다. 그 새들이 무엇인가 하면 슬픔과 외로움의 끝에서도 끝내 버리지 않은 희망과 믿음의 상징이었다고 생각한다. 그 희망과 믿음으로, 당금애기는 그 아이들을 키워 낸다. 누군가 하면 세상의 구원자로. 제 안에 있는 신성을 끝내 배반하지 않고 지켜 낸 존재, 그것이 바로 당금애기였다. 그가 신으로 좌정하는 것은 필연적인 귀결이 된다.

 나한테는 스무 살이 넘은 두 딸이 있다. 큰아이는 이리저리 남자 친구도 만나는 모양이다. 혹시라도 우리 딸들이 사고라도 치면 어떡하나 전전긍긍하는 아버지. 만에 하나라도 딸이 사고를 치고 온다면 가슴 철썩 내려앉으며 절망할 아버지. 나는 그런 아버지의 유력한 후보였다. 하지만 당금애기의 서사를 가슴에 담은 지금 나의 생각은 꽤나 달라져 있다. 나는 짐짓 이런 마음을 먹는다. 어느 날 나의 딸이 다가와, "아빠, 나 임신했어요." 이렇게 말할 때 가슴 무너지며 벌컥 노성을 지르는 그런 아버지가 아니라 딸의 손을 잡고 힘이 돼 주는 그런 아버지가 되어야 한다고. 그에 앞서서, 나의 딸이 혼자서 전전

궁궁하며 신음하지 않고 마음속 고민을 편안하게 말할 수 있는 그런 아버지가 되어야 한다고.
 - 그건 죄가 아니다. 죄 없는 그대, 당당하라!

마음속에서 일어난 이런 변화가 은연중에 나의 몸에 배어나고 있는 것일까? 나의 두 딸이 그 전보다 아버지를 좀 더 편하게 대하며 이런저런 시시콜콜한 얘기까지 전하는 것을 보면 말이다. 물론 나는 바라고 있다. 나의 어린 딸이 불시에 다가와 "아빠, 나 임신했어요." 이렇게 말하는 일이 진짜로 일어나지는 않기를.

소중한 건 어디 있는가
먼 길 돌아와 만난 내 곁의 여신

가족 너머를 욕망한 날들

이야기는 사람들이 삶 속에서 맺는 수많은 관계에 대한 서사라 할 수 있다. 사람이 살아가면서 맺게 되는 관계는 편폭이 넓고 성격이 다양하다. 그 가운데 가장 원초적인 것을 들라면 역시 가족을 첫손에 꼽게 될 것이다. 태생적으로 연결되어 있는 근원적인 존재이며 나날의 삶 속에서 몸과 마음을 부대끼는 가장 가까운 존재가 가족이다. 언제나 내 곁을 둘러싸고 있는 공기와도 같은.

공기의 중요성을 잘 의식하지 못하는 것처럼, 우리는 가족의 중요성을 쉽사리 잊곤 한다. 가족으로부터 도망하고 싶은 욕망을 느끼는 것도 드문 일이 아니다. 돌이켜 살펴보면 나 자신 은연중에 가족에 얽매이지 않고 싶다는 마음을 크게 가지고 있었음을 느낀다. 가족과 더불어 많은 시간을 보내면서도 내 삶의 가장 의미 있는 관계가 가족에 있다고 생각지 않았다.

그 좁은 틀을 떠나 더 크고 그럴싸한 어딘가에서 보람과 즐거움을 찾고자 하는 욕망이 컸다. 가족은 많은 경우 이런저런 의무감을 환기했으며, 모종의 불편한 구속감을 일으키기도 했다. 나에게 가족은 '목적지'라기보다 세상을 살아가는 데 필요한 하나의 '형식'에 가까운 것이었다.

그래서인지, 이야기를 연구하는데도 가족은 나의 주요 화두가 아니었다. 나의 연구는 한편으로는 '세상'에 대하여, 또 한편으로는 '나 자신'에 대하여 관심을 표명한 것들이었다. 가족은 세상의 한 축도 아니었고 나 자신의 일부도 아니었다. 돌이켜 보면 나의 사고가 얼마나 개인적이었는지에 대해 스스로 놀란다. 아니 개인적이라기보다는 이기적이었다는 표현이 더 정확할 것이다. 가족 안에서 필요한 요소를 얻으면서도 삶의 의미는 가족 너머에서 찾으려고 하는 것. 그것이 결혼 후 십여 년간 내가 해 온 가정생활이었다.

옛이야기를 통해 가족의 가치를 재발견하고 가족과 새롭게 손잡았노라고 하면 좀 과장된 말로 들릴 수 있겠다. 하지만 이야기가 실질적으로 나의 삶에 그러한 영향력을 발현했다고 믿고 있다. 특히 본풀이 무속 신화가 그러했다. 앞서 당금애기 신화를 이야기하면서도 언급했거니와, 가족의 문제를 화두로 한 신화들은 아버지로서, 그리고 남편으로서 내 모습을 근원적으로 돌아보게 했다. 그 과정에서 내가 그간 놓치고 있었던, 또는 무의식중에 외면하고 있었던 나의 숨은 모순이 드러나기 시작했다. 그 엄연한 진실 앞에서 나는 도망갈 길이 없었다.

그러고 나자, 나에게 가족이 돌아왔다.

등 돌려 욕망을 찾아 나서다

여기 가족에 대한 하나의 놀라운 서사 '칠성풀이'가 있다.
인물 좋고 지체 좋아 부러울 것 없는 선남선녀 칠성님과 매화부인은 하늘이 맺어 준 단란한 짝이었다. 다만 한 가지, 세월이 가도 자식이 생기지 않는 것이 유일한 걱정이었다. 부부는 명산대천 신령에게 정성을 다한 끝에 꿈에도 그리던 아이를 잉태했다. 어여쁜 자식에 대한 행복한 기다림. 그러나 매화부인이 아기를 낳는 순간, 모든 기대와 행복은 한순간에 허물어지고 만다.

한 손에 붓대 들고 우르르 들어와 보니 / 아기 소리가 진동하네 / 억야 세상에 까막까치 날짐승도 새끼 일곱이면 많다 하는데 / 하물며 사람이 되어 아기 일곱 낳았구나 산모할라 여덟일세 / 톤단무심하고 나가 노니 / 칠성님 부인 매화부인님이 첫 국밥을 해 와도 아니 잡수시고 / 두 번채 해 와도 아니 먹고 / 삼세 번 해 가도 아니 먹으니 / 칠성님이 깜짝 놀래어 우르르 들어와서 / 여보시오 부인 세상에 부부간에 하는 말이 무슨 본심인들 있겠소 국밥이나 잡수시오 / 매화부인님이 하는 말이 / 여보시오 칠성님 공들이면 한 쌈줄에 아들 일곱 둘 줄 그 뉘 알고 / 공들일 제는 무슨 맘이고 공들여 낳아 노니 못 키우겠단 말이 웬 말이오 / 나는 이 한 됨이 그만이라 이 세상을 배반하고 염라대왕 갈 테오니 / 칠성님은 천하궁에 용예부인 있다 하니 후실 장가나 가옵소사 / 매화부인님이 이 세상을 배반하고 / 세상에 삼일 성복전을 하고 / 칠성님이 문안하님 불러내어 / 여봐라 일곱 아이 꽃방석에 주섬주섬 담아 가지고 / 은하수 흐르는 물 고기 밥이나 주러 가자

— 충남 부여군 이언년 구연 '칠성굿' (김태곤 편, 《한국무가집》1, 집문당, 1971, 125쪽)

매화부인이 둘도 셋도 아닌 일곱 쌍둥이를 낳은 것이 문제의 출발이었다. 그 모습을 본 칠성님은 까막까치도 아닌데 어찌 아이가 일곱이냐며 기겁하여 돌아선다. 그러자 아내는 한스러움을 견디지 못하고 곡기를 끊어서 목숨을 버린다. 남편은 행복 대신 재앙을 가져온 그 아이들을 물에 내던져 죽이려고 나선다.

저 아버지는 왜 제 자식을 외면하고 돌아선 것일까. 텍스트를 따라서 설명하자면 그건 당혹감이거나 부끄러움 같은 것이 아니었나 싶다. 또는 의외의 상황에 대한 심적 부담감 같은 것이었는지도 모르겠다. 분명한 사실은 일곱 쌍둥이의 출생이라는 상황이 남자가 손꼽아 기대했던 일과 거리가 먼 것이었다는 사실이다. 그것이 남자에게 혼란을 일으켰던 것이다.

조금 무리하게 상상을 펼쳐 보면, 그 일곱 아이는 '정상의 아이'가 아니었다고 생각해 볼 수 있다. 한 배 속에서 일곱 명

이 나왔으니 그 아이들은 보통의 신생아보다 턱없이 작았을 것이다. 그 조그만 아이들이 꼬물거리며 울어 대는 모습이란 온전한 사람의 모습으로 보이지 않았을 가능성이 크다. 낯선 짐승의 새끼 같은 그런 모습이었을지 모른다. 말하자면 그것은 여러 명의 기형아가 한꺼번에 태어난 것과 같은 상황이었다고 볼 수 있다. 그 비정상의 상황에 저 아버지는 마음을 탁 닫았던 것이었다.

풀이하면 그것은 '보물'이 되어야 할 자식이 커다란 '짐'이 된 상황의 표상이 된다. 사람들은 누구나 자식이 보물이 되기를 기대한다. 자식이 보물로 다가올 때 사람들은 더없이 기꺼워하며 마음껏 '사랑'을 베푼다. 문제는 자식이 제 뜻에 맞지 아니하여 큰 짐이 될 때이다. 부모의 본질이 드러나는 것은 바로 이때라 할 수 있다. 부담으로 다가온 제 자식을 부정하고 외면하여 내버리려고 하는 저기 저 사람. 부모의 자격이 없는 자의 상징이 된다.

어찌 저리 비정할 수 있겠느냐고, 말도 안 되는 일이라고 생각해 보지만, 그것이 실상 나 자신의 숨겨진 모습이기도 하다는 사실에 전율한다. 돌아보면 자식이 내 뜻에 맞을 경우 그것을 당연시하며 기꺼워하되, 자식이 마음에 들지 않게 행동할 경우 금세 실망하며 마음을 닫는 일을 거듭해 온 터였다. 때로는 마음으로 자식을 '내다 버린' 일도 없지 않았다. 생각해 보면 별달리 심각한 일이 아님에도 말이다.

그 이유는 명백하다. 자식을 하나의 '존재'로 보지 않고 나의 욕망의 부속물로 보았기 때문이다. 내가 낳은 자식이니 당연히 내 뜻에 맞아야 한다는 것. 자식이란 나의 삶을 더 아름답고 행복하게 해 줄 그 무엇이어야 한다는 것. 그러한 욕망이 뜻에 맞지 않는 아이를 버리는 일로 나타났던 것이다.

〈당금애기〉에 대한 논의에서도 언급했지만, 그것은 하늘을 거역하는 일이고 스스로를 배반하는 일이었다. 손가락만 한 아이 백 명을 낳았든, 앉은뱅이에 장님 꼽추를 낳았든, 또는 징그러운 구렁이를 낳았든 그것은 엄연한 나의 자식이며 하늘이 낸 생명인 터다.

이 이야기에서 자식을 버린 것은 아버지만이 아니었다. 아이를 낳은 산모 또한 상황으로부터 도피를 꾀한다. 뜻하지 않게 아이 일곱을 낳아 당황한 차에 남편이 질색하며 돌아서니 그 실망감과 통한이 어떠했을지 짐작 못 할 바가 아니다. 하지만 그렇게 식음을 전폐하여 자식들을 놔둔 채 세상을 버리는 일이란 어떤 것인지. 그 또한 저 자신의 욕망과 처지에 얽매여 스스로의 분신인 고귀한 생명을 내버리는 일일 따름이다. 저 남자가 그랬듯 저 여인 또한 부모가 될 자격을 지니고 있지 못했던 것이었다.

〈칠성풀이〉의 칠성님과 매화부인은 부모가 무엇인지를 비추어 주는 한편으로, 부부란 과연 무엇인지를 근원적으로 돌아보도록 한다. 이야기는 저 부부가 세상에 부러울 것이 없는 최고의 커플이었다고 전한다. 하지만 그 사랑 그 행복이란 얼마나 허약했던 것인지. 그것은 결정적인 타격 하나에 저렇듯

산산이 부서져 버리고 말 한 송이 유리 꽃 같은 것이었다. 자식을 지켜 줄 능력이 없는 저 남자, 아내를 또한 지켜 줄 수 없었으니 아내는 저렇게 떠나고 만다. "나 죽거든 누구누구한테 장가나 가오" 하는 철없는 악담 한마디를 남겨 둔 채로.

내가 이 이야기에서 정말 경악한 대목이 어디인가 하면 바로 그다음 대목이다. 아내가 죽은 뒤 아이들을 내버리려다 하늘이 막아서자 유모한테 떠넘긴 저 사내, 어디로 갔을까. 저 사람, 죽은 아내가 말했던 그 '누구누구'인 용예부인을 찾아가 그와 새 결혼을 한다. 이럴 수가! 놀라움을 넘어 슬픔을 느끼게 되는 대목이다. 어찌 그럴 수가 있느냐고 물으면 그는 이렇게라도 답하려는 것이었을까. "죽은 아내가 그렇게 하라고 했거든. 아내 소원을 들어줘야 하지 않겠어?" 갖다가 붙이기로 하면 명분이 어디 그뿐일까. 백 가지 천 가지도 더 댈 수 있을 것이다. 믿고 싶지 않지만, 이것이 인간이다. 욕망을 찾아서 나서는 길에 무어 거칠 것이 있겠는가 말이다. 다 상관없다. 그저 나 하나뿐!

그리하여 그다음 진행은, 칠성님이 거짓으로 앓아누운 용예부인을 살리기 위해 자기를 찾아온 일곱 아들을 죽여 간을 빼려고 하는 것은 이제 놀랍지도 않다. 자신의 욕망과 정면으로 충돌할 때, 자식은 가차없이 내던질 수 있는 그런 존재였던 것이다. 그 적나라함! 어쩌면 저 남자는, 음모가 발각난 용예부인이 징치되어 사라진 뒤에도 그녀와 지냈던 그 환락의 시간들을 그리워하며 여생을 보냈을지도 모른다.

무섭도록 생생한 역설이다. 실제로야 어찌 이러한 일이 있겠는가 싶지만, 숨겨진 내면으로 들어가서 보자면 그건 간단한 일이 아니다. 돌이켜 보면 저 남자의 모습은 다름 아닌 나 자신의 모습이기도 했다. 나를 조건 없이 믿고 따르는 아내와 자식들을 곁에 두고서 간단없이 '용예부인'을 꿈꾸었던 것이 나의 삶이었다. 나의 욕망을 만족시켜 줄 '이상의 여인들'을 찾아 채울 수 없는 욕구를 투사하며 허튼 방황을 거듭했던 날들이었다. 그 욕망의 길에 걸림돌이 된다면, 자식이든 또는 아내든, 나는 그것을 밀쳐 내거나 또는 우회할 준비가 되어 있을 것이었다. 그것이 '자상한 아버지에 착한 남편'이라고 하는 타인의 시선 안쪽에 감추어져 있는 나의 내면 풍경이었다.

황토 섬에서 짐승으로 떠돌다

여기 대책 없이 '용예부인'을 꿈꾸었던 또 다른 주인공이 있다. 뒷날 집의 신(가신)이 된 성조씨 안심국이 바로 그다. 경상도 지역 무속 신화 '성조푸리'의 사연이다.

> 성조成造의 본은 서천국이었다. 아버지는 천궁대왕 어머니는 옥진부인이고 아내는 계화부인이었다.
> 천궁대왕이 옥진부인과 짝을 이루어 사는데 나이가 늦도록 자식이 없어 고민하다가 갖은 공을 들여 아들을 얻으니 그가 성조

씨 안심국이었다. 세상 재주를 한데 모아 놓은 듯 총명함과 재주가 비할 데 없었다. 성조의 나이 열여덟이 되었을 때 천궁대왕 옥진부인은 신하들과 두루 상의해서 아름답고 현숙한 여인 계화부인을 성조의 짝으로 삼는다. 한데 연분이 부족했던지 성조는 첫날밤부터 아내 계화씨를 소박하기 시작했다. 그도 모자라 성조씨는 밖으로 나돌며 술과 여자를 밝히기 시작했다.

보다 못한 천궁대왕이 법전을 살펴보니 현처를 소박하는 자는 산도 없고 사람도 없는 황토 섬에 삼 년간 귀양을 보내라 씌어 있었다. 대왕은 성조에게 귀양을 명하여 산도 사람도 없는 황량한 황토 섬에 보냈다. 성조가 인적 없는 황토 섬에서 눈물을 친구 삼고 새 짐승을 벗 삼아 세월을 보내다 보니 어느 결에 삼 년이 다가왔다. 하지만 나라에서는 소식이 없었다. 의복이 부족하여 찬바람과 눈보라를 가릴 수 없고 양식이 떨어져 배고픔을 견딜 수가 없었다. 소나무 껍질과 해초 나물로 목숨을 이었으나 여러 날을 날음식만 먹다 보니 온몸에 털이 나서 짐승인지 사람인지 분간할 수 없는 지경이 되었다.

세월이 흘러 춘삼월에 온갖 새가 날아들 적에 청조靑鳥가 날아와 앉았다. 성조는 해진 옷자락을 뜯어서 손가락의 피로 편지를 쓰기 시작했다. 아내 계화씨에게 안부를 전하며 외로움을 하소연하는 편지였다. 편지를 받아 문 청조가 서천국으로 날아들어 계화씨 앞에 편지를 떨어뜨리자 남편을 그리던 계화씨가 눈물 젖은 편지를 눈물로 읽었다. 계화씨한테서 편지를 받아 읽은 옥진부인과 천궁대왕은 성조 일을 생각하고 그를 데려오라는 명을 내렸다. 귀양에서 풀린 성조가 새 음식을 먹자 비로소 온 몸의 털이 빠져 본모습이 돌아왔다. 서천국에 다다라 부모를 알현한 성조는 아내를 찾아가 몇 년간 못 보던 정회를 낱낱이 풀어내고 사랑으로 밤을 지냈다. 이후 부부가 화락하게 지내어 열 명의 자식을 낳으니 복락이 비할 바 없었다.

세월이 흘러 백발노인이 된 성조씨 안심국은 열 자식을 거느리고 예전에 심어 놓은 소나무를 베어 세상 사람들이 살 집을 마련했다. 이로부터 인간 세상 수많은 백성이 집을 얻어 살기 시작했다.

— 부산 동래 최순도 구연 '성조푸리'(손진태, 《조선신가유편》, 향토문화사, 1930, 79~172쪽. 요약)

남부러울 것 없는 한 나라의 왕자. 최고의 여인을 짝으로 맞았던 성조씨가 무엇이 어떻게 성에 차지 않아서 아내를 소박하고 밖으로 나돌았는지 그 자세한 곡절은 알기 어렵다. 아마도 그 이유란 없다면 없고 대자고 하면 한이 없는 그런 부류의 것일 터이다. 아무리 좋은 것이 주어져도 더 나은 것을 원하는, 또는 나한테 주어진 것에 만족하지 못하고 끝없이 새로운 무엇을 갈망하는 저 통제 불능의 욕망이 작동한 것일 터이다. 일단 짝이 정해지고 나니 그 관계를 더 답답하고 초라하게 여겼던 것일지도 모르겠다. 오늘날 수많은 부부들이 그리하고 있는 것처럼.

흥미로운 것은 그에 대한 아버지 천궁대왕의 반응이다. 천궁대왕은 법전을 살핀 끝에 현처를 소박한 것이 큰 죄임을 천

명하면서, 성조씨에게 삼 년간 무인도 황토 섬 귀양을 명한다. 어찌 보면 뜻밖으로 여겨지기도 하지만 이치를 따져 보면 그리할 만한 일이 된다. 성조씨는 아내를 소박함으로써 죄 없는 한 사람을 저버리고 주변 사람들의 믿음을 배반했다. 무엇보다도 그는 자기 자신을 팽개친 것이었다. 허튼 욕망을 좇아 이리저리 나도는 가운데 그 삶은 황폐해지고 있었던 터였다.

나는 성조씨의 귀양이 다른 누구에 의해 이루어진 것이 아니라 스스로가 자신을 귀양 보낸 것이라고 생각하고 있다. 자기 자신을 저 황량한 욕망의 벌판에 외따로 방치한 그였다. 꼭 파도치는 바다 건너 황토 섬이라야만 섬이 아니다. 함께 있어야 할 이들을 외면하고서 홀로 방황하는 순간, 그가 존재하는 곳은 이미 무인도 황토 섬이며 그 자신 온몸에 털이 나 울부짖는 하나의 짐승에 다름 아니다. 황토 섬에서 성조가 겪는 외로움과 배고픔이란 황폐해진 그의 정신적 풍경의 표상이라는 것이 나의 생각이다.

그 귀양은 어떻게 풀릴 수 있는가. 벌판에 홀로 선 자신을 깨닫고, 어느새 짐승이 되어 떠돌고 있는 자신을 깨닫고, 인간을 향해 나아올 때 비로소 돌아옴은 시작이 된다. 성조씨가 청조를 통해 '아내'에게 그리움과 사랑을 담은 편지를 보내는 행위는 그 상징이 된다(그가 부모가 아닌 아내한테 편지를 쓰는 것은 의미심장한 일이다). 도대체 그 '작은' 일은 왜 그리 힘들었던 것인지. 입을 의복이 있고 먹을 양식이 있는 동안 성조씨는 끝내 그 일을 하지 않았던 것이다. 모든 걸 다 잃고 나서야, 가진 것 하나 없는 벌거벗은 존재가 되고 나서야 비로소 저 자신을 돌아보는 저 아둔함!

그래도 하늘은 어찌 그리 너그러운지 모른다. 언제라도 돌아올 자리를 마련해 주고 있는 저 하늘은. 드디어 제 있을 곳으로 돌아온 성조씨, 아내의 손을 뜨겁게 잡는다. 비로소 진정한 부부 생활의 시작이다. 이후 자식을 열이나 낳았다니 부부 사이의 정이 얼마나 도타웠을지 짐작할 만하다. 이어서 성조씨는 가정의 신이 되거니와, 이 또한 이치에 합당한 일이다. 외로운 방황의 시절을 거치면서 아내와 가족의 소중함을 그 누구보다도 절실히 느꼈을 그이니 가정을 얼마나 잘 보살펴 주겠는가 말이다. 꼭 그가 나서서 보살펴 주고 말고 할 일이 아니다. 그 고달픈 유형流刑의 역정을 함께하는 가운데 어느새 우리 자신 허튼 방황을 그치고 번민을 털어 내며 제 있을 곳으로 돌아오게 되는 것이다.

제 있을 곳을 애써 외면하면서 신기루와도 같은 그 무엇을, 저기서 나한테 손짓하는 것 같은 '용예부인'을 좇곤 하는 삶이다. 그를 위한 핑계는 또 얼마나 많은지 모른다. 그 결과가 무엇인가 하면 황량한 황토 섬의 외로운 짐승이다. 이 신화는 나 자신의 내면을 이처럼 환하게 비춰 보이면서 나를 나 있을 곳으로 인도한다. 이 이야기를 가슴에 새기면서 사랑하는 이들 속의 나 자신을, 특히 한 여인의 남편으로서 나 자신을 새롭게 돌아보게 된 측면이 적지 않다. 스스로 나 자신을 가두었던 귀양으로부터 풀려나오는 느낌을 받기도 한다.

나의 마음이 욕망의 신기루를 향해 줄달음쳐 갈 때 나는 성조씨 안심국을 생각한다. 황량한 황토 섬에서 짐승이 되어 배회하고 있는 한 사람. 그러면서 나는 새삼 깨닫는다. 나 있을 곳이 저곳이 아닌 이곳이라는 사실을. 내가 사랑해야 할 아름답고 고귀한 사람이 바로 내 곁에 있다는 사실을.

내 곁의 여신

칠성님 곁에 매화부인이 있었고, 성조씨 곁에 계화부인이 있었다. 또 누가 있는가 하면, 강림도령 곁에 큰각시가 있고, 궁상선비 곁에 일월각시가 있으며, 황우양씨 곁에 막막부인이 있다. 집안의 기둥을 이루면서 남편의 훌륭한 인도자가 되어주는 그런 아내들. 그중 나한테 가장 먼저 깊은 인상으로 다가왔던 이가 누구인가 하면 황우양씨의 아내 막막부인이다. 내가 최초로 연구 대상으로 삼았던 무속 신화 '성주풀이'의 여주인공이다.

황우양씨와 막막부인은 말 그대로 '환상의 커플'이었다. 서로 떨어져서 살 수 없는 깊은 사랑과 신뢰의 관계. 그러던 어느 날 위기가 닥쳐온다. 최고 목수로 이름났던 황우양씨가 하늘나라 궁전을 짓는 일에 징발되어 길을 떠나게 된 것이었다. 막막부인은 길 떠나는 남편에게 말조심을 당부하지만, 황우양씨는 소진랑이라는 악당의 꼬임에 넘어가 자신의 거취를 노출한다. 이어 소진랑의 침입으로 황우양씨 집은 폐가가 되고 막막부인은 소진랑에게 붙잡혀 핍박을 받는 신세가 된다. 남다른 지혜와 덕성으로 핍박을 힘겹게 모면하고 있던 막막부인은 아내의 위기를 감지하고서 황급히 달려온 남편과 합세하여 악당 소진랑을 징치한다. 아내의 지혜와 남편의 용력이 어울려서 거둔 승리였다. 이후 황우양씨와 막막부인은 사람들의 집에 깃들어 가정을 지켜 주는 신이 된다. 우리가 성주신과 터주신이라 부르는 신이 곧 그들이다.

원전의 내용을 소략하게 간추린 사연이다. 원래의 이야기를 보면, 한 편의 하늘빛 낭만적 사랑의 신화라 할 만하다. 우리 신화 안에 이와 같이 아름다운 사랑과 믿음의 부부가 있다는 것이 뿌듯하고 고마울 정도이다. 저 능력 있고 지혜롭고 금슬 좋은 부부가 힘을 합쳐 우리네 가정을 돌봐 주고 있다는 것은 얼마나 미더운 일인지 모른다.

이 신화의 한 대목. 황우양씨가 하늘나라 차사에게 잡혀 하늘 궁전을 지으러 떠나게 되었을 때다. 차사한테 얻은 말미는 불과 사흘. 집 짓는 일을 그친 지 오래된 터라 제대로 된 연장 하나 갖고 있지 못했던 황우양씨는 깊은 고민에 빠진다. 끙끙 앓으며 이틀을 허송했을 때 모습을 보다 못한 아내가 사연을 묻는다. 도대체 연장이고 뭐고 하나도 없으니 어쩌면 좋으냐고 한탄하는 남편. "대장부가 그런 걸 가지고 걱정이란 말입니까?" 남편을 안심시켜 잠재운 아내는 밤을 꼬박 새워서 남편 떠나보낼 준비를 한다. 하늘에서 쇠를 얻어 갖은 연장을 차곡

차곡 마련하고 타고 갈 말을 깨끗이 손질한다. 그리고 새 옷을 지어서 고이 챙긴다.

> 도포를 내어놓고 수를 놓되 / 앞에는 청룡황룡이 다 품 안으로 다 날아드는 듯 수를 놓고 / 앞에는 청룡황룡이 머리를 풀어 등천을 하는드끼 수를 놓고 / 뒤에는 청학백학이 품 안으로 날아드는 듯하게 수를 놓고 / 미라니 서라니 만들어 놓고 / 용순배 학순배 만들어 놓고
>
> — 경기도 안성시 송기철 구연 '성주굿'(서대석·박경신, 《안성무가》, 집문당, 1990, 276~277쪽)

자기도 모르게 잠들었다가 깜짝 놀라 깨어난 황우양씨가 길 떠날 준비 완벽하게 갖추어진 모습을 보고서 환호작약했을 것임은 보지 않아도 알 수 있다. '역시, 우리 마누라가 최고야! 하하.'

몇 해 전 여름에 외국에 나갈 일이 있어 밤늦게 짐을 챙길 때였다. 옷을 이것저것 잔뜩 쌓아 놓고서 작은 여행 가방에 애써 쑤셔 넣고 있는 중이었다. 그 모습을 본 아내가 다가오더니 가방 안의 옷을 다 꺼내고는 가지고 갈 것과 그러지 않을 것을 가린 다음, 다릴 것은 다리고 접을 것은 고이 접어서 차곡차곡 가방에 챙겨 넣어 주는 것이었다. 순간 문득 그런 생각을 했다. '이야, 울 아내가 막막부인 같은걸!'

그 생각을 해 놓고 나서 얼마나 놀랐는지 모른다. 그건 한 치의 어김없는 정확한 진실이었다. 돌이켜 보니 나의 아내는

온전한 막막부인이었다. 나의 삶을 꼬박꼬박 챙겨 주고 변함없이 지켜 주는 기둥이었다. 나는 막막부인과 이십 년 가까운 세월을 함께 살면서 그것을 까맣게 모르고 있었던 것이었다. '우리 마누라는 왜 이래' 하는 갖은 불만 속에서 간단없이 용예부인을 꿈꾸며 나 자신을 황토 섬에 유배시키곤 했던 것이었다. 이럴 수가!

나는 여신女神과 함께 살고 있었다. 여신의 힘으로 나의 인생이 움직이고 있었다. 과분할 정도로 복되고 또 순탄하게. 그 사실을 깨닫는 데 거의 이십 년이 걸렸으니 나란 존재는 얼마나 둔하고 어리석은지 모른다. 그나마 뒤늦게라도 그 사실을 깨달은 건 얼마나 다행인지! 그 깨달음을 통해 나는 여신과 손을 잡고 인생길을 나아갈 수 있게 되었거니와, 신화가 나에게 전해 준 축복은 한량없다고 해도 지나치지 않다. 그것은 하나의 극적인 '인생 역전'이었다.

나의 휴대전화에 아내는 '나의 여신'으로 등록되어 있다. 누구는 그것을 보며 '오버'라고 하지만, 나로서는 엄연한 진실이다. 문제는 마음이 바뀐다고 해서 몸까지 저절로 바뀌는 건 아니더라는 사실. 부지런하고 깔끔한 나의 여신과 발맞추어 나아가기 위해서 나는 게으름에 젖은 몸을 한 박자 더 빨리 움직여야 한다.

남자의 꿈? 여자의 현실!
선녀와 우렁각시, 그들은 왜 떠났을까

나무꾼과 선녀, 선녀와 나무꾼

나무꾼과 사슴이 나오고 선녀가 나오는 우리나라의 대표적인 민담은, 나무꾼과 선녀? 아니면, 선녀와 나무꾼?

나는 꽤 오래도록 이 민담의 제목을 '나무꾼과 선녀'라고 써 왔다. 주인공임이 분명한 나무꾼을 앞세우는 것이 옳으리라고 여겼다. 이 설화의 서사적 흐름은 나무꾼을 축으로 하여 이어져 나간다. 나무꾼이 등장하여 사슴을 구해 주고, 날개옷을 감추어 선녀를 아내로 맞고, 아내를 되찾으러 하늘로 올라가고, 노모를 찾아 땅으로 내려온다. 일련의 우여곡절을 거쳐 나무꾼은 선녀와 더불어 행복을 누리거나 또는 선녀와 헤어져 삶을 마친다.

나이 늦도록 짝을 못 찾고 나무를 하면서 외롭게 지내던 사내, 그에게 선녀란 어떤 존재였을까. 말 그대로 '꿈의 여인'이었을 것이다. 그냥 시골 처녀만 해도 감지덕지할 일인데 꽃처럼 곱고 옥처럼 귀한 하늘나라 선녀라니! 그 선녀의 손을 잡을 때, 나무꾼은 얼마나 황홀했을까. 하루아침에 꿈이 이루어진 순간이다. 그렇게 거짓말처럼 다가와 행복을 전해 주었던 그 여인이 어느 날 갑자기 자식을 데리고 훌쩍 하늘로 떠나갔을 때 나무꾼의 망연자실은 또 오죽했을까.

이 설화의 의미 맥락은 이렇게 한 사내의 욕망의 동선을 좇아서 온전히 풀어낼 수 있다. 이 설화는 극단의 결핍 상태에서 욕망의 역전적 충족에 이르렀다가 한순간에 모든 것을 잃어버린, 그리고 그것의 회복을 위해 분투해 나가는 한 남성의 서사라 할 수 있다. 요컨대 나무꾼이 주체이고 선녀는 그 대상이다. 그러니 '나무꾼과 선녀'.

하지만 몇 년 전부터 나는 이 설화를 '선녀와 나무꾼'이라 일컫고 있다. 이유는 간단하다. 선녀가 이 설화의 서사적 의미에서 핵심 축을 이룬다는 사실을 깨달았기 때문이다. 나무꾼에 투사된 남성의 욕망보다 선녀에 투사된 여성의 애환이 더욱 강렬하고 본질적인 것일 수 있음을 어느 날 나는 뒤늦게 감지했던 것이다.

그러한 발견은 단순한 단서로부터 이루어졌다. 이 설화를 남성보다 여성 제보자들이 압도적으로 많이 구연했다는 사실. 이 이야기의 제보자 중 여성의 비율은 어림잡아 80퍼센트 이상이다. 그 사실 앞에 다소 당황하기도 했었다. 평범한 나무꾼이 하늘나라 선녀를 만나서 펼치는 우여곡절을 왜 여성들이 더 선호하는 것일까? 서사의 흐름으로 보나 생활상의 처지로 보나 전승자들의 삶이 투사되기에 더 적합한 인물은 나무꾼일 터인데 말이다. 생활에 치이는 아낙네의 처지에 웬 선녀?

한순간 뼈아팠다. 나의 무지와 편견에. 왜 그렇지 않겠는가 말이다. 그들은 선녀였다. 이야기 속 선녀는 바로 그들이었다. 어느 날 하루아침에 제 의지와 아무 상관없이 모든 것이 어렵고 두렵기만 한 낯선 곳에서 누군지도 잘 모르는 낯선 사내의 짝이 되어 평생토록 살게 된 여인. 그가 바로 선녀였고 또 이 땅의 여인들이었다. 낯선 땅에 던져져 '하늘나라'와 같은 본향을 그리며 외로움과 슬픔 속에서 사는 여인과 그녀를 꽁꽁 붙잡고 있는 사내. 이건 완연히 선녀가 주인공이고 사내는 대상이다. 그러니 이 이야기는, '선녀와 나무꾼'!

선녀는 왜 나무꾼을 떠났을까

신화학자 고혜경이 쓴 책 《선녀는 왜 나무꾼을 떠났을까》[한겨레출판, 2006]가 있다. 이 책에서 저자는 '선녀와 나무꾼' 설화의 서사에 깃든 남성과 여성의 욕망을 읽어 내면서, 소유와 억압이 아닌 영혼의 진정한 나눔에 대한 희망을 피력하고 있다. 내가 이 설화 속 여성의 욕망을 뒤늦게 감지한 데 비해 저자는 훨씬 일찍부터 그것을 느끼고 곱씹어 왔음을 알 수 있었다. 그가 풀어 놓은 세심하고 심중한 해석은 연신 나의 고개를 끄덕이게 했다. 다만 한 가지 궁금했던 일은, 저자가 왜 이 설화를 일러

'나무꾼과 선녀'라 했을까 하는 것.

 이 책을 만났던 때는 이미 내가 이 설화를 '선녀와 나무꾼' 으로 일컫고 있던 즈음이었다. 선녀는 왜 나무꾼을 떠났을까 하는 그 질문에 내 방식으로 답한다면, 나는 이렇게 말할 것이다. "떠나는 게 극히 당연한 일이다. 몸은 땅에 매어 있으되, 그녀의 마음은 하늘나라에 있었다. 그녀가 태어나 자랐고 부모님이 계신 그곳, 자신의 영원한 마음의 본향인 그곳에. 단 한순간의 쉼도 없이!" 그것이 낯선 곳에 내던져져 고독과 신고辛苦의 삶을 살아온 이 땅 여성들의 가슴 밑바닥에 서려 있는 본연의 충동이었던 터다.

 설화는 사슴의 입을 빌려 나무꾼에게 계시를 건넨다. 아이를 셋 낳을 때까지 날개옷을 내주면 안 된다고. 그 '아이 셋'이 무엇의 상징인가 하면, '선녀가 떠나려야 떠날 수 없는 상황'을 나타낸다. 떠나고 싶어도 정말 떠날 수 없을 때가 되기까지는 아내한테 길을 내어주면 안 된다고 하는 말이다. 이는 달리 말하면 선녀는 떠날 수 있는 상황이기만 하면 언제든 떠날 것이란 얘기다. 저 심연의 깊은 충동을 사슴은 꿰뚫고 있었던 것이다.

 하지만 그 사실을 나무꾼은 모른다. 벌써 자기랑 산 지 여러 해에 자식도 둘이나 낳았다. 그간 이 사람에게 사랑도 줄 만큼 주었다. 사슴이 아무리 그리 말했다지만, 누가 뭐래도 이 여인은 이제 '나의 사람'이다. 설마 이 사람이 나를 박차고 떠나겠는가.

몰라도 많이 모른다. 그건 저 혼자만의 착각이었음을 까마 득히 몰랐던 그였다. 날개옷을 받아 든 순간 선녀는 그간 정 붙이고(?) 살았던 지상을 주저 없이 버리고서 두 아이를 양팔에 안은 채 하늘로 홀쩍 올라가 버린다. 일견 그것은 날개옷을 감춘 채 저를 붙잡고 살았던 남편에 대한 앙갚음처럼 보이기도 하지만, 그보다 더욱 본원적인 차원의 행위로 보는 것이 옳을 것이다. 선녀에게, 시집 생활을 하는 여인들에게 그 귀환의 충동은 무조건적이고 원초적인 것이었다는 뜻이다. 여기 아무리 좋은 그 무엇이 있다고 하더라도 그 충동을 가히 막을 수 없다. 그까짓 사내 따위야!

나는 선녀가 떠나는 상황을 두고서 이렇게 말하곤 한다. "아이가 셋이었으면 정말 안 떠났을까? 아니, 두 아이를 손에 끼고 한 아이는 품에 안고서라도 그녀는 올라갔을 것이다. 넷이라면? 한 아이를 등에 더 동여매고서라도 올라갔을 것이다. 다섯, 여섯이라면? 두어 명 남겨 놓고라도 올라갔을 것이다!" (실제 동북아 지역의 설화에서는 선녀가 자식을 떼어 놓고 올라갔다는 이야기가 있다.) 선녀는 무조건 떠날 사람이었다. 그것이 이 설화를 전승해 온 여인들의 마음자리였다.

수탉이 되어 버린 사내

슬픈 착각이었다. 아내가 자식을 안고 훌쩍 떠난 뒤에야 현실을 깨달은 사내. 이렇게 울부짖을 만도 하다. "왜 떠난 거야! 내가 무엇을 잘못했다고! 내가 당신을 얼마나 아끼고 위해 주었는데!" 하지만 그건 대답 없는 메아리일 뿐. 누군가를 '나의 사람'으로 만드는 일이 그리 쉽다면야.

그 뒤의 일은 사내의 몫이다. 하늘로 돌아간 선녀를, 버리고 떠나간 아내를 되찾을 수 있는가 하는 것은. 그것은 물론 쉬운 일이 아니다. 아무리 목메어 부르며 기다린다 한들 여인은 스스로 돌아올 사람이 아니다. 제 발로 찾아 나서야 한다. 아득한 저 하늘로 기어서라도 올라야 한다. 그래야만 일말의 가능성이 열린다. 그래도 저 사내 허깨비는 아니었으니, 집을 떠나서 아내를 찾아 나선다. 그 좁은 길 마침내 찾아내어 하늘로 오른다. 하늘에까지 찾아온 그 남편을 아내는 내치지 않고 손잡아 준다. 이제 약간의 자격을 얻은 셈. 진정한 결합으로 향하는 국면이다.

설화는 이 지점에 하나의 시험을 둔다. 그 시험은 자료에 따라 몇 가지로 나뉜다. 먼저 장인인 옥황상제 및 하늘나라 동서들과의 숨바꼭질 시합. 천상의 존재는 놀라운 도술로 나무꾼을 농락하지만 나무꾼은 아내의 도움으로 시합에서 승리한다. 다음, 지상으로 날려 보낸 화살 찾아오기. 꽤나 어려운 과제였지만, 나무꾼은 이 시험 또한 무난히 통과한다. 그러나 진짜 어려운 시험은 따로 있다. 그것이 무엇인가 하면, 지상의 노모를 만난 뒤 그와 헤어져 하늘로 돌아오는 것.

지상에 두고 온 노모가 그리워 천마를 타고 어머니를 보러

가는 나무꾼. 하지만 발을 땅에 디디면 안 된다. 그러면 하늘로 못 돌아간다. 그가 마음 단단히 먹고서 노모를 떠나려고 할 때, 노모가 옷소매를 부여잡는다. "애야, 따뜻한 호박죽(박국/떡국……) 한 술만 먹고 가거라……." 그 손길 떼어 놔야만 하늘로, 아내한테로 되돌아갈 수 있다. 하지만 저 사내 그 애연한 손길을 마침내 뿌리치지 못한다. 어머니가 내준 뜨거운 호박죽 삼키다 천마를 놓치고 땅으로 떨어지고 만다. 그렇게 하늘로 올라갈 길을 영영 잃어버린다. 그리하여 저 사내 무엇이 되는가 하면, 수탉이 되었다 한다. 수탉이 되어 지붕에 올라 하늘에 있는 처자식을 그리며 꼬끼오, 구슬픈 울음을 운다고 한다.

과연 어려운 시험이었다. 부모를 선택할 것인가 처자식을 선택할 것인가, 양자택일의 상황에 선 사내. 만약 그대가 남자이고 나무꾼과 같은 처지였다면 어느 쪽을 택했을지? (제발, 어머니 모시고 함께 올라가면 되지, 이런 답은 하지 말기를!) 어머니의 손길을 뿌리치는 것은 무거운 거역의 길이다. 비난과 자책이 예비되어 있는 반윤리의 길이다. 하늘에 못 가더라도, 처자식을 잃더라도 어찌 차마 그리할 수 있겠는가. 그리하여 그대는 십중팔구 그 손길을 부여잡고야 말 것이다.

옛이야기란 참 어찌 이리 가혹하도록 냉정한지 모른다. 그 손길 부여잡은 결과는 완전한 비극이었다. 사내는 어머니는커녕 처자식을 다 잃고 돌이킬 수 없는 절망의 나락으로 굴러 떨어진다. 이야기는 우리에게 말한다. 보라, 아내를 어기고 네

어미 손을 잡은 결과가 무엇이었는지를!

　이 지점에서 우리가 새겨야 할 것이 무언가 하면 설화의 원형적 상징이다. 나무꾼의 어머니가, 나무꾼이 발 디디는 땅이 무엇을 표상하는가의 문제이다. 그 상징이 무엇인가 하면 나는 그것을 '과거'라고 읽는다. 나무꾼은 어머니로 상징되는 과거의 손을 잡았고, 그리하여 무너졌던 것이다. 세월은 앞으로 흘러가는 법. 부모가 과거이고 부부가 현재라면 자식은 미래이다. 과거가 아무리 그립고 애틋하더라도 그것은 보내고 잊어야 하는 무엇이다. 그렇게 과거를 딛고서 현재의 삶을 살아야 한다. 미래를 배태하여 키워 내면서. 그것이 인생사의 순리이다. 지나온 곳 아무리 아름답고 소중하다 해도 강물이 거꾸로 흐를 수는 없는 일이다.

우렁각시, 또 하나의 '꿈의 여인'

　앞서 선녀를 일컬어 '꿈의 여인'이라 했었다. 여기 그 못지않은 꿈의 여인이 있으니 바로 우렁각시다. 우렁이 속에 꽁꽁 숨어 있다가 남모르게 살짝 나와서 김 모락모락 나는 맛난 밥상을 차려 놓고 감쪽같이 사라지는 아름다운 처녀. 어디서 왔는지 알 수 없는 신비함 때문에, 잡힐 듯 잡히지 않는 애틋함 때문에 사내의 마음을 흔드는 여인이다.
　이야기 구조를 분석해 보면 '우렁각시' 설화는 '선녀와 나무꾼'과 닮은 점이 참 많다. 가진 것 없는 외로운 사내가 어느 날 문득 아름답고 고귀한 여인을 아내로 맞이하는 것도 그렇고, 금기를 어긴 탓에 아내를 잃는 것도 그렇다. 이야기의 결말이 사내가 아내를 되찾아 행복을 누리는 것과 아내를 못 찾고서 죽는 것으로 갈린다는 사실 또한 공통적이다.

하지만 우렁각시와 선녀는 서로 다른 면도 있다. 여인이 처음 사내를 만나는 대목부터가 꽤 다르다. 선녀가 날개옷을 잃고 방황하다가 어쩔 수 없이 나무꾼과 사는 데 비해, 우렁각시는 "이 농사 지어서 누구랑 먹고사나." 하는 사내의 말에 "나랑 먹고살지!" 하고 선뜻 응답함으로써 사내와 인연을 이룬다. 그녀가 김 모락모락 나는 밥을 차리는 것 또한 누가 시켜서 그리한 일이 아니다. 어찌 보면, 이 커플에서 먼저 '작업'을 건 것은 우렁각시 쪽이라고 볼 수 있다.

이와도 연관되는 것으로 이해되는, 두 여인 사이의 결정적인 차이. 선녀가 끝없이 떠나려고 하는 데 비해 우렁각시는 그리하지 않는다. 우렁각시는 사내의 짝이 되어 사는 상황을 부정하지 않으며, 스스로 그 곁을 떠나려 하지 않는다. 선녀가 떠나간 것이 스스로 그리한 것이라면, 우렁각시는 제 뜻과 상관없이 원님(또는 임금)한테 붙들려 간 것이었다. 그녀는 어떻게든 사내와 더불어 잘 살아 보려고 한다.

어찌 보면 선녀와 우렁각시는 세상 여인들의 양면적 모습을 표상하는 것이 아닌가 하는 생각도 해 본다. 낯선 땅을 벗어나 본향으로 돌아가고자 하는 마음과 어떻게든 정을 붙이고 살아

보려는 마음. 이들은 완연히 다른 것처럼 보이나 실상은 한 여성의 내면에 동시적으로 존재하면서 내내 부대끼고 있는 것이 아닐지…….

어떻든 나무꾼에 비해 우렁각시의 사내는 훨씬 유리한 입장이다. 저 아름다운 여인이 스스로 마음을 주어 다가온 데다가 정 붙이고서 알콩달콩 살려고 애쓰고 있으니 말이다. 그 사랑스럽고도 미더운 아내를 지켜 주는 것은 저 사내의 당연한 의무가 된다. 힘겨운 의무가 아닌, 즐거운 의무!

금기에 담긴 의미

남녀의 만남에 얽힌 대개의 이야기가 그러하듯 우렁각시 설화에도 금기가 나온다. 아직 서로 결합할 때가 아니니 기다려야 한다는 것. 그냥 잘 살았다고 하면 좋으련만 왜 꼭 금기가 제시되는 것일까? 그리해야 이야기가 재미있어지기 때문? 그도 그렇겠지만, 더욱 본질적인 이유는 '인생이 본래 그러하기 때문'이다. 서로 다른 환경에서 살아온 남녀가 만나 평생의 짝을 이루는 일에 아무런 시험이 없다면, 모종의 갈등이나 어긋남이 없다면 그것은 거짓말이 될 것이다.

아직 때가 아니니 기다려야 한다고 하는 금기는 어찌 보면 좀 싱거운 시험처럼 보이기도 한다. "조금만 기다리면 되는 일이네!" 하지만 사내는 그 금기를 위반한다. 한심해 보일지 모르지만, 그것이 인간이다. 거짓말처럼 내 앞에 다가온, 언제 꿈결처럼 사라져 버릴지 모르는 나의 완전한 이상형. 그대라면 애써 붙잡은 그 사람의 손을 선뜻 놓아주고서 그가 스스로 손을 내밀어 올 때까지 마음 비우고서 기다려 줄 수 있겠는가.

 이 설화 속 금기의 서사적 의미 맥락을 살펴보면, '아직 때가 아니라는 것'은 남녀 간 결합의 어려움을 표상하는 한편으로 결합에 임하는 자세와 능력이 어떠해야 하는지를 드러낸다. 서로 남남이던 남자와 여자가 만나 부부를 이루는 과정에는 일정한 '단련'이 필요한 법이다. 그 핵심 요소가 무엇인가 하면 바로 '신뢰'다. 우렁각시의 금기는 사내가 과연 '신뢰할 만한' 존재인지를 시험대에 올린다. 그가 오롯한 신뢰의 존재라면, 상대를 믿고서 기다려 줄 수 있는 존재였다면 그는 무사히 시험을 통과해 여인과 미더운 한 쌍을 이루게 될 것이었다.

 사내는 그 시험을 통과하지 못한다. 여인의 만류를 뿌리치고 우렁각시를 급히 아내로 삼는다. 잠시 꿈 같은 행복의 날이 주어지지만, 그것이 계속 지속될 리 없다. 이미 금기의 위반을 통해 문제가 노정된 상황. 그에 따른 결과가 없다면 서사의 진실에 맞지 않으며 인생의 진실에 맞지 않는다. 그리고 그 결과는 결합의 와해 내지 파탄이 되는 것이 자연스러운 흐름이다. 누군가가 데려가든 아니면 그 스스로 떠나든, 우렁각시와 사내의 이별은 이미 예고된 일이었다.

원님 탓? 모친 탓? 아니, 그렇지 않다

사내가 우렁각시를 잃는 상황은 자료에 따라 차이가 있다. 어떤 힘 있는 사람이 각시를 빼앗아 가는 것으로 되어 있는데, 그는 때로는 임금이고 때로는 원님이다. 무작정 각시를 데려가는 것이 보통이며, 종종 자기랑 시합을 해서 지면 각시를 내놔야 한다고 위협하는 식으로 이야기가 진행되기도 한다.

결정적인 차이는 그 이후의 상황에 있다. 행복한 결말과 비극적 결말이 확연히 나뉜다. 행복한 결말은 사내가 우렁각시와 함께 영원히 잘 살았다는 것이다. 사내는 원님과 한 시합에서 승리하여 아내를 지키거나, 뜀뛰기를 배운 뒤 궁궐로 찾아가 빼앗긴 아내를 되찾고 임금이 된다. 비극적 결말은 사내가 각시를 되찾지 못하고 좌절했다는 것이다. 사내가 슬피 울다 죽어서 새가 되었다고 하는 것이 흔한 결말이다.

주변 사람들한테 물어보았더니 '선녀와 나무꾼'의 결말을 주로 비극으로 기억하는 데 비해 '우렁각시'의 결말은 대개 해피엔딩으로 기억하고 있었다. 동화책의 영향이 클 것이다. 그런데 원자료로 말하자면 '우렁각시'는 행복한 결말보다 비극적 결말에 해당하는 자료가 훨씬 많다. 비극적 결말의 비율이 '선녀와 나무꾼'의 경우보다 더 높다. 여성이 단연 주류를 이루었던 옛 전승자들은('우렁각시'의 여성 제보자 비율은 '선녀와 나무꾼'보다 더 높다) 사내가 우렁각시를 못 찾고 좌절하는 결말을 더 많이 선택했던 것이었다.

비극으로 향하여 가는 이야기 전개 과정을 좀 더 자세히 보자. 꿈결처럼 우렁각시를 아내로 삼은 저 사내, 각시 얼굴만 보며 지내려 한다. 마냥 그럴 수 없어 일터로 나설 적에 모친한테 뭐라 하는가 하면, 각시가 집 밖에 나오면 큰일 나니 새참을 꼭 어머니가 가져와야 한단다. 할 수 없이 매일 밥을 나르던 노친네는 어느 날 몸이 아파 못 나가겠다며 각시를 대신 내보낸다. 각시가 일터로 나갈 적에 때마침 원님(임금) 행차가 지나간다. 얼른 풀숲으로 숨는 우렁각시. 하지만 숲에서 광채가 피어나는 바람에 각시는 원님의 눈에 뜨이고 만다. 각시의 미모에 반하여 다짜고짜 그녀를 가마에 태워 관가로 데려가는 원님. 사내는 그렇게 속절없이 아내를 놓치고 만다.

안 오는 새참을 기다리다가 집에 돌아와서야 그 사실을 알게 된 사내, 어찌했을까? 서사의 문법을 따르자면 아내를 찾아나서는 것이 당연한 이치이다. 금기 위반에 따른 결과에 직면했을 때 그 결과로부터 벗어날 기회가 한 번은 주어지는 법(대개는 단 한 번). 저 사내는 각시를 그토록 아끼고 사랑했던 터이니, 곧바로 각시를 향해 달려가는 것이 더더욱 마땅한 일이다. 하지만, 실제의 설화 자료는 이러한 기대를 보란 듯이 배반한다. 원님이 우렁각시를 데려갔다는 사실을 확인한 순간, 저 사내가 한 일.

아 그러니까 이 총각은, 구만 집이 와서, 대, 뜰에서 마당까지 떼굴떼굴 둥글구 몸부림을 치면서,

"어머니, 왜, 저 하자는 대루 안 해 주시구서 밥꽝우리 내보내 가지구서 붙들려 가게 했느냐?"구.
그냥 몸부림을 치구, 울다아 울다 구만 죽었어요. 죽어 가지구 혼이 새 한 마리가 됐어.

- 《한국구비문학대계》 4-6, 충남 공주군 의당면 설화 '우렁 각시'(유조숙 구연)

저 사내, 뒹굴면서 몸부림치다가 쓰러진다. 각시를 왜 내보냈느냐고 어머니를 원망하며 울고 또 울다가 죽어 버린다. 이건 대체 뭐란 말인가. 아무리 세도가 드높은 원님이라지만 그래도 엄연한 제 아내인데 찾아가서 한마디 항변도 못 해 보고 제풀에 쓰러지고 마는 저 모습이라니.

'우렁각시'는 흔히 관탈민녀官奪民女형 설화로 일컬어져 왔다. 관직에 있는 이가 권력으로 민간의 여인을 탈취하는 이야기라는 뜻이다. 그 탈취란 무도한 폭력인 터이니, 용납될 수 없는 바다. 말하자면 빼앗긴 사내가 아닌 빼앗아 간 저 사람이 그릇된 것이라 말할 수 있다. 하지만 과연 그렇게만 말할 수 있는 것일까?

근간에 어느 학회에서 한 연구자가 우렁각시 설화에 대해 발표하면서 자료의 실상에 따르면 책임의 소재가 원님보다 사내의 어머니한테 있다는 취지의 해석을 제시하였다. 어머니가 아들의 당부를 어기고 각시를 내보낸 것이 문제였다는 것이다. 토론을 맡은 나는 다른 의견을 개진했다. 상황을 원님 탓으로 돌리는 것도 문제가 있지만, 어머니 탓으로 돌릴 일은 더

더욱 아니라 했다. 그것은 무엇보다도 그 자신의 탓이라 했다. 저 사내, 쓰러져 죽는 것이 마땅하다고 말했던 것도 같다. 이유는 간단하다. 저 사내, 우렁각시를 아내로 가질 만한 자격이 없다. 한 여자의 남편이 되기에 그는 너무나 '찌질하다.'

각시를 집 밖에 내보내면 큰일 난다는 것, 이건 대체 무슨 뜻인가. 다른 사람이 탐할까 봐, 빼앗아 갈까 봐 두려웠던 게다. 달리 말하면, 각시가 다른 남자를 따라갈까 봐 두려웠던 게다. 그러니 집 안에 머물면서 밥이나 해 놓고 자기를 기다리라는 것이다. 제 얼굴만 보고 웃으라는 것이다. 단단한 껍질 속에 꽁꽁 박혀서(그래서, 우렁각시!). 어떤가 하면, 그 자체로 자격 미달이다. 저 자신에 대한 믿음이, 또한 아내에 대한 믿음이 그리 없고서야 어찌 한 사람의 배필이 될 수 있겠는가 말이다. 그걸 일러 사랑이라 하고 걱정이라 할지 모르지만, 실상 그것은 구속이고 억압이며 열등감이고 불안증일 따름이다.

나의 사람이 너른 세상에서 움직이는 것을 자랑스러워하는 이라야, 최고의 이성들을 만나 어울릴 수 있게 하는 이라야 진정한 짝이 될 자격이 있다. 둘 사이에 어떤 뜻밖의 곤란한 일이 벌어지더라도 믿음으로 거뜬히 해결할 수 있는 이라야 영원한 짝이 될 자격이 있다.

어떻게든 감추어 모면하려는 저 사내, 엉뚱하게 어머니를 탓하며 땅바닥을 뒹구는 저 사내, 턱도 없다. 그런 사내보다는 우렁각시를 힘으로 훌쩍 빼앗아 간 저 원님이 '차라리' 더 그녀와 함께할 자격이 있는 것인지도 모른다.

마당을 뒹굴다 죽어서 새가 되어 버린 저 사내, 그제서야 관가를 찾아간다. 원님 곁에 있는 각시한테로 날아가서 한탄하면서 울음을 운다. 무어라 우는가 하면, "낸들낸들 내 탓이랴, 닌들닌들 니 탓이랴. 어머니 탓이로다," 이런 식으로. 그게 다 어머니 탓이었단다. 아직도 깨닫지 못한 저 몽매함! 이야기는 그 새를 발견한 원님이 새를 탁 쳐서 죽였다고 말하곤 한다. 생각하면 안된 일이지만, 동정하고 싶은 마음이 잘 나지 않는다. 오히려 이런 맹랑한 생각도 든다. 실제로 새를 쳐서 죽인 것은 각시가 아닐까 하는. 설령 각시는 아닐지 몰라도, 여인인 것은 분명하다. 그렇게 이야기를 하는 이들이 거의 예외 없이 여인들이므로. 하기야 어찌 안 그럴까. 저런 믿음성 없는 남편을 믿고서 한평생을 산다는 게 얼마나 한심하고 답답한 일이겠는가 말이다.

속절없는 사내의 죽음. 그렇다면 거기 이어지는 서사는 무엇일까? 사내가 죽었으니 아내가 따라 죽는 것이 서사의 흐름이 된다. 실제로 그렇게 얘기되는 이야기들이 있다. 그런데 이 지점에서 많은 구연자들이 우리의 기대를 어긴다. 상당수 자료들이 우렁각시가 그냥 원님하고 짝을 이루어 잘 살았다고 한다.

> 근디 그 원귀가 되야서 그 각시허고 못 살아서 그러서 못 살고 그 사람은 죽어불고. 그 나랫님허고 부자로 살었대요. 각시허고.
> - 《한국구비문학대계》 5-7, 전북 정읍군 칠보면 설화, '우렁색시'(이금녀 구연)

이러한 좀 엉뚱한 결말에 대해 좀 맹랑한 해석을 제시해 본 적이 있다. 저 결말 속에 차라리 원님한테 붙들려 가서라도 호강을 하며 살아 보면 좋겠다고 하는 마음이 은연중 깃들어 있는 것은 아닐까 하는. 조금 무모하게 내놓아 본 해석이었는데, 여성들의 반응이 조금 뜻밖이었다. 말도 안 된다는 반응 대신 그럴 수 있다는 반응이 적지 않았던 것이다. 잠깐의 전율! 딴은 그렇다. 입장을 바꾸어 내가 그 처지에 있다고 할 때 왜 이런 생각이 안 들겠는가 말이다. "자기 성화로 죽은 건데 내가 왜 그 사람 때문에 죽어야 해? 관두라고 해!"

그 사내들, 어디 있는가

속절없이 선녀와 우렁각시를 잃고서 주저앉아 쓰러졌던 사내들. 그 사내들 어디 있는가 하면 이야기 속에만 있는 것이 아니다. 우리 곁에 있다. 내가 바로 그 사람이다. 이야기를 살펴보다 보니 어느새 나는 거울을 들여다보고 있는 중이었다.

나는 한 명의 나무꾼이었다. 내가 무엇을 좀 소홀히 한들, 이미 내 사람이 되어 자식을 둘이나 낳은 그 사람이 무슨 다른 마음이 있으랴 했다. 나름 능력 되는 사람 만나 빛 보며 살고 있으니 고마워해야 할 일이라 생각했다. 노모와 아내 사이에 끼게 되는 일이 생기면, 나는 늘 노모의 편이었다. 아내한테는 불만, 부모한테는 죄책감. 나는 호박죽 들고서 쩔쩔매다가 수

닭이 되어 버릴 그런 사내였다.

　나는 우렁각시 남편이었다. 나는 밖에서 사회생활을 하는 사람이고 아내는 집에서 일하는 사람. 아내는 고운 미소와 아리따운 태도로 내 마음 즐겁게 해야 하는 존재였다. 미소 대신 잔소리를 보내는 아내를 볼 때마다 이게 아닌데 했다. 좀 곤란한 일은 아내의 몫. 무슨 처리해야 할 일이 생기면 나는 낯을 찌푸리며 은근슬쩍 물러앉아서 아내에게 해결을 떠넘기곤 했다. 문제가 풀리고 나면 그제야 희희낙락…….

　아마도 저 사람, 마음으로 여러 번 길을 나섰을 것이다. 마침내 떠나지 않고 곁에 있어 주었으니 얼마나 고맙고 다행한 일인지 모른다. 늦었지만 이제라도 깨닫고 있으니 잘되리라 믿어 본다. "그 뒤로 둘은 오래오래 행복하게 잘 살았습니다."

　그렇다. 저 나무꾼, 죽어서 수탉이 된 것만이 아니었다. 선녀의 가르침 잘 따라서 하늘나라 사위로 길이길이 잘 살았다고도 한다. 그리고 우렁각시의 사내, 뒹굴다 죽어 새가 된 것만이 아니었다. 아내의 지침을 받아 열심히 익힌 뜀뛰기로 용상에 훌쩍 뛰어올라 임금이 되어 행복하게 살았다 한다. 정답이다. 제 힘으로 힘들게 찾은 행복이니 진정한 행복이며 길이 이어질 행복이다. 생각하면 어찌 꼭 용상에 올라앉아 왕홀을 움켜쥐어야만 임금이겠는가. 내 사랑의 소중함을 깨닫고서 즐겁게 함께 나아가는 길, 그것이 곧 왕후王侯의 길이 아니겠는가 말이다.

쉿! 엄마의 두 얼굴
해님달님 이야기의 오싹한 내막

알고 보면 무서운 동화?

《알고 보면 무시무시한 그림동화》라는 책이 큰 화제가 되며 날개 돋친 듯 팔린 적이 있었다. 일본의 어떤 작가가 유럽의 민담을 대표하는 그림동화를 새로운 각도에서 해석한 책이다. 신데렐라, 헨젤과 그레텔, 백설공주 등등 수많은 아름다운 동화들이 다분히 엽기적이고 잔혹한 사연의 '성인물' 이야기로 재구성되어 있다.

본래 설화는 서사 사이에 행간을 남겨 두는 것이 문학적 관습이다. 세부 상황은 여백으로 놔둔 채로 이야기가 쭉쭉 진행되어 나가곤 한다. 디테일을 구체적인 형상으로 가득 채워서 사실적으로 육박해 오게 하는 소설과 구별되는 특성이다. 그 남겨진 여백은 수용자가 상상할 몫이다. 사람들은 저마다의 감각으로 서사의 여백을 채우며 이야기의 의미 맥락을 되새긴다. 그리고 그 되새김은 이야기를 볼 때마다 달라지곤 한다.

문득 새로운 발견을 할 때마다 그것은 큰 즐거움이 된다. 설화는 그렇게 하나의 '생물'로서 움직인다.

사정이 이러한 만큼 '알고 보면 무시무시한……' 식의 설화 해석도 해 볼 만한 것이라 할 수 있다. 해석은 자유. 하지만 책을 읽어 나가면서 불편한 마음을 지우기 어려웠다. 관심을 끌기 위한 억지 해석이 많았으며, 마치 그것이 이야기의 참모습인 양 강변하는 것도 마음에 안 들었다. 무엇보다 설화에 소설식 디테일을 입힘으로써 그 문학적 의미를 일정한 방향으로 닫아서 고정화하고 있다는 점이 거부감을 주었다. 재미로 한번 보고 넘어갈 수는 있겠지만 거듭 음미하며 이야기의 참뜻으로 나아갈 만한 해석과는 거리가 멀다고 판단했다.

이제 내가 풀어내 보려는 '해님달님' 이야기에 대한 해석도 혹시나 그 비슷한 것이 되지 않을까 걱정이 되기도 한다. 동화로 널리 알려진 이 이야기가 부모 자식의 관계에 얽힌 놀랍고도 오싹한 비밀을 담고 있다는 해석인데, 다소 무리가 있더라도 무릅써 보기로 한다. 내가 풀어내고자 하는 의미가 의도적으로 만들어 낸 것이 아니라 원형적인 그 무엇에 해당하는 것이라 믿고 있으므로.

예기치 않은 발견이 가져온 전율

한 칠팔 년 전인 듯싶다. 이야기의 심리적 상징에 대해 관심을 조금씩 넓혀 가던 무렵이었다. '해님달님'(학계에서는 보통 '해와 달이 된 오누이'라 칭한다) 이야기를 놓고서 이야기 속의 호랑이가 무엇을 상징하는 것일까를 가벼운 마음으로 이리저리 헤아려 보고 있었다. 이런저런 풀이들이 떠올랐다.

쉬운 해석 하나는 '외부 세계의 폭력'이라고 하는 것. 바깥세상은 무서운 폭력으로 가득하거니와, 호랑이로 상징되는 폭력은 한 가족의 평화를 처참히 파괴하고 연약한 아이들을 갈 곳 없이 내몬다. 그 폭력은 강도나 사기일 수도 있고, 폭정이나 전쟁일 수도 있으며, 더 추상적이고 포괄적인 무엇일 수도 있겠다.

또 다른 가능한 해석은 호랑이가 그 가족에서 안 보이는 한 사람, 바로 아이들의 '아버지'일 수 있겠다는 것. 가정 생계를 팽개치고 밖으로 나돌다가 문득 나타나서 아내를 폭력적으로 착취하고 자식들까지 잡아먹으려 드는 아버지 호랑이. 상황을 구성해 놓고 보면 무척 그럴듯해 보이기도 하지만 이 해석은 채택하고 싶지 않았다. 왠지 설화를 삼류 막장 드라마로 격하시키는 것 같은 데다가 서사의 맥락과 좀 안 맞기도 하다. 아버지가 어머니인 듯 가장해서 아이들로 하여금 문을 열라고 한다는 건 아무래도 좀 어색해 보이는 면이 있다. 폭력성을 감추고 부드러움을 가장한 것? 글쎄, 별로…….

그때 갑자기 철썩 밀려오는 한 가지 생각이 있었다. 가만, 그 호랑이가 엄마 자신이었던 것은 아닐까? 엄마 속에 숨어 있던 호랑이가 엄마를 잡아먹은 것. 그렇게 호랑이의 모습으로 나타난 엄마가 말한다. "얘들아, 엄마 왔다. 문 열어." 아이들이 보니, 엄마가 맞는데 엄마가 아니다. "엄마 맞잖아!" "아니야, 저건 우리 엄마 아니야! 호랑이야!" "엄마 맞는데……"

이럴 수가! 호랑이가 곧 엄마일 수 있다는 생각을 한번 하고 보니 그것은 너무나 압도적이었다. 엄마의 두 얼굴! 천사 엄마와 호랑이 엄마. 돌아보면 엄마라는 존재가 그렇지 않은가 말이다. 언제나 자식을 따뜻하게 감싸고 돌보는 존재가 엄마라 하지만, 어찌 그것만이 엄마의 참모습일까. 어느 순간 아이들한테 호랑이가 되고 '악마'가 될 수 있는 존재가 엄마다. 자기를 지켜 줄 엄마가 호랑이가 되어 눈에 불을 켜고 다가올 때 아이들은 어찌해야 하는 것인지…….

나는 주부들이 있는 자리에서 설화에 대한 강연이나 대화를 할 기회가 있을 때 이 해석을 몇 번 내비쳐 본 적이 있다. "이 야기 속의 그 호랑이가 진짜 엄마일 수 있다는 생각을 해 보셨어요? 엄마가 호랑이가 되었다는……." 근데 그 반응이 꽤나 놀라웠다. 잠시 그게 무슨 소린가 하는 표정인가 싶더니, 많은 '엄마'들이 화들짝 놀라면서 비명처럼 탄성을 내뱉는 것이었다. "어머나!" "아아, 무서워!" 이런 식. 엄마들은 제 속에 깃들어 있는 '호랑이'의 존재를 가히 부정할 수 없었던 것이다.

살펴보니 호랑이를 엄마로 읽는 견해가 기존의 연구 속에도 들어 있는 터였다. 아마 그건 이 설화의 의미 맥락을 이리저리 살펴보다 보면 누구라도 도달할 수 있는 해석일 수도 있겠다. 어떻든 이제 내 식으로, 약간은 소설식으로 '엄마-호랑이'와 그 자식들에 대한 이야기를 재구성해 보기로 한다. 나 스스로도 국외자일 수 없을 그 오싹한 이야기를.

엄마는 어떻게 호랑이가 되었나

아이가 둘이었다고도 하고 셋이었다고도 한다. 아이들을 남겨 놓고 엄마는 고개를 여럿 넘어서 일을 하러 간다. 어떤 일이든 해서 먹을 것을 구해 와야 아이들을 건사할 수 있다.

또 힘든 하루 일과를 마친 엄마는 애써 구한 떡을 바구니에 담아 이고서 집으로 향한다. 날은 저물어 사방은 어두운데 길은 멀다. 고개를 넘고 넘고 또 넘어야 한다. 아이들은 목을 빼고서 엄마가 오기만을 이제나저제나 애타게 기다리고 있을 것이다.

그때였다. 호랑이가 슬그머니 모습을 비추기 시작한 것은.

그날따라 일이 유난히 고되었던 것일까. 아니면 일을 하면서 억울한 구박이라도 당했던 것일까. 또는 누구한테서 이런 솔깃한 말이라도 들었던 것일까. "왜 혼자서 애들을 챙기느라고 이 고생이우. 언제까지 그렇게 살 거여. 임자도 제 살 길 찾아봐야지." 남의 일이라고 속 편하게 떠벌이는 그 말에 심화가 잔뜩 치밀어 올랐었는지도 모른다.

고갯마루를 넘는데 오늘따라 몸이 왜 이리 무거운지. 애들한테 조금이라도 더 갖다 주려고 안 먹고 버텼더니 속이 허하다. 언덕을 올라서는데 기운이 쭉 빠진다. 그때 솟아오르는 생각. '에구, 이게 뭔 고생이람. 언제까지 이러고 살아야 하는 거야. 이러다간 내가 그냥 배고파서 죽어 버리겠다. 저 떡……. 뭐 떡 하나 줄어든다고 그게 대순가.' "떡 하나 주면 안 잡아먹지!" 내면에서 밀려오는 소리를 이기지 못하고 떡을 하나 꺼내어 냠냠 떼어 먹는 엄마.

시작이 어려울 뿐 그다음은 쉽다. 하나를 먹고 나니 또다시 허기가 든다. 그래, 하나 더. 하나만 더. 그렇게 한 고개 또 한 고개 자꾸만 넘어다가 보니 문득 번쩍 정신이 든다. 내가 지금 뭐하고 있는 거지? 바구니를 살펴보니 남아 있는 떡이 몇 개 없다. '에이, 이까짓 거!' 눈 딱 감고 남은 떡을 마저 털어 넣고 나니 증오와 분노가 휩싸여 올라온다. '에이, 싫다, 싫어! 이게 다 뭐란 말야!' 보나 마나 배가 고프다고 울고불고 징징댈 아이들. '에이, 그놈의 자식! 자식이 다 뭐라구! 에잇!' 슬픈 울부짖음과 함께 손발과 몸을 착착 떼 먹히면서 엄마는 그렇게 한 마리 사나운 '짐승'이 된다. 으허헝!

"엄마 왔다! 문 열어!"

아이들은 그 목소리에서 무언가가 잘못되었다는 것을 본능적으로 느낀다. 왠지 공기부터가 다르다. '엄마 맞아? 엄마 아닌 거 같아. 목소리가 다르잖아?'

"우리 엄마 목소리가 아닌데!"

"우리 엄마 손 아닌데!"

주저하면서 문을 열어 주지 않는 아이들. 그러자 호랑이가 된 엄마, 치밀어 오른다.
 "온종일 힘들게 일하느라 손이 트고 목소리까지 갈라졌더니, 엄마가 아니라고? 어서 문 열어!!"
 어찌 문을 안 열고 버틸 수 있으랴. 주저주저하다가 마지못해 문을 여는 아이들. 그러자 훌쩍 들어오는 그는 아, 엄마 맞…… 아니, 호랑이다! 눈에 활활 불을 켠!

아이들은 어떻게 하나

 문제는 아이들이다. 믿었던 엄마가 갑자기 호랑이가 돼서 눈 부릅뜨고 다가올 때, 악마의 얼굴을 하고서 손짓을 할 때 아이들은 어찌해야 하는가. '아, 말도 안 돼. 이건 꿈일 거야.' '그래, 저건 엄마가 아니야. 호랑이가 변한 거야.' '내가 아는 그 엄마는 어디로 간 거지. 아, 어떻게 하지!'
 엄마가 엄마이면서 엄마가 아닌 일. 생각하면 참 무섭고 경악할 일이지만, 그것은 엄연한 현실이기도 하다. 자식의 입장에서 엄마가 엄마 아닌 낯선 존재로 다가오는 것은 언제라도 벌어질 수 있는 일이다. 한밤중에 일어나 외로움에 슬피 우는 엄마, 외간 남자한테 마음을 빼앗겨 발그레해진 엄마, 절망에 휩싸여 내가 죽어야지 한탄하는 엄마. 증오와 분노에 휩싸여 눈에 불이 활활 타오르는 채로 손을 쳐드는 엄마…….
 곁에서 자기를 지켜 줘야 할 엄마가 호랑이가 될 때, 또는 여우나 늑대가 될 때, 아이들이 할 수 있는 일은 무엇일까. 그냥 그 자리에서 오롯이 상황을 감당하는 것? 아니, 그것이 답일 수는 없다. 호랑이 앞에 제 몸을 내맡기는 결과란, 어린 막내가 그랬던 것처럼, 뼈째로 오독오독 씹어 먹히는 일이 될 것이다. 먹히지 않으려면, 내 힘으로 살길을 찾을 수밖에 없다.

"엄마, 똥 마려워요."

"그냥 윗목에다 눠."

"방에 어떻게 똥을 눠요. 바깥에 나가서 눠야지!"

오누이는 이렇게 호랑이 엄마를 따돌리고 집 밖으로 나간다. 재미있는 건 바깥에 나가서 똥을 눈다고 하는 명분. 궁하면 통한다는 식으로 아이들이 그럴듯한 핑계를 찾아낸 것인데, 의미를 따져 보면 그 이상이다. 방 안에서 먹고 싸는 것과 밖으로 나가서 일을 처리하는 것, 그 사이에는 본질적인 차이가 가로놓인다. 누군가 제 궂은일 챙겨 주던 상황에서 제 한 몸 스스로 간수하는 단계로 나아간 것이니 이름하여 '독립'이고 '성장'이다. 호랑이 엄마가 아니라 할미 할아비라 해도 그리 못 하게 막지 못할 일이다.

그렇게 집이라는 보금자리로부터 바깥세상으로 나간 오누이가 숨어든 곳은 우물가의 나무였다. 나무 위라는 장소는 보호와 종속의 틀에서 벗어난 새로운 삶의 공간을 표상한다. 하지만 그들이 임시로 깃든 마을 안의 나무 속은 온전한 독립의 공간이 아니었다. 거기는 우물에 자기네들 그림자가 그대로 비치는 곳, 그리하여 호랑이 엄마의 손길이 언제든 미칠 수 있는 곳이었다. 그래서야 독립 불가. 저 오누이가 자기네 삶의 길을 찾으려면, 그들은 또 다른 곳으로 떠나야 한다. 멀고 드넓은 세상으로.

"하느님, 하느님, 저희들을 살려 주시려거든 새 방석에 새 줄을 내려보내 주시고, 저희들을 죽이시려거든 흔(헌) 방석에 흔 줄을 내려보내 주십시오."
비니깐 새 방석에 새 줄을 내려보내 주시거던. 그래 인제 이 아이들이 새 방석에 새 줄을 타고 올라와서 하나는 그러니까는 남, 오누이인데 하나는 해가 되구 하나는 달이 됐는데, 누이가,
"너는 달이 되구 나는 해가 되갔다." 그러니깐,
"난 밤에 다니기, 무서우니 나는 해가 되구, 오빠는 달이 돼라."
그랬다구.
그래서 여자기 때문에 남자가 쳐다보면은 남녀가 유별하니깐 해를 쳐다보면 따끔따끔허잖어. 그냥, 바늘루다 찔르듯…. 그래서 해를 못 쳐다보면, 그래서 여자가 돼서 그렇대.

— 《한국구비문학대계》 1-7, 경기도 강화군 길상면 설화 '해와 달이 된 오누이'(김순이 구연)

두 아이가 찾는 것이 하느님이라는 사실이 심상치 않다. 그들은 지금 존재와 생명의 근원과 대면하여 자신의 길을 찾고 있는 중이다. 두드리니 거짓말처럼 길이 열린다. 그들이 새 동아줄을 타고 올라간 세상, 그곳은 완전한 별세계였다. 드넓고 자유로운 자기만의 세상. 오누이는 거기서 찬연히 빛을 발산

한다. 우주의 주인공이 된다. 다른 수많은 별들과 어우러져서. 집을 떠나 큰 세상으로 나아갔기에 가능한 일이었다.

재미있는 사실 하나 더. 그렇게 하늘로 올라간 오누이, 짝지어 함께 움직이지 않고 해와 달이 되어 따로 움직인다는 사실이다. 한 명은 낮에, 한 명은 밤에. 이는 결국 사람에게는 각기 저 자신의 길이 있어 홀로 그 길을 나아가야 함을 상징하는 것은 아닐지. 그렇게 서로 다른 색깔로 제 존재를 실현하는 것이 인생의 이치라는 의미 말이다.

흥미로운 건 오빠가 달이 되고 누이가 해가 됐다는 사실이다. 해가 된 누이가 부끄러워 빛 바늘을 쏜다는 것은 이야기의 재미를 위한 유머겠으나, 거기서도 뭔가 의미를 찾을 수 있을지 모른다. 어찌 보면 소극적인 모습처럼 보일 수 있지만, 그 또한 제 판단 제 능력으로 오라비에게서 독립하여 자기 식으로 존재를 풀어내는 모습의 표상이라 할 수 있을 것이다. 직접 그를 쳐다보지 못한다 해도 우리는 누구나 안다. 거기 눈부시게 빛나는 한 존재가 있다는 것을.

착한 부모, 무서운 부모

브루노 베텔하임이 《옛이야기의 매력》에서 힘써 설파했지만, 옛날이야기는 아이들의 성장을 이끌고 비춰 주는 교과서다. 아이들은 이야기와 함께 성장한다. 옛이야기 속에는 부모를 떠나 집을 나서는 어린 주인공들이 가득하다. 이야기 속의 부모는 많은 경우 호랑이이거나 여우거나 늑대다. 또는 계모다. 그들은 부모이면서 부모가 아니다. 엄연한 진실이다. 왜냐하면 부모는 엄마이고 아빠이기 이전에 그 자신의 욕망과 애환을 가지고 있는 하나의 인간이므로. 그 무서운(?) 비밀을 상상 속에서 간접 체험하면서, 아이들은 무의식중에 배우고 깨친다. 낯설고 겁나는 일이지만, 언젠가 부모 곁을 떠나야 한다는 사실을. 마침내 나의 길을 찾아서 가야 한다는 사실을. 옛이야기는 집 떠난 아이들이 펼쳐 내는 놀라운 모험과 성취를 즐겁고도 화려하게 보여 줌으로써 그러한 길 떠남을 응원하고 축복한다.

옛이야기가 어찌 아이들한테만 교과서일까. 그것은 부모한테도 교과서가 된다. 엄마의 숨은 진실을 담은 이야기를 들려주면서, 길 떠나는 자식에 관한 이야기를 들려주면서 부모는 배운다. 결국 자기는 자기이고 자식은 자식이라는 사실을. 때가 되면 자식을 제 길로 떠나보내야 한다는 사실을. 이야기는 부모를 자극하면서, 응원하고 축복한다. 제 자신의 삶을 펼치라는 것을.

언제 어떤 상황이라도 자식을 끔찍하게 챙기는 부모들을 본다. 자식이 배가 고프기 전에 미리 먹을 것을 준비하고 딱 알맞게 식히거나 덥혀서 입에 떠 넣어 준다. 자식이 살짝 넘어지기라도 하면 곧바로 달려가 끌어안고서 눈물을 흘리며 약을 발라 준다. "우리 애기, 많이 아팠어?" 혹시라도 자식 앞에서 싫은 표정을 짓거나 거친 말을 쓴다는 것은 있을 수 없는 일이다. 언제나 따뜻한 미소로 아이를 포근히 감싸 줘야 한다. 조금이라도 아이한테 부족했다는 생각이 들면, 먼저 나서서 용서를 구한다. "애야, 미안해. 내가 잘못했어. 이제 그렇게 안 할게." 그야말로 완전히 착한 최고의 부모가 되겠다.

하지만 그런 삶은 과연 건강한 것일까. 그렇게 자식의 그림자가 되어 무한의 애정을 표하는 일은 과연 옳은 일일까. 자식을 간수하여 키우는 일이란 실상 얼마나 힘든 것인지 모른다. 마음 쓰고 챙겨야 할 일이 한둘이 아닌 터, 스트레스가 없다면 거짓말일 것이다. 그 스트레스 꾹꾹 누르면서 아이들한테 늘 천사가 되어 주는 일이란 자칫 스스로를 억누르고 죽이는 일이 되기 쉽다. 겉으로 미소와 함께 행복한 표정을 지어 보지만, 그 안쪽은 자기도 모르는 사이에 무언가에 의해 먹히고 있는 중일지 모른다. 바로 '호랑이'한테. 그래서 어느 순간 그 부모는 이렇게 폭발할 수 있다. "내가, 내가 너한테 어떻게 해 줬는데, 네가 감히 나한테 이럴 수 있어? 어흐흑!" 마음속 호랑이가 엄마를 잡아먹는 순간이다. 자식이 호랑이 엄마한테 잡아먹힐 위기에 직면하는 순간이다.

무서운 사실 또 하나. 그렇게 보호 속에 커 간 아이, 제 앞가림 잘할 수 있을까? 때가 되면 알아서 밥 먹여 주고, 똥 뉘어 주고, 잠 재워 준 아이들. 그냥 잠깐 신호만 보내면 문제가 해결되니 참 행복한 인생일지 모르겠다. 하지만 거기까지다. 늘 부모의 품 안에만 있을 수 없는 법. 그 아이가 품을 벗어나 바깥세상으로 던져지게 될 때, 과연 제 자신 감당할 수 있을까. 호랑이가 득시글거리는 세상, 단숨에 그 밥이 되지 말라고 어찌 보장할 수 있겠는가 말이다.

끝까지 따라가서 보살펴 주면 되지 않겠는가 할지 모르겠다. '해님달님'은 이에 대한 답을 이야기 속에 간직하고 있다.

이 호랭이가 잡아먹을라고 했던 그 아이가 다 하늘로 올라가니깐 너무나도 화가 나서 그 댐에 노송나무에 올라가 앉아서 또 저두 그와 같이 숭내(흉내)를 내구 기도를 했어요.
"하느님 아버지, 저 아이하고 나하고 만내야 되니깐 저를 살려 주실래면 성한 동아줄을 내려주시고 죽일래면 썩은 동아줄을 내려주십사."
하고 또 기도를 했어요. 그러니깐 거기서 또 하늘 문이 떡 열리면서 동아줄이 떡 내려왔어요.
그래 그거를 타고 떡 올라갔어요. 올라가, 올라가는데 반쯤 올라가다가 뚝 떨어져 버렸거든요.
그래서 떨어지는데 어떻게 떨어졌냐 하며는 그 밑에 수수깡을 인제 이렇게 뾰죽뾰죽하게 깎아서 이렇게 옆에다 쭉 꽂아 논 게 있는데 거기에 툭 떨어지면서 호랭이가 거기에 수수깡에 걸려서 죽었어요.

- 《한국구비문학대계》 2-7, 강원도 횡성군 서원면 설화, '해와 달이 된 오누이'(이옥녀 구연)

말 그대로다. 저 호랑이는, 저 엄마는 자식들을 끝까지 따라

가고 싶어도 그리할 수가 없다. 왜냐하면 그의 동아줄은 중간에 먼저 끊어질 헌 동아줄이므로. 왜 헌 동아줄인가 하면 먼저 생겨나서 먼저 써 왔기 때문이다. 요컨대 헌 줄은 '과거'의 길, '지난 세대'의 길을 상징한다. 지난 세대가 새로운 세대를 끝까지 따라갈 수는 없다. 그들은 중간에 떠나야 하는 것이 하늘이 마련한 이치이다. 아이들은 새 동아줄을 붙잡고서 자신의 세상으로 나아가야 한다. 그들을 놔주지 않고 꼭 붙잡는 것은 자기의 헌 동아줄에 단체로 매달리는 일과 같다. 그 동아줄, 더 일찍 끊어질 수밖에 없다. 그 아래 기다리고 있는 것은 뾰족뾰족 솟아 있는 수숫대…….

그렇다. 부모는 평생 부모일 수 없다. 먼저 떠날 운명이다. 그리고 자식은 늘 자식이 아니다. 자식은 언젠가 스스로 부모가 되어야 한다. 때가 되면 그 아이들을 놔줘야 한다. 아니, 때가 되고 말고의 문제가 아니다. 처음부터 그 아이들 놔줘야 한다. 부모의 손을 놓고 홀로 서는 연습을 해야 한다. 나 자신, 자식의 손을 놓고서 홀로 서는 연습을 해야 한다. 그 아이들 세상에 태어나는 순간부터 자기 길을 가지게 된 한 명의 존재이므로. 그리고 나 자신 그와 다른 길을 가지고 있는 또 한 명의 존재이므로. 그것이 단독자로 태어난 인간존재의 숙명이다.

끝으로, 아이들을 따르다가 떨어져 죽은 슬픈 '호랑이-엄마'를 위한 작은 헌사. 그 호랑이 어떻게 되었는가 하면 그 피가 수숫대에 배어 대를 붉게 물들였다 한다. 그 대에서 자라나 열리는 열매 역시 붉다. 세상에 남겨진 후손들 그 붉은 수수

열매를 먹고 자란다. 엄마의 죽음, 그렇게 자식의 양분이 된다. 그렇게 세상은 순환한다.

떠나라, 떠나보내라
집 떠난 딸들의 길, 바다에 이르다

부모와 자식 사이

바야흐로 우리의 화두는 부모와 자식이다. 세상 수많은 관계가 있지만 그 가운데서도 가장 원초적인 것이 부모와 자식의 관계일 것이다. 하나로부터 하나가 나온, 둘일 수 없는 관계. 자식에게 부모는 생명의 원천이며, 부모에게 자식은 저만큼 소중한 분신이다. 그래서 부모 자식 사이를 하늘이 맺은 '천륜天倫'의 관계라 한다. 그만큼 깊고 질긴 애착의 관계를 따로 보기 어렵다.

부모와 자식 사이에는 당연히 무한한 믿음과 원만한 사랑이 있을 것을 기대하지만, 실제 부모와 자식은 미묘하고 복잡한 갈등을 빚어내기도 한다. 그들은 피를 나눈 존재이지만 엄연히 서로 다른 욕망의 존재이기도 하다. 부모의 욕망과 자식의 욕망이 정면으로 부딪쳐 양보가 안 될 때, 부모와 자식은 서로에게 짐이 되기도 하며 평생의 숙적이 되기도 한다.

부모와 자식 사이의 어긋남이라 하면 아버지와 아들의 갈등을 떠올리기 쉽지만, 설화에는 아버지와 딸의 갈등이 심각한 화두로 부각된 이야기들이 많다. 멀리 하백과 유화의 갈등으로부터 평원왕과 평강공주, 진평왕과 선화공주의 갈등까지 많은 사례를 들 수 있다. 민담으로 구전돼 온 '내 복에 산다'나 '명당 훔친 딸' 같은 이야기에서도 부모와 딸의 관계가 관심사가 된다. 무속 신화의 대표 격인 '바리데기'와 '당금애기' 같은 이야기에도 부녀 갈등이 기본 화소로 포함되어 있다.

두 딸을 둔 아버지인 나에게 그러한 부녀 갈등의 이야기들은 예사롭지가 않다. 그런 이야기를 볼 때마다 어쩔 수 없이 아버지로서 나의 모습을 떠올리게 된다. 이야기들은 흔히 아버지의 모순과 부조리를 드러내 공격하는 경우가 많아서 나의 마음을 불편하게 하기도 한다. 하지만 그 불편함은 관계의 진실을 꿰뚫어 보고 그릇된 관계를 재조정하기 위한 불가피한 과정임을 경험적으로 깨닫고 있다. 실제로 많은 이야기들이 나를 위하여, 또한 나의 딸들을 위하여 좋은 약이 되어 주었다.

바이칼에서 만난 이야기

2008년 6월에 러시아의 이르쿠츠크와 바이칼 호수에 다녀올 기회가 있었다. 바이칼의 풍광은 눈과 마음을 사로잡기에 충분한 것이었다. 꿈에도 잊을 수 없는 바이칼 호수의 그 맑고 차디찬 물. 온몸과 마음을 쫙 씻어 주던 그 시원한 바람! 그리고 거기, 이야기들이 있었다. 샤먼이 들려주는 서사시가 있었고 시베리아 유형에 얽힌 역사가 있었으며 바이칼 대자연에 얽힌 전설들이 있었다. 이제 이야기하려는 것은 그중 하나, 바이칼 호수와 앙가라 강에 얽힌 전설이다.

바이칼과 닿아 있는 가장 큰 강이 바로 앙가라 강이다. 앙가라 강은 바이칼 호수에서 발원하여 이르쿠츠크 시내를 관통한 다음 시베리아 쪽으로 흘러가서 예니세이 강과 만난다. 이르쿠츠크에서 본 앙가라 강은 강폭이 무척 넓고 풍광이 수려한 멋진 강이었다. 이 강에 무언가 인상적인 전설이 얽혀 있지 않다면 이상한 일일 것이다.

바이칼 왕에게는 아들 삼백여 명과 딸 한 명이 있었다. 딸의 이름은 앙가라였다. 바이칼은 앙가라를 애지중지 사랑했다.
바이칼은 딸이 이르쿠츠와 결혼하기를 원했다. 하지만 앙가라의 마음은 딴 데 있었다. 예니세이라는 청년을 사랑하고 있었다. 어느 날 앙가라는 바이칼의 눈을 피해 집을 나와 예니세이와 함께 도망 길을 나섰다.
그 사실을 안 바이칼은 격노했다. 그는 달아나고 있는 딸을 향해 커다란 바위를 집어 던졌다. 바위는 딸에게 명중하여 앙가라는 그 자리에 쓰러져 죽고 말았다.
하지만 예니세이를 향한 앙가라의 마음은 죽어서도 변함이 없었다. 앙가라는 죽은 채로 한없이 눈물을 흘렸다. 그 눈물은 흐르고 또 흘러 강을 이루었다. 그리하여 예니세이한테로 가 닿았다. 이때부터 앙가라 강은 예니세이 강과 합쳐지게 되었다.

다른 모든 강물이 바이칼 호수로 흘러드는 데 비해, 앙가라 강은 유일하게 바이칼로부터 흘러 나가고 있다.

이 전설을 처음 들었을 때의 느낌은 '이거, 슬픈 사랑의 전설로 딱이다' 하는 것이었다. 앙가라와 예니세이의 죽음도 갈라놓지 못한 애틋하고도 절박한 사랑. 그 사랑은 앙가라 강과 예니세이 강의 합류라고 하는 자연현상과 연결되어 더욱 깊은 울림을 전해 준다. 죽은 여인이 흘린 눈물이 강물로 흘러 연인에게 가 닿았다고 하는 상상은 얼마나 멋진지. '잘 기억해 뒀다가 엇갈린 사랑에 관한 전설의 사례로 써먹어야지!' 이것이 이 이야기를 처음 만났을 때 나의 반응이었다.

바이칼호 근처 기념품 매점에서 물건을 둘러볼 때였다. 기념품 가운데, 양쪽 끝에 남녀의 얼굴을 새긴 자작나무 조각품이 있었다. 상인은 그 남녀를 일컬어 바이칼과 앙가라라고 했다. 나는 함께 여행 중이던 동행에게 말했다. "이건 좀 엉터리다. 저 남자가 왜 바이칼이란 말인가. 아버지 바이칼이 아니라 앙가라가 사랑했던 연인 예니세이가 저 자리에 있어야 맞는다." 나의 말에 동행 또한 고개를 끄덕였던 것 같다.

하지만 잠시 뒤, 차를 타고 이동하며 그 일을 생각하다가, 작은 놀라움과 함께 나의 둔함을 자책할 수밖에 없었다. 이 전설은 얼핏 사랑하는 연인에 관한 이야기처럼 보이지만 본질적으로는 아버지와 딸에 관한 이야기라고 하는 사실을 뒤늦게 깨달았던 것이다. 딸을 언제든 제 곁에 잡아 두고서 보려는 아버지와 그 품을 벗어나 자기의 길을 찾아가려는 딸. 이 전설은 부모와 자식 사이의 원형적 어긋남을 전형적으로 그려 내는 이야기였다. '그래 저 딸 앙가라, 바로 평강공주였구나. 감은장애기였구나!' 조금만 일찍 깨달았어도 그 기념품을 무조건 사는 것이었는데…….

일단 서사의 맥을 짚고 나자, 이야기에 담긴 여러 화소들이 다투어 나서서 말을 건네기 시작했다. 부모와 자식의 관계에 얽힌 진실에 대하여. 인간과 우주에 얽힌 진실에 대하여.

바이칼과 앙가라의 형상

나는 인터넷을 뒤져서 바이칼과 앙가라에 얽힌 전설의 이본들을 탐색하기 시작했다. 그리고 해외의 몇몇 사이트에서 서로 조금씩 내용을 달리하는 몇 가지 이야기 자료를 만날 수 있었다. 다음은 그중 일부다.

쾌활하고 자상한 아버지 바이칼은 외동딸 앙가라에게 온 마음을 기울였다. 세상에 앙가라의 아름다움을 능가할 존재는 하나도 없었다. 그녀를 본 사람은 누구나 경탄하고 찬양했다. 하늘의 새들도 그녀에게 범접하지 못했다.

어느 날, 아버지가 자는 틈에 앙가라는 젊은 청년 예니세이한 테로 도망을 갔다. 바이칼은 분노했다. 무서운 폭풍이 몰아치고 세상에 공포가 가득 찼다. 바이칼은 바윗덩어리를 떼어서 딸을 향해 내던졌다. 바위는 딸의 목에 명중했다. 앙가라는 숨이 막힌 채 울면서 물을 한 방울만 달라고 간청했다. 분노에 찬 아버지는 눈물밖에 줄 것이 없다고 외쳤다.

바이칼이 절망에 젖어 있는 동안, 앙가라의 눈물은 예니세이를 향해 천년의 세월을 흘러왔다.

바이칼 호수한테는 아름다운 딸 앙가라 강이 있었다. 바이칼은 앙가라를 물속 깊은 곳 바위로 둘러싸인 방에 숨겨 놓고 아무도 그를 보지 못하게 했다.

바이칼은 딸을 제 가까이 두기 위해 이웃에서 사윗감을 찾았다. 그가 선택한 것은 이르쿠츠 강이었다. 하지만 앙가라는 그와 결혼하기를 거부했다. 그는 갈매기한테서 전해 들은 멋진 예니세이 강한테 마음을 주었다. 예니세이는 앙가라한테 자기와 함께 북극해로 가자고 했다.

앙가라의 방은 마법 까마귀가 삼엄히 지키고 있었다. 앙가라의 형제자매들인 시내와 작은 강들이 앙가라를 위해 물길을 내주었다. 갈매기들이 까마귀를 쪼아 막는 사이에 앙가라는 예니세이를 향해 달려갔다.

잠에서 깬 바이칼은 분노에 휩싸여 커다란 바위를 던져 딸의 길을 막았으나, 앙가라는 바위를 깨고서 계속 달렸다. 마침내 앙가라의 푸른 물은 예니세이의 초록 물과 만나 영원히 합쳐졌다. 그들은 북극해를 향해 자유로이 흘러갔다.

앙가라가 아버지를 벗어나던 곳에 바이칼이 던진 샤먼 바위가 있다. 그 바위가 사라지면 바이칼 호수가 흘러넘쳐 주변 모든 것을 삼킬 것이라 한다. 갈매기는 오늘도 앙가라와 예니세이의 사랑을 지키며 하늘을 날고 있다.

두 이야기를 보면, 앙가라가 아버지 바이칼에서 벗어나 제 길을 찾아 떠났다는 내용은 공통적이지만 뒷부분에는 상당한 차이가 있다. 앞쪽 자료는 여행 과정에서 들은 이야기와 마찬가지로 앙가라가 바위에 맞아 쓰러졌다고 돼 있는데, 뒤쪽 자료는 앙가라가 바위를 뚫고서 달려가 사랑하는 연인과 만났다고 한다. 둘을 비교하자면 아무래도 앞의 것이 더 어울리지 않을까 한다. 앙가라가 쓰러져 흘린 눈물이 강물이 되었다는 이야기는 그 자체로 매력적일 뿐 아니라 전설의 서사적 특징에 꼭 맞는다. 이에 비하면 앙가라가 바위를 뚫고 계속 달려갔다는 건 아무래도 좀 싱겁고 어색한 면이 있다. 왠지 후대의 윤색인 것 같은 느낌. 찾아본 자료 가운데 대다수가 앙가라의 돌파 대신 '죽음'을 말하고 있는 것은 당연한 일로 생각된다.

그러나저러나, 저 아버지의 모습은 과연 어떠한지. 사랑하는 딸에게 바위를 집어 던지는 비정함이라니! 딸을 무척이나 많이 사랑한 데 따른 행동이라 할 수도 있겠으나, 그 사랑은 어떻게 보아도 진정한 사랑이라 하기 어렵다. 정확히 말하면 그 것은 사랑이라는 이름으로 포장된 왜곡된 소유욕이라 함이 합당할 것이다. 인용한 자료에서 바이칼이 앙가라를 깊은 물속 바위틈에 가두고 엄격히 감시했다고 한 데서 그 관계의 본질을 단적으로 확인할 수 있다.

자식을 향한 집착은 한순간 무서운 분노를 낳는다. 호랑이가 되는 순간이다. 눈이 뒤집힌 아버지 호랑이는 커다란 바위를 집어 던져 제 자식을 제 손으로 절명시키고 만다. '아, 내가 무슨 일을 한 것인가!' 후회하고 가슴을 쳐 봤자 이미 벌어진 일이다. 그런데 저기 저 딸, 죽어서도 머리를 반대쪽으로 향하고서 눈물이 되어 멀리멀리 달아난다. 또 다른 슬픔과 분노! 하지만 아무리 분노하고 울부짖은들 떠나간 자식의 발길은 돌이킬 수 없다.

호수의 길과 강물의 길

제 손으로 딸을 죽이고서 가없는 비탄과 분노에 빠진 저 아버지. 그는 비극의 원인이 저 자신에게 있음을 늦게라도 깨달았을까?

눈에 넣어도 안 아플 고운 자식을 오래오래 곁에 두고자 하는 것. 부모는 그것을 일러 애정이라 하지만 자식에게 그것은 깨뜨려야 할 구속일 따름이다. 어떻게 해서든 아버지를 벗어나 달아나려고 하는 앙가라의 모습은, 바위에 맞아 죽어 가면서도 사랑하는 사람을 향하여 눈물을 흘려보내는 앙가라의 모습은 자식이 품고 있는 자기 식의 삶에 대한 욕망 내지 의지를 대변한다. 그 떠나감은 자기 존재 실현을 위한 필연적 선택이었다.

앞서 '해님달님' 이야기에서도 언급했지만 설화에서 자기 실현을 위한 자식의 길 떠남이라는 화소를 만나는 것은 어려운 일이 아니다. 도처에 이런 이야기들투성이라고 해도 좋을 정도이다. 그럼에도 바이칼과 앙가라 전설에는 눈길을 끄는 특별한 요소가 있었다. 이 이야기가 광활한 대자연과 우주에 얽힌 질서 내지 섭리를 서사적으로 함축하고 있다는 사실이다.

바이칼은 아버지이고 앙가라는 그 딸이다. 동시에 바이칼은 호수이고 앙가라는 거기서 흘러나간 강이다. 아버지는 호수이고 딸은 강이다. 호수로부터 나와 하염없이 밖으로 흘러나가는 강물. 그 강물을 떠나보내며 안타까워하는 부모. 부모와 자식의 관계를 이렇게 인상적이면서도 의미심장하게 보여주는 장면이 또 있을지! 흘러 나가는 강물을 잡을 수 없는 것처럼 부모로부터 벗어나는 자식은 못내 잡아 둘 수 없다는 섭리가 거기 깃들어 있다. 강물에 호수와 다른 자신의 길이 있는 것처럼, 자식한테는 부모와 다른 자신의 길이 있다. 그것이 우주 자연의 섭리이다. 아무리 큰 바위를 저 앞에 집어던진다 해도 흘러 나가는 물은 막을 수 없다. 어떤 수단과 방법을 쓴다 하더라도 떠나가는 자식은 막을 수 없다. 억지로 막으면 둑이 터져서 감당 못 할 뒤탈이 나게 된다.

참으로 얄궂고 아픈 일은, 부모가 유난히 마음을 쏟은 자식이 품을 벗어나 제 길로 나서곤 한다는 사실이다. 또는 그렇게 품에서 벗어나는 자식에게 자꾸만 마음이 가서 고통과 번민이 생겨난다는 사실이다. 하지만 어쩌겠는가. 그것이 인생인 것을.

사랑하는 딸은 다시 못 올 길로 떠나가고, 늙은 아버지는 깊은 분노와 비탄에 빠지고 말았다. 이렇게 부녀가 운명적으로 엇갈린 상태에서 바이칼 이야기는 끝이 난다. 비화해적 갈등의 서사이며, 크나큰 비극의 서사이다. 하지만 이야기란 겉으로 말해진 것이 다가 아니다. 이야기가 끝나는 지점에서 새로운 이야기가 시작된다. 어긋남으로 끝난 바이칼과 앙가라의 서사. 그것은 정녕 비극과 모순의 서사이고 반구원의 서사일까? 아니, 그렇지 않다. 진짜 이야기는 이제 시작이다.

그것은 어떻게 구원이 되었나

새로운 이야기, 그 핵심이 무엇인가 하면 앙가라는 아버지 바이칼을 떠남으로써 그를 배반한 것이 아니라 오히려 구원했다고 하는 것이다. 바이칼을 살려 냈다는 것이다. 그 떠남과 죽음의 서사는, 어떻게 구원의 서사가 될 수 있는가.

여기 중앙아시아 지역 지도가 있다.

 지도를 잘 살펴보자. 바이칼 호수에서 연원한 앙가라 강은 긴 여행을 거쳐 시베리아 한복판에서 예니세이 강과 만난다. 그리고 더 긴 여행을 거쳐 멀리 북극해로 흘러 나간다. 그렇게 바다로 나아간 물은 대서양과 태평양, 멀리 남극해까지 세상의 모든 바다와 만난다. 거침이 없는 무한한 여행이다. 그런데 그것은, 앙가라의 여행인 동시에 바이칼의 여행이기도 하다. 예니세이 강을 만나 북극해로 흘러간 앙가라 강을 통해서 바이칼 호수는 세상의 모든 바다와 이어진다. 드넓은 우주를 맘껏 흐른다.
 만약 앙가라 강이 바이칼 호수로부터 나가지 않고 그 안에 머물렀다면, 그리하여 바이칼로부터 아무도 흘러 나가지 않았다면 어찌 되었을까? 바이칼은 드넓은 시베리아 벌판에 유폐된 채 고립무원의 존재가 되고 말았을 것이다. 한자리에 고인

채로 흐려지고 썩어져 죽음의 물이 되고 말았을 것이다. 물길 트고서 흘러 나간 앙가라 강이 있음으로 해서 바이칼 호수는 마침내 맑디맑은 생명의 물이 될 수 있었던 터이니 이 어찌 구원이 아닐까.

여기 부모 자식의 관계에 대한 근원적이고 핵심적인 이치가 있다. 내 품의 자식이란 뜰 안의 화초일 뿐, 그를 통해 나의 삶은 확장되지 않는다. 내 분신으로서 자식은 나와는 다른 새로운 세계로 나아가 그 자신의 삶을 일구어야 한다. 그것은 그들 자신의 삶을 실현하는 길일 뿐 아니라 그들을 세상에 낸 부모의 존재를 확장하고 실현하는 길이다. 자식들이 넓은 세상에서 새로운 삶을 펼쳐 냄으로써, 그러한 확장이 이어지고 또 이어짐으로써 부모는 우주의 존재가 되고 영원의 존재가 된다.

그리하여 그 떠나보냄이란 단순한 '보냄'이 아니다. 보냄으로써 삶을 새롭게 펼쳐 내는 일이다. 보냄으로써 영원히 함께하는 일이다. 떠나야 한다. 떠나보내야 한다. 아직 밟아 보지 않은 새로운 우주를 향해.

평강공주와 감은장애기의 경우

앞서 앙가라에게서 평강공주와 감은장애기를 보았다고 했다. 구체적인 사연과 캐릭터는 좀 다르지만 그들이 전해 주는 인생에 대한 화두는 서로 통한다. 평강공주와 감은장애기 또

한 부모의 품을 벗어나 미지의 넓은 세계로 나아가 자신의 삶을 실현하고 부모를 구원한 존재들이다.

바보 온달의 아내 평강공주 이야기에 대해서는 길게 말하지 않겠다. 평강공주가 아버지라는 울타리를 벗어나 자기 삶을 실현한 존재라고 하는 데 이의를 달 사람은 아마도 없을 것이다. 평강의 그치지 않는 울음으로부터 주체적 성격을 엿보는 논의도 있는데, 꽤나 그럴듯하다. 그녀는 어려서부터 자기주장이 꽤나 강했거니와, 부모의 뜻을 거슬러서 집으로부터 벗어나는 것은 실수나 우연이 아니라 스스로 선택한 행로라고 봄이 마땅하다. 부모가 선택하여 정해 준 짝과 결혼하는 것은 타율성의 질곡에 갇히는 일. 평강은 그러한 닫힌 삶 대신에 스스로 황야로 나아가 자기만의 길을 찾아내고자 했다.

평강은 그 일을 보란 듯 훌륭하게 성취해 낸다. 바보로 불리던 온달을 나라 최고의 장군으로 키워 낸다. 장군이 된 것은 온달이었으나, 삶을 주체적으로 실현한 인물은 오히려 평강공주였다고 할 수 있다. 그러한 삶의 실현 내지 구원은 평강공주 자신에게만 해당하는 것이 아니었다. 그의 선택을 통해 온달이 구원되었으며, 또 한 사람 그의 아버지 평원왕의 구원이 이루어졌다. 온달이라는 장군을 얻은 일을 두고서 하는 말이 아니다. 딸을 제 뜻대로 움직이려는 욕망에서 벗어나 그 주체적 존재 의미를 인정하게 되었으니, 자기만이 옳다고 하는 아집에서 벗어나 세상을 새로운 눈으로 보게 되었으니 그것이 곧 구원이다. 딸을 통하여 그는 자기라는 감옥에 갇힌 존재가 아닌 넓은 세상을 향해 열린 존재가 된 것이었다. 제 길을 찾아 흘러 나간 평강이라는 강물을 통해서.

평강의 서사에 담겨 있는 이러한 의미는 서사무가 '삼공 본풀이'의 주인공 감은장애기에게서 더욱 뚜렷한 형태로 구체화된다.

옛날에 강이영성이수불과 홍문소천구애궁전이 살고 있었다. 강이영성은 윗마을 거지이고 홍문소천은 아랫마을 거지였다. 서로 다른 마을이 좋다는 소문을 듣고 동냥을 나섰다가 마을 경계에서 딱 마주쳤는데, 구르는 돌도 연분이 있다고 서로 부부간을 이루게 되었다. 동냥을 해서 살아가는 중에 아이가 잉태되어 딸 삼형제가 태어났다. 첫째로 태어난 아기는 동네 사람들이 은그릇에 음식을 주어 은장애기라 했고, 둘째로 태어난 아이는 놋그릇에 음식을 주어 놋장애기라 했다. 셋째 아기는 나무바가지에 음식을 준 탓에 감은장애기라 했다.

막내딸이 태어난 뒤로 가난하던 집이 잘되기 시작했다. 논밭이 쑥쑥 생겨나고 소와 말이 부쩍부쩍 늘어났다. 처마 높은 기와집에 풍경이 뎅겅뎅겅 울리니 천하 거부가 되었다.

하루는 비가 촉촉 내리는데 강이영성과 홍문소천이 딸아이들을 불러내 호강에 겨운 말로 문답 놀이를 시작했다. 첫째 딸 불러내어, "은장아가, 너는 누구 덕에 밥을 먹고 옷을 입고 은대야에 세수를 하느냐?" 물으니, "하느님도 덕이고 지하님도 덕이지만, 아버지 덕이고 어머니 덕입니다." 하였다. 둘째 딸의 대답도 똑

같았다. 그런데 제일 사랑하는 막내딸의 대답이 엉뚱했다. "하느님도 덕이고 지하님도 덕입니다. 아버님도 덕이고 어머님도 덕입니다만, 내 몸에 복이 있는 덕입니다."
강이영성은 크게 화가 나서 부모의 은혜도 모르는 못된 아이라며, 어디 얼마나 잘 먹고사는가 나가 살아 보라며 매정하게 딸을 쫓아냈다. 감은장애기는 옛날 입던 의복을 챙겨 암소에 싣고서 집을 나섰다.
막상 막내딸이 집을 나서자 아버지 어머니가 왠지 서운한 마음이 들어 큰딸을 시켜 잠깐 동생을 불러오라 했다. 그러자 은장애기가 노둣돌에 올라 동생을 부르며 아버지가 때리러 오니 어서 가라고 했다. 그리 말하고 노둣돌 아래로 내려서던 은장애기는 그 자리에서 청지네가 되었다. 어머니 아버지가 다시 둘째 딸을 시켜서 동생을 불러오라 했다. 그러자 놋장애기는 거름 위에 올라서서는 아버지가 때리러 오니 어서 가라고 했다. 그리 말하고 거름 아래로 내려서던 놋장애기는 그 자리에서 말똥버섯이 되었다.
두 딸이 아무 소식이 없자 어머니 아버지가 직접 문밖으로 나오려 했다. 그때 강이영성은 창문으로 내닫다가 작대기에 눈을 꿰어 눈이 멀었다. 홍문소천은 대문으로 내닫다가 문고리에 눈을 꿰어 눈이 멀었다. 그렇게 눈이 먼 강이영성 홍문소천이 앉은 채로 먹고 싸기를 시작하니 얼마 지나지 않아서 그 많던 가산이 탕진되어, 두 소경이 한 지팡이를 짚고 다시 거지 노릇을 하게 되었다.

집을 떠난 감은장애기는 깊은 산속 마퉁이들이 살고 있는 집에 이르렀다. 거기서 하루를 묵는 중에 마퉁이 삼형제 중 막내와 인연이 닿아 짝을 이루었다. 다음 날 감은장애기가 작은마퉁이 마 캐는 자리를 가 보니까 금덩이와 옥덩이가 가득했다. 남편을 시켜 금과 옥을 내다 파니, 소와 말이 생기고 논밭이 많이 생겨났다. 감은장애기는 처마 높은 기와집에 풍경을 뎅겅 달고 천하거부가 되었다.

하루는 감은장애기가 남편한테 청하여 크게 거지 잔치를 베풀었다. 잔치를 벌인 지 백일째가 되는 날 아버지와 어머니가 한 막대기를 짚고서 문 안으로 들어왔다. 감은장애기가 두 사람을 방으로 들여 진수성찬을 대접하며 살아온 이야기를 해 달라 했다. 부부는 막내딸을 쫓아낸 뒤로 소경이 되고 걸인이 된 사연을 눈물 섞어서 늘어놓았다. 그러자 감은장애기가 좋은 술을 가득 부어 두 사람한테 권하며 말했다.

"설운 어머니 설운 아버지, 감은장애기가 여기 있소. 이 술 한 잔 받으시고 어서어서 눈을 뜨오."

강이영성과 홍문소천이 얼마나 놀랐던지 들었던 술잔을 털썩 놓았다. "감은장애기라고!" 큰 외침과 함께 두 사람의 눈이 번쩍 뜨였다. 부모 자식은 그렇게 다시 만나서 흥성하게 잘살게 되었다. 그후 감은장애기는 세상사를 돌보는 신이 되어 전상을 차지하게 되었다.

'사람은 자기 복으로 사는 것'이라는 지극히 당연한 말을 받아들이지 못하고 딸을 쫓아내는 부모. 그들은 눈먼 채로 주저 앉아 거지가 된다. 아집에 빠진 존재, 세상의 진실에 무지한 존재의 필연적 귀결이다. 자기는 부모 덕에 사는 것이라 말했던 은장애기와 놋장애기. 그들은 각기 청지네가 되고 말똥버섯이 된다. 스스로 제 삶의 주인임을 부정한 데 따른 당연한 업보다. 살아 있되 살아 있다고 못 할 상황. 자식을 제 품에 가두려 한다는 것은, 부모의 품에 안주하려 한다는 것은 이렇게 무서운 일이다.

진실에 눈먼 탓에 장님이 되어 버린 부모의 눈을 뜨게 한 것은 '내 복에 산다'고 말했던 막내딸 감은장애기였다. 앙가라나 평강공주와 마찬가지로 부모의 품을 떠나서 자기 삶을 실현한 그 딸 말이다. 감은장애기의 행보는 그 의미 맥락에서 앙가라나 평강공주보다 좀 특별한 면이 있다. 존재의 본질에 대한 자각과 그를 통한 구원이라는 의미가 더욱 명징하게 현시된다. 그것은 이 이야기가 신화神話라는 사실과 관련이 있다.

감은장애기는 길 떠남을 통해 자기 자신을 구원하며, 마퉁이의 손을 잡아 그를 구원한다. 자기를 내버린 부모를 찾아 그 눈을 뜨게 함으로써 부모를 구원한다. 그 눈 뜨게 함은 몸의 눈만이 아니라 진실을 향한 마음의 눈을 뜨는 일이었으니, 진정한 구원이 된다. 그리고 감은장애기 또 누구를 구원하는가 하면 뭇 세상 사람들을 구원한다. '운명의 신'이라 할 만한 전상의 신神이 되어 사람들이 자신의 삶을 실현할 수 있도록 하는 안내자가 되는 터, 그것은 가히 범우주적 차원의 구원이라 할 수 있다. 집 나간 딸의 구원행은 감은장애기에 이르러 서사적으로 완성을 보았다고 해도 좋을 것이다.

나의 길, 우리의 길

 앙가라에서 감은장애기까지, 저 집 나간 딸들의 이야기는 누구를 위한 것인가 하면 일차적으로 딸을 위한 것이다. 부모의 품이라는 울타리에 안주하려는 여린 딸에게 스스로 일어서기를 독려하는 계시의 서사이며, 집을 떠나 바깥으로 나아가고자 하는, 또는 집이라는 익숙한 터전을 떠나 낯선 곳으로 가야만 하는 운명을 지닌 딸에게 힘을 전하는 격려의 서사이다. 또한 그것은 아버지를 위한 서사이다. 자식을 자꾸 품 안에 가둬 넣고 제 뜻대로 움직이려고 하는 욕망을 떨쳐야 한다는 계몽의 서사이며, 떠나가려는 딸을, 또는 떠나가야 하는 딸을 속절없이 바라봐야 하는 아픈 마음을 달래 주는 위로의 서사이다. 요컨대 이 이야기는 딸을 구원하고 아버지를 구원하며 그들을 독립과 공존의 존재로 이끌어 준다.
 하지만 어찌 딸뿐이고 아버지뿐일까. 이 서사에 담긴 자각과 구원의 주제는 딸이 아닌 아들한테도, 그리고 아버지 아닌 어머니한테도 적용될 수 있다. 나아가 그것은 구속과 소유, 억압과 차별의 요소가 깃들 수 있는 세상 모든 관계에 적용될 수 있다. 특히 스승과 제자의 관계 같은 앞 세대와 뒷 세대의 관계에. 나는 이 이야기를 제자들한테 들려주면서 이렇게 말하곤 한다. "너희의 길로 나아가 너희 세상을 열어라. 그것이 스승의 삶을 실현하는 길이다." 단순한 수사(修辭)가 아니라 엄격한 진실이다. 제자가 스승의 그늘에 머물러 안주하는 것은 청지네가 되고 말똥버섯이 되는 길이다. 스승이 제자로 하여금 자기 학문적 테두리에 머물러 그것을 되풀이하게 하는 것은 그의 앞길에 바윗덩어리를 던지는 일이다.

세상은 움직이면서 새로워져야 한다. 끝없이 움직이면서 종으로 깊어지고 횡으로 넓어져야 한다. 이 세상 모든 존재들이 동참해야 할 운명적 과업이다. 참다운 자기실현으로 가는 길이고 영원의 존재로 향하는 길이니 그렇게 나아가기를 마다할 이유가 없다. 편안히 받아들여 강물처럼 유유히 흐르는 것이 정답이다. 수만 리 시베리아 벌판을 유유히 흐르는 저 앙가라-예니세이 강처럼.

끝으로 한마디. 앙가라처럼 흘러 나가는 길만 있는 것은 아니며, 흘러 나감만이 자기실현의 길은 아니라는 사실. 앙가라 강이 바이칼로부터 흘러 나가 바다에 이를 수 있는 것은 바이칼로 흘러드는 크고 작은 강물이 있기 때문이다. 그것은 또한 그들의 필연적인 길이니, 그러한 흘러듦과 흘러 나감이 서로 어울리며 세상은 미래로 움직여 나가고 있는 터다.

앙가라에겐 앙가라의 길, 예니세이에겐 예니세이의 길을. 나에게는 나의 길, 그대에겐 그대의 길을. 그렇게 더불어 크나큰 우리의 길을!

돌아와 마주 서라
진짜 아들의 귀환을 위한 긴 여정

나와 닮은 또 다른 나

문학 속에는 모습이 쌍둥이처럼 꼭 닮은 사람들이 자주 등장한다. 현대의 소설이나 영화에서 많이 볼 수 있는 설정인데, 옛이야기에서도 종종 이런 화소를 볼 수 있다. 나와 똑같이 생긴 누군가가 나타나 내 자리를 대신한다는 것, 생각하면 좀 황당하고 또 소름 돋는 일이기도 하다.

아마도 곧바로 떠오르는 인물이 옹고집일 것이다. 못된 가장으로 심술을 부리며 살고 있던 어느 날 홀연히 나타난 또 다른 옹고집. 지푸라기로 만들어진 가짜 옹고집이었지만 가족을 비롯한 사람들은 그를 진짜로 인정하고 진짜 옹고집을 내쫓는다. 그가 집으로 되돌아와 안착하기까지의 여정은 외롭고 긴 고난의 역정이었다.

〈옹고집전〉은 이야기 전통에 바탕을 둔 소설이다. 이와 비슷한 스토리를 지닌 이야기가 예전부터 널리 구전돼 왔다. '쥐의 변신', '쥐좆도 모른다', '쥐가 변한 남편' 등으로 일컬어지는 민담이다. 내용을 간략히 소개하면 다음과 같다.

옛날에 한 남자가 장가를 들어서 색시랑 잘 살고 있었는데 어느 날 집을 비웠다가 돌아와 보니 자기랑 똑같이 생긴 사내가 남편 노릇을 하고 있었다. 자기가 내던진 손톱을 받아먹은 쥐가 도섭을 해서 변한 것이었다. 집에서 누가 진짜인지를 가리는데 가짜가 집 안 구석구석을 더 잘 알아서 진짜로 인정받고 진짜 남편은 쫓겨나고 말았다. 쫓겨난 아들은 정처 없이 각지를 방랑하다가 한 도승한테서 가짜의 정체를 탐지한 뒤 오래 묵은 고양이를 하나 얻어서 집으로 돌아왔다. 고양이가 덤벼들어 가짜 남편을 물어뜯자 가짜는 쥐로 변해서 쓰러지고 말았다. 진짜 아들을 되찾은 시부모는 며느리한테 어찌 함께 잠을 자면서도 그게 쥐인 줄 몰랐냐고 타박을 했다고 한다.

비슷한 내용의 이야기가 수십 편 채록된 걸 보면 사람들한테 꽤나 인기가 있었던 이야기인 듯하다. 이 설화와 〈옹고집전〉을 비교하면 가짜의 정체가 쥐에서 지푸라기로 바뀌었고 인물의 선악 대비가 뚜렷해졌으며 개과천선이라는 주제 의식이 부각된 상황이다. 다분히 교훈적인 방향의 각색이라 할 수 있다. 비교하면 서사의 구조와 상징이라는 측면에서 역시 설화 쪽이 훨씬 원형적인 면모를 지니고 있다고 생각된다. 말하자면 〈옹고집전〉은 지푸라기로 만들어 낸 가짜라고나 할까.

손톱을 받아먹은 쥐가 사람으로 변신했다는 것. 이는 단순하게 보면 작은 것 하나라도 잘 챙기는 습관을 지녀야 한다는 교훈을 말하는 것처럼 보이기도 하나 담긴 의미는 그 이상일 것이다. 손톱은 엄연히 내 몸의 일부이니 그로부터 또 다른 내가 생긴다는 설정이 뭔가 그럴듯하다. 좀 비약하면, 유전자 복제 같은 것을 연상시키기도 하는 그 무엇이 있다. 그리고 쥐가 진짜 남편보다 집안일을 더 잘 알았다는 것도 생각하면 아주 그럴싸하다. 집 안 구석구석 숨어 다니는 쥐한테는 모를 일이 없을 테니까 말이다.

그렇다. 쥐한테는 비밀이 없다는 사실. 달리 말하면 쥐는 숨은 비밀을 다 알고 있다는 얘기다. 나보다 나에 대해 더 잘 알고 있는 그 누구. 그리하여 그것은 내 속의 또 다른 나를 연상시킨다. 일컬어 도플갱어. 가짜가 나타나자 진짜가 설 자리를 잃었고 진짜가 되돌아오자 가짜가 쓰러져 죽었으니 딱 들어맞는다. 흠, 그렇다면 쥐의 상징은 무엇? 나의 무의식? 페르소나? 혹은 어디서 들은 바 있듯이 남성의 성性? 그렇다면 쥐를 잡아 죽이는 고양이는?…….

이 설화는 이렇게 '내 안의 또 다른 나'라는 꽤나 매력적인 화두를 전해 주는 것인데, 솔직히 그 의미 맥락을 명료히 짚어 내기는 쉽지 않은 면이 있었다. 이리저리 설명을 달자면 그리할 수 있을 것 같지만 무언가 마음을 찌르는 것이 콕 와 닿지 않는다고나 할까. 그런데 얼마 전 이와 비슷한 설정을 담고 있는 또 다른 설화를 보는 중에 그 서사의 의미 맥락이 착착 읽히는 것이었다. 그 화두는 진짜의 삶과 가짜의 삶의 역학 관계. 설화의 제목은 '집 나간 아들과 가짜 아들'이다.●

기나긴 이야기 한 편

이 이야기를 만난 것은 사실 아주 오래된 일이다. 대학 시절 《한국구비문학대계》 충청도 편을 읽어 나가는데 아주 길고 특이한 이야기가 보였다. 이홍규라는 화자가 구연한 '등잔 밑이 어둡다.' 《한국구비문학대계》 4-4. 충남 보령군. 372~396쪽 스물다섯 쪽에 이르는, 거의 소설 같은 느낌을 주는 이야기였다. 화자는 이 이야기를 '자신이 꾸며 본 이야기'라 하고 있으며, 이야기 중간에 '1인 5역으로 하면 더 재미있을 텐데 그러지 못해 아쉽다'고 말하기도 했다. 상황 설명을 상세히 하느라 이야기가 길어진 면이 있지만, 전체적으로 서사의 가닥과 의미 맥락을 잘 잡아낸 훌륭한 구연 자료였다. 개인적으로 이 화자를 찾아가서 만나 보려 했으나 소재가 잘 파악되지 않아 포기한 일은 아직까지도 아쉬움으로 남아 있다.

먼저 이야기 내용을 전하는 것이 맞는 순서이겠다. 디테일을 생략하고 좀 간략하게 정리해 본다.

● 이 설화를 재발견하는 데는 하나의 계기가 있었다. 한국문학치료학회 세미나에서 제자 방유리나가 이 설화에 대해 발표하는 내용을 들으면서 내 나름으로 서사의 의미 맥락을 새로이 짚어 보게 된 것이었다. 기본 착상이 서로 통하는 면이 있음을 밝히며, 고마움을 전한다.

옛날에 칠대 독자 귀한 아들을 둔 부자가 있었다. 자식이 열다섯이 되자 부모는 좋은 혼처를 찾아 아들을 혼인시켰다. 자식의 장래를 걱정하던 부모는 혹시라도 어린 아들이 아내에게 빠져서 공부를 등한시할까 걱정하여 아들 부부에게 한 달에 두 번씩만 합방을 허락했다. 그 외에는 아버지가 아들을 데리고 자고 어머니가 며느리를 데리고서 잠을 잤다.

그렇게 세월이 흐르는 중에 아들은 아내한테 정이 깊어져 아버지 몰래 아내를 불러내 정을 나누려고 했다. 그 사실을 알게 된 아버지는 아들 부부가 한 집에 있으면 안 되겠다 생각해서 아들을 삼사십 리 밖에 있는 암자로 보내어 공부를 하도록 했다. 그래 놓고는 한 달에 두 번씩 사람을 보내 데려와서 아내를 만나게 하는 것이었다.

아들이 절에 가서 공부를 하는데 아내를 보고 싶은 마음이 커져만 갔다. 어느 비 오는 깊은 밤, 아내가 생각난 아들은 절에서 빠져나와서 집을 찾아왔다. 대문을 두드리는 대신 담을 넘어서 아내 방 앞으로 간 아들은 흠칫 놀라고 말았다. 아내의 신발 옆에 남자의 신발이 나란히 있는 것이 아닌가. 들어가서 간부를 죽이려던 아들이 다시 살펴보니 그 신발은 자기 아버지의 것이었다. 아들은 그만 넋이 나가고 말았다.

'그래. 아버지가 내 아내한테 맘이 있어서 나를 이렇게 내보낸 것이구나. ……'

아들은 참담한 마음으로 빗속에 서 있다가 말없이 그 자리를 떠났다. 갈 곳이 없어진 그는 집에서 멀리 떨어진 고을에 있는 절을 찾아가서 머리를 깎고 중이 되었다. 그리고 다시는 집을 찾지 않았다.

그게 어찌 된 일이었는가 하면, 거기 신발은 있었으나 방 안에 아버지가 있는 것은 아니었다. 혹시라도 외인이 며느리를 마음에 두어 침탈하지 않을까 걱정한 아버지가 그 안에 사람이 있는 것처럼 보이기 위해 신발을 거기 갖다가 놓은 것이었다.

아들이 종적을 감춘 것을 알게 된 집에서는 야단법석이 났다. 호랑이한테 물려 간 건지 어찌 된 건지 통 알 수 없는 일이었다. 이리저리 아들을 찾아보고자 했으나 아들은 어디에도 없었다. 그렇게 세월이 몇 년 흘러 포기할 지경이 되었을 때, 먼 친척뻘 되는 건달이 부자를 찾아와서는 자기가 나서서 조카를 찾아보겠노라 자청했다. 부자는 그리해 주기만 하면 큰 보상을 해 주겠다고 약속했다.

삼 년 기약을 두고서 부자의 아들을 찾아다니던 건달은 어느 날 길에서 제 조카와 똑같이 생긴 사람을 발견했다. 확인해 보니 조카가 아니고 가난한 떠돌이 총각이었다. 건달은 그 총각을 은밀히 불러서 자기 말대로 하면 잘 먹고 잘살 수 있다며 부자의 아들 노릇을 하라고 했다. 그 집에 관한 모든 내용을 세세히 가르쳐 주어서 어김이 없도록 했다. 계속 연습을 하다 보니 그는 진짜 아들과 다를 바 없게 되었다.

건달이 가짜 아들을 데리고 나타나자 부자가 뛸 듯이 기뻐했다. 어느덧 십 년, 이리저리 확인해 보니 자기 아들이 분명했다. 부자는 건달에게 큰 상을 주고 잔치를 열었다. 그런데 단 한 사람,

그 아들을 받아들이지 않는 사람이 있었다. 부자의 며느리가 그 사람은 제 남편이 아니라서 받아들일 수 없다고 했다. 시부모가 어르고 달랬지만 소용이 없었다. 화가 난 부자가 가짜 아들에게 새 아내를 얻어 주고 본 며느리를 구박하기 시작했으나, 며느리는 구박을 다 받아들일 뿐 흔들림이 없었다. 참 모를 일이라고 수군거리는 사람들…….

때마침 고을을 지나던 암행어사 하나가 소문을 듣고서 그 집에 찾아들었다. 들어가서 아들을 만나 보니 자기와 함께 공부하던 사람인데 저를 못 알아보는 것이었다. 어사는 그 아들이 가짜임을 깨닫고, 자기 친구이기도 한 진짜 아들을 찾아 나섰다. 방방곡곡을 찾아다니던 어사는 마침내 어느 외진 암자에서 중이 된 친구를 발견했다. 어사가 친구에게 집안에 관한 이야기를 하자 슬그머니 밖으로 나간 아들은 나무에 목을 매달아 죽으려 했다. 어사는 친구를 만류한 뒤 그를 설득해서 함께 집으로 향했다.

친구와 함께 집에 도착한 어사는 친구를 한쪽에 세워 두고는 어사 출두를 해서 집안 식구와 동네 사람을 다 불러 모았다. 그리고 부자의 며느리와 가짜 아들을 불러 놓고서 며느리에게 그 사람이 자기 남편인지 물었다. 며느리는 제 남편이 아니라고 부정했다. 그러자 어사는 좌중에 있는 사람들에게 두루 한 잔씩 술잔을 올리면 죄를 용서하겠다고 했다. 여자가 술잔을 차례로 돌릴 적에 진짜 아들 앞에 이르자 아들이 손을 덜덜 떨었다. 그리고 그 얼굴을 본 여자가 또한 손을 덜덜 떨었다. 사람들이 그 사람을 여자의 간부로 생각하고 수군댈 적에 어사가 그 사람에게 고깔을 벗고 얼굴을 보이라고 말했다. 그가 얼굴을 내보이자 사람들이 모두 깜짝 놀라고 말았다.

"아버지 어머니, 불효자식이 뒤늦게야 알고서 찾아왔습니다."
부자가 당황하고 있을 때 가짜 아들이 나서서 무릎을 꿇고는 자기가 가짜라는 사실을 실토했다. 모든 진실이 드러나는 순간이었다.

진짜 아들은 가짜 아들의 손을 잡으며 말했다.
"네가 있어서 나를 대신한 덕에 아버지 어머니가 살 수 있었다. 그냥 내 동생이 되어서 함께 살자꾸나."

그렇게 진짜 아들은 가짜 아들과 결의형제를 맺은 뒤 아내와 함께 부모님 잘 모시고 잘 살았다고 한다.

화자인 이홍규는 이 이야기를 자기가 꾸며 본 것이라 했다 하나, 그것은 자기 식으로 각색했다는 말일 뿐 스토리를 새로다 만든 것은 아니다. 거의 같은 내용의 이야기가 다른 곳에서도 채록된 바 있다. 자료에 따른 차이가 약간씩 있어서, 아버지가 아들을 어린 나이에 절로 떠나보냈다고도 하며, 아들이 보고서 못 들어가게 하려고 신발을 갖다 놓았다고도 한다. 아버지가 홀로 있는 며느리를 보호하려고 윗목에서 잠을 잤다고 말하는 자료도 있다. 그리고 이야기 결말이 가짜 아들과 모의자(건달)를 징치하는 것으로 된 경우가 많다. 하지만 이 정도의 차이는 동일 유형의 이야기 안에서 얼마든지 있을 수 있는 것들이다. 그로 인해 이야기의 본질적인 의미 맥락이 달라지지는 않는다.

오해 또는 과오

평화롭던 가정이 깨지는 건 한순간이었다. 아내의 방 앞에 놓여 있던 신발 하나. 그 신발을 보고 아들이 만들어 낸 엉뚱한 상상과 오해가 그 긴 어긋남과 방황의 시간을 낳은 것이었다.

외인을 금하겠다는 생각에서 갖다 놓은 신발 하나가 이런 사단을 낳았다는 것은 꽤나 허망한 일처럼 생각되기도 한다. '그걸 참 제대로 알아보지도 않고 말이야!' 하지만 그냥 잠깐 헛웃음을 짓고 말 일은 아니다. 생각하면 작은 오해가 큰 탈을 낳는 것은 드문 일이 아니다. 작은 오해로 시작해서 평생을 등지고 살다가 끝내 그것을 풀지 못하고 떠나는 경우도 얼마든지 있다. 지금 우리가 엄연한 사실로 여기고 있는 일 가운데도 기실 오해에 해당하는 일이 있는지 모른다.

저 아들은 예기치 않은 상황에 직면한 장면에서 판단이 흔들리고 말았다. 그것이 어떻게 된 일인지 제대로 알아보고 해결책을 찾는 대신 부정적인 판단에 끌려 들어가고 말았다. 자신의 오해를 사실로 단정하고 다른 가능성을 닫아 버렸다. 그리고 그는 자기가 발견한 사실에 부딪치는 대신 그로부터 도망쳐 버렸다. 그것을 감당할 용기가 없었던 것이었다. 혹시라도 누구에게 말이라도 했으면 상황이 달라졌으련만 그것을 제

안에 꽁꽁 묻어 둠으로써 오해는 풀릴 길을 잃어버렸다. 그 결과란 그 자신의 오랜 번민과 방황이었고, 주변 사람들의 혼란과 고통이었다. 저 아들의 모습은 무언가 믿기지 않고 받아들이기 힘든 일이 발생할 때 자기만의 생각에 빠져 그릇된 판단을 내려서는 안 된다는 사실을 일깨워 준다.

하지만 그것은 정말 단순하고 엉뚱한 오해였을까? 단순한 오해가 문제의 진정한 원인이었을까?

이야기에 의하면 그것은 확실한 오해였다. 하지만 중요한 것은 오해를 낳고 있는 배경과 거기 얽힌 의미 맥락이다. 따지고 보면 모든 오해에는 맥락이 있는 터, 저 아들의 오해 또한 예외가 아니다. 저 아들의 일에서 무엇보다 주목할 것은 아버지와 아들 사이의 관계이다. 그 관계에 모종의 문제가 내재하고 있었다는 뜻이다.

저 아버지, 칠대 독자 귀한 아들을 무척이나 사랑했다고 한다. 하지만 이야기 속에 그려진 그는 무척이나 권위적이고 억압적인 면모를 지니고 있다. 그는 결혼한 아들의 생활을 자기 식으로 결정하여 제어한다. 아들을 제 방에 끼고 자면서 아내와 합방하는 것을 통제한다거나 아들을 제 의사와 상관없이 절에 들여보내서 아내와 떼어 놓는 것은 그 단적인 표상이 된다. 저 아버지가 그렇게 행한 명분은 자식이 혹시라도 잘못된 길로 빠지지 않도록 보살핀다는 것이었다. 하지만 실질로 말하자면 저 아버지는 다 큰 자식을 여전히 '어린아이'로서 다루고 있는 중이다. 한 여자의 온전한 남편이 될 길을 막고 있는 중이다.

 아버지 권위에 눌려서 주눅이 든 아들이었다. 그러니 당당하게 부부 생활에 나서지 못하고 몰래 숨어서 아내를 찾아가야 했던 것이었다. 그리고 아내의 방 앞에서 아버지의 신발을 발견했을 때 어찌할 방법을 모른 채로 도망을 치고 만 것이었다. 아버지는 그에게 감히 대적할 수 없는, 그 내막을 들여다볼 마음도 낼 수 없는 크고 무서운 존재였다. 무슨 일이든 할 수 있는 사람. 나 따위는 죽였다 살렸다 할 수 있는 사람. 살기 위해서 할 수 있는 일이란 그저 모른 척하고서 도망해 숨는 것뿐. 그렇게 아들은 아득히 숨어 버렸던 터이니 어찌 보면 그것은 우연이 아닌 필연이었다고 할 수 있다.
 그렇게 속절없이 아들은 떠나고 그 자리는 비워진다. 그리고 어느 날 '가짜'가 그 자리에 들어서게 된다. 사정을 잘 아는 누군가에 의해 의도적으로 훈련받은 가짜 아들. 그 정체는 무엇이었을까? 그냥 단순한 가짜? 우리 이야기가 그렇게 싱겁게 끝날 리 없다.

 가짜와 진짜 사이

 이야기는 건달이 데려온 가짜 아들이 길에서 우연히 만난 '닮은 사람'이었다고 전한다. 이야기는 당연히 그렇게 말한다. 하지만 이야기에 담긴 의미를 해석하는 입장은 그와 다르다.

아마 다들 눈치챘을 것이다. 나는 이렇게 말할 수밖에 없다. 그 가짜 아들이란 진짜 아들과 별개가 아니라고. 그것은 한 사람의 두 모습이라고. 이야기는 이제 서사학에서 심리학으로 넘어간다.

어려서 부모의 사랑과 보호 속에 자란 저 아들. 나이가 들어서 혼인을 하지만, 그 혼인 또한 부모의 기획이었다. 사랑이라는 명목의 권위와 보호라는 이름의 감시 아래에서 저 아들의 자아는 독립적 발달을 이루지 못한 채 억눌려 있고 왜곡되어 있다. 성性으로 표상되는 자신의 욕망을 드러내 펼치지 못한 채 깊은 밤 어둠 속에서 남몰래 그것을 해소하려 하는 그였다. 하지만 거기 역시 아버지가 버티고 있었다. '아버지의 욕망'이 저 있어야 할 자리를 차지하고 있었다. 가슴속의 불안은 분노가 되었다가 아득한 절망이 된다. 그리하여 그 아들은 제 욕망을 단념해 버린다. 숨어 버린다. 트라우마를 안은 채, 자기 속으로. 은폐이고 도피이며 퇴행이다. 그게 저 밤에 일어났던 일이다.

그리하여 그가 선택한 길이 무엇인가 하면 진짜의 자기를 버리고 가짜로 살아가는 일이었다. 제 욕망과 슬픔과 분노를 의식 아래로 깊숙이 묻어 버리고 부모가 원하는 모습으로 살아가는 일이었다. 그런 부모가 있음에 만족하고 감사하면서 부모가 원하는 데 맞춰 살아가는 삶. 물론 그것은 하루아침에 된 일이 아니었으니 그것이 진짜 자기라고 하는 강력한 자기 암시와 의식적인 훈련을 통해 가능한 일이었다. 그렇게 세상을 속이고 자신을 속이니 평화가 찾아왔다. 부모와 주변 사람들의 인정이 따르고 걱정 없는 정상적인 삶이라는 보상이 돌아왔다. 드디어 그가 발견한 '현명한' 생존의 방식이었다. 그렇게 가짜는 슬그머니 진짜가 되었다. 진짜는 완전히 모습은 감춘 채로…….

 그 사람만 없었으면 그대로 안착할 일이었다. 아내 말이다. 아내는 그러한 삶을 인정하지 않았다. 왜냐하면 그것이 명백한 가짜라는 사실을 알았으므로. 제 욕망을 꽁꽁 숨기고 말살한 채 타자의 욕망에 자신을 일치시켜 살아가는 꼭두각시의 삶. 그녀는 그런 가장된 삶에 박자를 맞출 수 없었다. 그리하면 자신 또한 그 그림자로서 가짜의 삶, 타자의 삶을 살게 될 것이므로.

 그리고 그 가짜의 삶은 영원할 수 없는 것이었다. 진실은 언젠가 드러나기 마련. 그것은 세상의 숨겨진 진실을 밝혀내 해결하는 구실을 맡은 사람, 암행어사의 몫이었다. 일종의 치료사라 할 수 있는 그는 아들의 삶이 가짜임을 알아낸다. 그리고 그 앞에 숨겨진 진실을 낱낱이 드러내 보이며 아들로 하여금 가짜의 삶을 버리고 진짜로 돌아오도록 한다. 아들에게 그것은 두렵기 짝이 없는 일이었거니와, 그는 차라리 자신의 참모습을 말살하여 부정하려 한다. 어디인가 하면 목을 매달아 자살하려고 하는 대목이다. 가짜로부터 진짜로 돌아오는 것은 그렇게도 어려웠던 것. 그 옆에 아내라는 각성자가 없었다면, 어사라는 치료자가 없었다면 아예 불가능한 일이었을지 모르니 생각하면 무서운 일이다.

돌아와 대면하기

이제 이야기의 정점이다. 길고도 먼 도피와 기만의 여정을 거쳐 마침내 진짜로 돌아온 그 사람. 그리하여 어떤 일이 벌어졌을까? 엄청난 혼란과 감당 못 할 비극일 것이라 생각하여 도망가려 하고 덜덜 떨었지만, 결과는 반대였다. 모든 일이 한꺼번에 해결되는 것이었다. 얽히고설킨 복잡한 관계가 두루 제 자리로 돌아가는 것이었다. 부모는 부모의 자리로, 아내는 아내의 자리로. 나는 나의 자리로. 그렇게 쉽고도 간단한 길을 옆에 두고서, 그는 그렇게 오랜 세월 자신을 속이면서 죽음과 다름없는 삶을 살았던 것이었다.

현실로 돌아와 보자. 누군가가 마음속에 큰 상처와 짐을 안고 살아갈 때, 많은 사람들이 이렇게 말한다.

"잊어. 잊는 게 상책이야. 다 없는 일로 치고서 새로운 삶을 사는 게 현명한 길이야."

맞다. 그것이 현명한 길일 수 있다. 괜히 숨은 상처를 끄집어내어 아픔과 분란을 자초하는 것보다는 그것을 잊어서 지우는 것이……. 하지만 저 이야기, 그렇지 않다고 말한다. 그래서는 안 된다고 한다. 그건 가짜의 삶이라 한다. 돌아와 대면해야 한다고 한다. 마음속의 상처를 드러내어 감당해야 한다고 한다. 그리하면 결국 문제가 풀리기 마련이라고 한다.

물론 나는 이야기 편이다.

어릴 적 크고 무섭던 나의 아버지. 아버지가 한번 화를 내면 집안에 찬서리가 내렸다. 우리 형제들은 숨어서 숨을 죽였다. 하지만 그 아버지, 약하디약한 존재였다. 외로운 존재였다. 어느 날 발견한 칠순의 아버지는 온순한 아이 같은 존재였다. 늘 연약한 막내를 걱정하고 혼내시던 아버지. 그것은 내가 중심을 잡지 못하기 때문에 그리하신 것이었다. 제 앞가림 못하고 걱정스레 행동하기 때문에 걱정하신 것이었다. 내가 나 있을 자리에서 당당히 움직일 때 억압과 도피는 끝나고 내 삶은 펼쳐지는 것이었다.

덧붙이는 이야기 하나. 가짜의 처리 문제다. 다수 자료는 가짜 아들을 징치하는 것으로 사연을 마무리하는데, 이홍규 화자는 가짜 아들을 진짜 아들과 의형제가 되도록 한다. 어느 쪽이 이치에 더 잘 맞는 것일까? 나로서는 당연히 가짜가 죽어 없어져야 하는 것이라 생각한 터였는데, 더 헤아려 보니 꼭 그렇지만은 않은 것 같기도 하다. 비록 자신을 속인 가짜의 삶이라 하더라도 그 또한 나의 삶이니 손 내밀어 포용한다는 것도 그럴싸한 일이라는 생각이 드는 것이다. 결론은, 어느 쪽이든 의미 맥락을 해치지 않는 가능한 결말이라는 것. 굳이 하나를 택한다면 어느 쪽일지는 각자의 상상에 맡긴다.

덧붙이는 이야기 둘. 진짜를 되찾는 데 결정적인 역할을 한 아내와 암행어사의 정체다. 앞서 그들이 진실을 찾도록 하는 안내자 내지 치료자라는 식으로 설명했었는데, 어쩌면 거기서 해석을 한 걸음 더 내디딜 수 있을지 모르겠다. 무슨 말인가 하면 그들 또한 타자가 아닌 내면의 어떤 요소일 수 있겠다는 것. 양심이나 자각, 의지 같은 것 말이다. 말하자면 가짜의 삶을 살았던 저 아들은 마음 깊은 곳의 목소리에 이끌려 진짜의 삶으로 돌아온 것이라고 하는 해석이다. 과연 여기까지 비약해도 좋을지에 대한 판단 역시 독자들에게 맡긴다.

속이는 자? 부딪치는 자!
막동이와 트릭스터의 존재론

추억의 옛이야기, 꾀쟁이하인

나의 선친은 이야기꾼이셨다. 약주만큼이나 이야기를 좋아하셨는데, 술과 이야기는 어울리는 짝이었다. 술이 얼근한 상태로 이야기를 풀어낼 때면 듣는 사람보다도 당신이 더 흥이 올라 보였다. 어쩌면 술보다 이야기에 더 취하셨던 것인지도 모른다.

선친의 득의의 레퍼토리는 경험담이었다. 강제징용으로 일본에 머물렀던 몇 년 사이에 겪었던 사연을 눈앞에 보이듯 생생하게 풀어내시곤 했다. 대형 기차 사고에서 가까스로 살아난 이야기나 연합군의 융단폭격을 교묘히 피해 다닌 이야기를 들으면서 나는 속으로 혼자 이런 생각을 하곤 했었다. '그때 아버지가 돌아가셨으면 나는 세상에 없는 거네…….'

선친은 소화를 포함한 민담도 곧잘 구연하셨는데, 그중 나의 기억에 가장 생생하게 남아 있는 이야기가 '꾀쟁이하인'

이다. 하인이 제 상전을 이리저리 골려 먹으면서 잇속을 챙기는 이야기이다. 말고삐를 잡은 하인이 깜찍한 사기로 제 상전을 속여 넘기는 사연은, 그리고 마침내 그 딸을 차지하고 상전 식구를 몰살시키는 사연은 나에게는 재미를 넘어서 놀라움 그 자체였다. 그 하인은 수줍음 많고 심약했던 나와 상반되는 존재였다. 나로선 상상도 못 할 놀라운 수완 앞에서 나는 남 몰래 전율했다.

하지만 '꾀쟁이하인'은 오랫동안 나의 기억 깊은 곳에 가라앉아 있었다. 그 기억이 불시에 되살아난 것은 대학 4학년 때의 일이었다. 졸업을 한 학기 앞두고 구비문학을 연구하기로 마음먹은 상황에서 펼쳐 든 자료집이《한국구비문학대계》충남 당진군 편이었다. 고향 쪽 이야기에 먼저 마음이 간 것이었다. 그 책 앞부분에 '김복선 이야기'가 실려 있었다. 낯선 이름이었으나, 이야기는 낯설지 않았다. 그건 바로 어릴 적에 아버지가 들려주던 꾀 많은 하인 이야기였던 것이다. 자료의 글줄을 따라 마음속에 쟁쟁히 되살아나는 부친의 음성을 되새기면서 나는 행복했다.

내가 이 설화를 관심 속에 찾아보게 된 것은 당연한 일이다. 아직《한국구비문학대계》완간 이전이라서 색인을 이용할 수 없었으나, 꾀쟁이하인 이야기는 이상하게 눈에 잘 띄었다. 그는 이름이 참 다양하기도 했다. 정평구, 유월삼, 왕굴장굴대, 애뜩이, 떠걸이, 가걸이, 막동이, 정만서, 방학중 등등. 되짚어 보니 그중 나의 옛 기억 속의 주인공 이름은 '막동이'였다. 이후 나는 이 이름을 꾀쟁이하인의 대표 명칭으로 사용하고 있다(실제 자료에서 '막동이'란 이름이 가장 흔하기도 하다).

나는 꾀쟁이하인 설화를 아기장수 설화와 함께 나의 학부 졸업 논문 고찰 대상으로 삼았다. 그리고 다른 신분 갈등 설화와 함께 다시 석사 학위 논문의 고찰 대상으로 포함시켰다. 그 뒤 한겨레 옛이야기 시리즈의 민담 편을 기획하면서 이 설화를 선정하여 《꾀보 하인 막동이》를 만들어 냈으며, 《세계민담전집》 한국 편을 엮으면서 이 이야기를 공들여 정리하여 수록했다. 선친의 이야기를 이어받은 오롯한 '나의 이야기'로서. 그리고 지금 이렇게 다시 이 설화에 대하여 쓰고 있다.

희극적인, 그러나 심상치 않은

옛날 어느 고을에 재산도 있고 세도깨나 부리는 양반이 살고 있었다. 이 양반이 일이 있어 한양으로 갈 적에 마부로 고른 종이 막동이였다. 한양은 구경도 못 해 본 촌뜨기다. 양반은 길을 떠나면서 슬쩍 한마디 한다.
"이놈아, 한양이 어떤 덴 줄 알아? 눈 뜬 사람 코 베 가는 곳이여, 이놈아. 조심혀!"
"에구, 그런 무서운 곳이 다 있어요!"
지레 질겁한 표정을 짓는 막동이를 내려다보면서, '에헴!' 거드름을 피워 보는 양반. 하지만 좋은 건 딱 여기까지였다. 이제 그를 기다리고 있는 것은 막동이한테 속절없이 당하는 일뿐.
어떤 식인가 하면 이런 식이었다. 상전이 딴전 피는 사이에 도시락 꺼내 먹고서 똥 눠 놓고, 굴 한 사발 사 오랬더니 코가 빠졌다며 휘저어서 제가 다 차지하고, 술이 시지 않나 맛보랬더니 맛난 술은 혼자 먹고 신 술만 갖다 바치고, 밥상 숟가락을 뜨겁게 달궈 놓고서는 상전이 놀라서 부르자 냉큼 밥상 내가서 제가 다 먹고……. 그럭저럭 한양에 다다르자 막동이는 이번에는 상전의 말을 팔아먹는다. 상전이 발견한 것은 얼굴을 가린 채 말고삐를 붙잡고 있는 종이었다.
"이게 뭐하는 짓이야? 말은 어디 갔어?"
"엥, 말이 없어졌어요? 한양은 눈 뜬 사람 코 베 가는 곳이라기에 이렇게 꽁꽁 감싸고 있었더니만……"
막동이한테 계속 당하면서 울화가 치밀 대로 치민 상전. 당장 막동이를 요절내고 싶었으나 그놈의 꾀가 말짱한지라 만만치가 않다. 그때 떠오른 생각.
'옳지! 요 녀석이 글을 모르렷다!'
막동이 웃통을 벗기고는 등짝에다 뭐라고 글을 써 주면서 자기는 일을 보고 갈 테니 먼저 본가로 내려가라고 명하는 것이었다. '내가 막동이 놈 때문에 봉변을 당했으니 이 글을 보는 대로 당장 이놈을 죽여 없애라'는 것.
그렇든 말든 막동이는 천하태평이다. 가는 길에 방아 찧는 여인을 속여서 떡보리를 얻어 내고, 꿀 장수를 속여서 꿀을 얻어 내 꿀떡을 만들어 먹는다. 그리고 길 가는 스님한테 꿀떡을 나눠 주고서 등짝의 편지 내용을 고친다. '내가 막동이 덕을 단단히 보았으니 애가 도착하거든 곧바로 딸이랑 혼인을 시키라'는 것으로.

막동이가 도착해서 등에 쓰인 편지를 보이자 양반네 식구들은 가장의 명을 따라 막동이를 사위로 맞는다. 뒤늦게 돌아와서 그 사실을 발견한 양반이 노발대발한 것은 당연한 일. 그는 막동이를 소쿠리에 가둬 넣고는 깊은 산속 연못 위에 대롱대롱 매달아 놓는다. 밤새 추위에 떨게 한 뒤 물에 빠뜨릴 요량이었으나, 그렇게 당할 막동이가 아니다. 길 가는 애꾸눈 유기 장수를 속여 소쿠리에 대신 들어앉게 하고 내빼 버린다. 그리고 그것이 끝이 아니다. 유기 장수가 대신 죽은 뒤, 양반 집에 나타난 막동이는 연못 속의 용궁이 어찌나 좋은지 모른다고 꼬드겨서 양반집 식구들이 차례로 물에 뛰어들게끔 한다. 그러고는 제 아내를 못 들어가게 붙잡고서 양반집 재산 다 차지해서 잘사는 것이었다.

간단히 추려 본 '꾀쟁이하인'의 내용이다. 말 그대로 '전복의 상상력'을 현시하는 이야기다. 옛 시절의 하인이란 상전한테 감히 고개를 쳐들기조차 어려운 존재였으나, 이 설화에서 그러한 상하 관계는 완전히 뒤집어진다. 상전은 하인한테 속절없이 농락당한다. 하인이 상전을 골려 먹는 수준을 넘어서 그를 패가망신시키고 재산을 다 차지했다는 것은 규범으로 치자면 일종의 체제 전복에 해당하는 일이다.

물론 이는 실제의 일과는 거리가 먼 상상의 상황이다. 희극적으로 과장되고 전도된 상상이다. 상전이 저렇게 하인의 거짓말에 대책 없이 당하는 것은 현실이 아닌 '이야기이기 때문에' 가능한 일이다. 지금 사람들은 화자가 펼쳐 놓는 푸짐한 거짓말의 향연을 맘껏 즐기고 있는 중. 그 거짓말이란 현실의 위계 관계를 깨뜨리고 뒤집는 거짓말이라서 더욱 재미가 있다. 분방한 상상이 펼쳐 내는 유쾌한 해방의 장!

인저 그 장인 장모 부채 하나썩 들구 그러구서는 조옥 가서 인저 채곡채곡 선후배루다가서 장인 스구 장모 스구 큰딸 스구 작은딸 스구 막내딸 섰지.
"장인버텀 먼지 들어가요."
툼벙 들어가닝께 인저 부채 내두를 거 아녀? 물속이 들어갔이닝께?
"장모 싸게 들어오라구 한다"구.
장모 들어가.
큰딸 들어가.
작은딸 들어가.
막내딸…….
"이, 너는 못 들어가. 거기 들어가면 죽넌디여."
그눔 데리꾸 와서…… 살더랴아……. [웃음]
[청중 1 : 그 집 차지허구서?] 응.
[청중 2 : 그짓말두 어지간히 혀.] [일동 웃음]
그짓말 안 들어가구 되나?

[청중 3 : 참말루 무지허게 그짓말이네.]

[청중 4 : 아녀. 그짓말 아녀. 옳은 말여.]

[청중 3 : 그짓말 좀 들어가야 푸짐하다구.]

- 《한국구비문학대계》 4-4, 보령군 대천읍 설화, '꾀 많은 막동이'(임성호 구연)

용궁 구경을 하겠다고 쭉 늘어서서 차례로 물속으로 뛰어드는 가족. 그야말로 넌센스다. 말이 안 돼도 많이 안 되는, 어지간한 정도를 넘는 거짓말이다. 그러니 앞뒤 좌우 헤아리고 말고 할 것이 없다. 저렇게 실컷 깔깔거리며 웃고 지나가면 그만이다.

그런데 한 청중(청중4)은 조금 다른 말을 하고 있다. '그짓말(거짓말)이 아니라 옳은 말'이라는 것이다. '옳은 말'이라니 이건 무슨 뜻일까.

이 청자가 이 설화의 내용을 거짓말이 아닌 참말로 여겼을 가능성은, 곧 그것이 실제로 있었거나 있을 법한 일이라고 받아들였을 가능성은 거의 없다. 그는 '사실'이 아니라 '옳은 말'이라는 표현을 쓰고 있거니와, 그것은 그가 이 설화를 '이치에 닿는 이야기'로 보았음을 암시한다. 이 우스운 이야기 속에 무언가 되새길 만한 의미가 담겨 있다고 보았다는 뜻이다.

과연 그러하다. 희극적 과장과 전도를 특징으로 하지만, 이 이야기는 단지 우습기만 한 것이 아니다. 그 희극적 형상에는 인간과 삶의 이면적 진실이 단면적으로 반영되어 있다. 이를테면 이런 식이다. 이 이야기는 양반과 하인이라는 두 인물을

'길 위에서' 맞대결시키고 있다. 어떤 대결인가 하면 인간 대 인간의 대결. 그 대결에서 양반은 자신이 얼마나 허망한 존재인지를 우스꽝스럽게 노출하며 무기력하게 패배한다. 그 허망한 모습을 보면서 사람들은 양반의 위세라는 것이 실상 거품 같은 것임을 의식 무의식중에 감지하게 된다. '말이야 바른 말이지, 양반 까짓 거 뭐 있어? 일대일로 붙으면 깨갱 하고서 꼬랑지 내릴걸!' 대략 이런 식의 반응이다. 요컨대 이 이야기가 전하는 웃음은 무색무취의 단순한 웃음이 아니라 폭로와 풍자의 요소를 함축한 웃음이다. 사람들의 마음속에 의미의 파장을 남기는 웃음이다. 하나의 '옳은 말'로서.

　이런 맥락에서 보면, 지체 높은 양반과 당당히 맞장을 떠서 그 허세를 깨뜨리고 실체를 폭로하는 막동이는 민중의 대변자 내지 민중적 영웅으로서 속성을 지니고 있다. 희극적 상상 속에서나마 나 자신이 못하는 일을 통쾌하게 대신하고 있으니 그 도발적 행위가 전하는 카타르시스가 작지 않다. 일부 전승자가 꾀쟁이의 활약에 '환호'에 가까운 반응을 보이는 것도 이상한 일이 아니다.

　하지만 나에게 다가온 막동이의 참모습은 '민중의 대변자'와는 조금 다른 것이었다. 그렇게 말하기에는 무언가 부족한 면이 있어 보였다. 그리고 어느 순간 나는 그것이 '부족한 것'이 아니라 그와 질적으로 다른 어떤 것임을 깨달았다. 그렇다. 어쩌면 그는 영웅 이상의 존재일지 모른다!

세상 모두와 맞서다

막동이는 기회가 날 때마다 어김없이 상전을 골려 먹는다. 그리고 그 정도는 더욱 심해져 간다. 마침내 그는 상전과 그 가족을 완전히 패가망신시킨다. 제 아내로 삼은 상전의 딸만 쏙 빼놓고서.

나는 막동이의 이러한 도발에 대해 모종의 합리적 인과관계를 설정해 보려고 시도하기도 했었다. 막동이가 하인으로서 양반한테 무시당하고 핍박당했기 때문에 그에 대한 정당한 앙갚음을 한 것이라는 식의 해석이다. 같이 길을 가는데 상전은 편안히 말을 타고 가고 막동이는 말을 끌고 간다. 길 가는 데 중요한 것이 먹는 일인데 당연히 상전이 우선이다. 그가 먹고 남는 것이 겨우 돌아올까 말까이다. 이런 불리하고 억울한 상황이니 상전을 속여서 제 앞가림을 하는 것도 그리할 만한 일이 아니겠는가 말이다. 막동이가 상전을 골려 먹는 데 그치지 않고 상전을 물에 빠뜨려 죽이는 것도 그렇다. 막동이를 먼저 죽이려 한 것은 상전이었다. 집에 도착하는 대로 죽여 버리라는 명령 말이다. 그뿐 아니다. 상전은 또다시 막동이를 물에 빠뜨려서 죽이려 한다. 아무리 밉다지만 제 사위가 되어 있는데 말이다. 그런즉 막동이가 상전을 패가망신시키는 것은 거기 따른 당연한 보복이 된다. 상황을 따져 보면 상전은 제 꾀에 자기가 넘어간 것이므로 막동이가 그를 죽였다는 식으로 말할 일이 아니기도 하다. 대략 이런 식의 해석이다.

이 설화를 전하는 전승자들도 주인공 막동이의 행위에 대해 정당성을 부여하는 시도를 하곤 한다.

> 인저 상전게다, 그동안 계속 잘 해 봤더니 이용만 해 먹구 자기를 조금이라두 이렇게 풀어 놔 줘야 할 텐데, 풀어 놓지를 않는 다 이 말이지.
> - 〈한국구비문학대계〉 4-1, 당진군 당진읍 설화, '김복선 이야기'(김찬기 구연)

막동이의 저항이란 괜한 것이 아니라 상전의 압제에 대한 대응이었다는 말이다. 어떤 이야기에서는 상전이 막동이의 어머니를 빼앗으려다 막동이의 기지에 의해 실패했다는 삽화를 이야기 첫머리에 넣음으로써 막동이의 저항에 서사적 정당성을 부여하고 있기도 하다. 막동이의 저항에서 합리적 인과관계를 구하던 나에게 한때 큰 힘을 불어넣어 주었던 사례이다.

그렇지만 이런 식의 인과관계 설정은 실제 꾀쟁이하인 설화에서 오히려 예외적인 것에 속한다. 자료 대부분에서 막동이는 특별한 이유 없이 상전을 속여 먹는다. 사실을 말하자면 위와 같이 짐짓 인과관계를 설정하려는 시도조차 상전을 속여 먹는 막동이의 행위가 합리적으로 이해하기 어려운 측면이 있음을 역으로 보여 주는 것이라 할 수 있다.

막동이의 '속여 먹는 행위'의 본질은 상전이 아닌 다른 사람과의 관계 속에서 뚜렷이 드러난다. 이야기에서 막동이가 속여 먹는 대상은 자기 상전에 한정되지 않는다. 그와 아무런 이

해관계가 없는 사람들, 대개는 평범한 양민들인 또 다른 사람들이 막동이의 '사기'에 걸려들어 한바탕 곤욕을 치른다. 막동이를 어떻게든 '민중의 대변자'로 보고자 하는 시도가 배반당하는 지점이다.

상황은 이렇다. 막동이가 가는 길에 보니까 한 여인이 아기를 데리고서 혼자 디딜방아를 찧고 있다. 이쪽에서 방아를 누르고는 저쪽에 가서 떡을 뒤집고 하려니 여간 힘든 게 아니다. 게다가 아기까지 딸려 있으니……. 그때 막동이가 다가가서 말한다. "애고 힘들겠네요. 내가 떡을 뒤집어 줄 테니 방아를 누르시우." 얼마나 고마운지 모른다. 이름이 뭐냐고 하니 '가걸이'라 한다. 그렇게 막 방아를 찧어서 떡살이 맛있게 만들어진 순간, 막동이는 방아의 확에 얼른 아기를 집어넣고는 떡을 들고서 내뺀다. 방아를 놓으면 방앗공이에 아기가 다칠 상황. 여인은 발을 꾹 누르고 있는 채로 막동이를 부른다. "이놈, 가걸아! 가걸아!" "아 예, 갑니다!"

이 상황을 두고 '힘없는 양민을 교활하게 속여 먹는 저질 사기꾼' 같은 식으로까지 말할 일은 아닐 것이다. 방아에다 아기를 집어넣는다니 상상하면 잔인한 일이지만, 이는 그보다 막동이의 교묘한 꾀를 희극적으로 보여 주는 상황에 가깝다. "가거라!" "예, 갑니다!" 이런 대화는 절박하다기보다는 우스꽝스럽다. 하지만, 그렇더라도 무언가 꺼림칙한 것은 사실이다. 왜 하필 방아 찧는 여인이란 말인가. 그는 자기보다 약자가 아닌가 말이다.

그러한 상황의 연속이다. 꿀 장수한테 꿀을 사겠다면서 떡에 꿀을 받았다가 안 사겠다고 돌려주면서 꿀을 떼먹는 행각이 이어진다. 명백한 사기이지만, 이것까지도 대충 애교로 봐줄 수 있겠다. 근데 그뿐만이 아니다. 어떤 이야기에서는 꿀떡을 나눠 먹고 등짝의 글을 고쳐 준 스님한테 꿀떡이 비법을 가르쳐 준다며 부처를 삶아서 먹게 한다. 제 목숨을 살려 준 은인한테까지 이렇게 하다니 이건 좀 심하다 싶다. 무엇보다도 문제가 되는 건 유기 장수의 일이다. 다른 일은 그냥 지나가는 일이라 쳐도, 여기에는 사람의 목숨이 달려 있다. 몸도 성치 않은 불쌍한 양민을 교묘히 속여서 죽음의 구렁텅이로 몰아넣다니, 이건 돌이킬 수도 없는 만행이다. 그래 놓고는 일말의 죄의식도 없이 다시 나타나서는 그 죽음을 이용해 상전의 식구를 죽이고 제 잇속을 다 차지하다니!

말이 좋아서 저항의 화신이고 민중의 영웅이지, 그 행각을 하나하나 되짚어 보자면 막동이는 영락없이 교활한 사기꾼이다. 제 잇속을 채우기 위해서는 어떤 일이라도 서슴없이 행하는 사회악적 존재. 그것이 '꾀보'나 '영웅'의 이름 안에 도사리고 있는 또 다른 모습이다. "이거, 아주 못된 놈이잖아!"

민중의 영웅과 교활한 사기꾼. 어느 것이 막동이의 참모습일까. 이에 대한 나의 생각은 그 둘 모두 막동이의 모습일 수 있지만, 어느 쪽도 그의 진정한 모습은 아니라는 것이다. 그는 단순한 영웅이 아닌 것처럼 단순한 사기꾼도 아니다. 그는 어떤 사람인가 하면 바로 '트릭스터$_{trickster}$'이다. 사이비가 아닌 진짜 트릭스터! 세상 누구와도 거침없이 맞서서 이겨 내는. 제한 몸으로 온 세상에 정면으로 맞서는.

트릭스터, 그 반역의 힘

사전에 의하면 트릭스터trickster는 "도덕과 관습을 무시하고 사회 질서를 어지럽히는 신화 속의 인물이나 동물 따위를 이르는 말"이라 한다. 우리 말로는 궤술사詭術士라고 번역하기도 한다. 얼핏 '사기꾼'에 가까운 설명이다. 하지만 트릭스터는 당연히 그 이상이다.

트릭스터의 서사적 위상을 이해하는 데는 그림Grimm 민담집을 한번 훑어보는 것으로 족하다. 그림 민담은 수많은 트릭스터들의 경연장이라 할 만하다. 홀로 길을 나서서 좌충우돌하면서 갖은 문제들을 거리낌 없이 해결하면서 쭉쭉 나아가는 존재들. 다소 과장하면 그림 민담은 트릭스터에 대한 송가라 해도 지나치지 않을 정도이다. 마치 이렇게 말하는 듯하다. "보았지? 이것이 인간이고, 이것이 인생이야!"

내가 그림책으로 '장화 신은 고양이'를 본 것이 몇 살 때인지 잘 기억이 나지 않는다. 열 살 이전이었던 것 같기도 하다. 그 이야기를 보았을 때의 충격은 상당한 것이었다. 장화 신은 고양이는 나에게 이전에 보았던 어떤 주인공보다도 강력한 캐릭터였다. 그가 마법사의 성으로 나아가면서 무모할 정도의 대담함으로 사람들을 온통 속여서 마침내 보란 듯 성을 차지하는 모습은 놀라움 그 자체였다. 나는 나도 모르게 전율하고 말았다. 어떻게 저리 완전토록 자신만만할 수가 있는지! 어떻게 저리 철저히 행동적일 수 있는지!

막동이가 장화 신은 고양이와 겹쳐진 것이 어느 무렵인지 잘 모르겠다. 어느 날 두 인물이 딱 겹쳐지면서 비로소 나는 막동이의 동선이 지니는 의미 맥락을 가늠할 수 있었다. 제 상전만이 아니라 양민을 비롯한 다른 사람들과 맞서서 그들을 농락하는 것, 그것이 막동이의 막동이다운 부분이었다. 거기에 이 서사의 묘미가 있는 것이었다. 그는 어떤 '특정한 인물'과 맞서고 있는 것이 아니었다. 그는 홀로 세상 전체와 맞서고 있는 중이었다. "어느 누구라도 좋다. 어떤 상황이라도 좋다. 나의 길을 막을 수 있는 것은 아무것도 없다."

요컨대 막동이는 윤리론이 아닌 존재론 차원의 인물이라는 것이 나의 결론이다. 어떤 존재론인가 하면 철저히 자기중심적인 존재론이다. 나의 모든 것은 내 스스로 책임질 수 있다는 것. 누구라도, 어떤 상황이라도 다 상대하여 넘어뜨릴 수 있다는 것. 그는 그 앞에 걸리는 것을 그렇게 툭툭 쳐 내면서 앞으로 나아가서 자신을 세상의 주인공으로 만든다. 상전의 딸과 재산을 차지했다는 건 작은 삽화일 뿐. 그런 그를 두고서 민중의 영웅입네 교활한 사기꾼입네 하는 건 다 우스운 일이 된다. 그는 이 세상의 한 존재자일 뿐이다. 자기 식으로 자기 삶을 실현하는 그것은 반역反逆이었다. 어떤 반역인가 하면, 존재 자체에 대한 반역. 존재의 미미함을 부정하고 스스로가 오롯한 세상의 주인임을 현시하는. 스스로를 우주의 중심으로 세우는. 그 도저한 반역의 몸짓이 발산하는 거역 못 할 힘에 놀라서 나는 남몰래 전율했던 것이었다.

솔직히 말하자면 나 자신은 트릭스터가 현시하는 형태의 삶의 방식을 받아들이기를 꺼리는 쪽이다. 나를 움직이는 것은, 또는 그러하다고 믿고 싶은 것은, 약육강식의 존재론보다는 상부상조의 윤리론이다. 나의 욕망을 위해 타인을 괴롭히는 식의 행동 방식은 나의 '양심상' 용납하기가 쉽지 않다. 서로 손잡고 평화롭게 나아갈 방법이 있으리라 여긴다. 그러나 나는 그러한 윤리론이 한편으로 얼마나 공허한 것인지를 실감한다. 겉으로 친절하되 속으로 냉정한 일이, 겉으로는 협조하되 속으로 공격하는 일이 그 얼마인지 모른다. 제 힘으로 감당하기를 그치고 슬그머니 타인의 힘을 업고서 문제를 풀어 나가는 일은 또 얼마나 많은지 모른다. 저 진솔한 반역과 투쟁의 존재론에 비하면, 빛살 좋은 순종과 평화의 윤리론이란 어찌나 취약한 것인지.

돌이켜 보면 내가 지향해 온 것은 '수완의 삶'에 대한 '품위의 삶'이었다. 적절히 사색적이고 낭만적인 품위의 삶. 이것이 더 그럴듯하지 않은가 말이다. 하지만 세상을 움직이는 것은 품위보다는 수완이다. 세상의 수많은 문제는 나서서 부딪치는 이가 있기에 풀리는 것이다. 그 수완에 의지하여 삶을 누리면서 은근히 그것을 격하하는 모순. 그것이 나의 숨은 진실이었다. 그런 나에게 막동이는 입이 아닌 몸으로 말하는 것이었다. '웃기지 말라 그래. 제 앞가림도 못하는 녀석!' 그 거침없는 수완의 화신이 보내는 눈길 앞에서 나는 벌거벗은 채로 무방비 상태가 된다. 내가 짐짓 부정해 온 저편이 진짜임을 느낄 때의 그 당혹감!

나는 끝내 막동이와 같은 존재가 되기 어려울 것임을 안다. 십중팔구 나는 계속 이편에 서 있게 될 것이다. 사색과 품위의 편에서 트릭스터와는 다른 형태의 존재론을 추구해 나가게 될 것이다. 하지만 어느 길을 택하든 트릭스터의 존재론은 여전히 막중하다. 그것은 혹은 나를 비춰 주는 빛으로서, 혹은 넘어야 할 산으로서 내 삶의 동력이 되어 줄 것이다. 작은 바람에도 흔들리곤 하는 나에게 그 산은 지금 높아만 보인다.

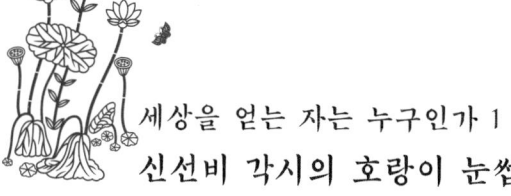

세상을 얻는 자는 누구인가 1
신선비 각시의 호랑이 눈썹

호랑이 눈썹

옛이야기는 발랄한 상상과 빛나는 상징의 보물 창고다. 쏟고 또 쏟아도 한없이 내용물이 흘러나온다는 꿈의 그릇 화수분. 입에 문 채로 하늘을 보면 천문天文을 깨우치고 땅을 보면 지리地理를 깨우친다는 신비의 여우구슬. 이런 놀라운 상징물들은 서사에 반짝반짝 생기를 불어넣으면서 듣는 이를 가없는 상상의 세계로 이끌어 간다.

민담의 여러 상징물 가운데 나를 깜빡 매료시킨 것이 하나 있다. 휘황한 보물이나 마법의 지팡이 같은 것하고는 사뭇 색깔이 달라서 이채로웠던 그것은 바로 '호랑이 눈썹'이다.

옛날에 부모 없이 남의집살이를 하는 청년이 있었다. 청년이 어찌나 착실한지 주인집에서 그를 자기 집 외동딸과 혼인시키고 살림을 나누어 살게 해 주었다. 아내를 얻은 청년은 그 뒤 전보다 더 열심히 일했다. 그런데 어찌 된 일인지 하는 일마다 되는 것이 없었다. 자식도 안 생기고 재산이 자꾸 줄어 빈털터리가 되었다.

일마다 꽉 막혀 버린 청년은 살기가 싫어져서 호랑이 밥이나 되자고 깊은 산골짝으로 들어갔다. 헤매던 끝에 하얀 범을 발견한 청년이 소리쳤다. "나는 뭐 하나 되는 게 없는 사람이니 날 후딱 잡아먹어라!" 그러자 호랑이가 홀연 백발노인으로 변하더니 눈썹 하나를 뽑아 주면서 말했다. "이걸 가지고 가서 눈에 대고 사람들을 살펴봐라."

마을로 내려온 청년이 호랑이 눈썹을 눈에 대고 사람들을 살펴보니 모양이 제각각이었다. 사람으로 보이는 사람도 있지만 이런저런 동물로 보이는 사람들도 많았다. 자기를 내려다보니 사람이었다. 그런데 집에 와서 살펴본 자기 아내는 사람이 아니라 암탉이었다. '아하, 이래서 우리가 살 수 없는 게로구나!'

청년이 답답한 마음에 집을 나서서 보니 맞은편에 옹기장수 부부가 오는 것이 보였다. 호랑이 눈썹을 대고서 보니 여자는 사람인데 남자는 장닭이었다. 청년이 옹기장수를 불러서 사는 게 어떠냐고 물으니 옹기장수가 기다렸다는 듯이 답했다. "말도 마오. 뭐가 씌었는지 되는 일이 하나도 없수다."

청년은 옹기장수한테 자기도 마찬가지 형편인데 그게 다 인연이 엇갈린 탓이라며 서로 짝을 바꿔서 살아 보자고 제안했다. 일이 되려고 그랬는지 양쪽 부부가 모두 그 제안을 선뜻 받아들였다. 옹기장수가 그 집에 눌러앉고, 청년은 옹기 짐을 짊어지고 길을 나섰다.

그 후로 그 사람은 하는 일마다 술술 풀리기 시작했다. 몇 년이 지나지 않아 큰 부자가 되고 자식도 낳았다. 그는 문득 궁금한 마음이 들어 전에 살던 집에 찾아가 보았다. 가 보니 그 사람도 자식을 낳고 부자 되어 잘살고 있는 것이었다. 그렇게 그들은 짝을 바꾼 뒤로 오래오래 편안하게 잘 살았다고 한다.

이 이야기를 처음 만났을 때, 우선 좀 놀라지 않을 수 없었다. 옛이야기에 파격이 많다지만 '부부 바꾸기'라니! 이거 일종의 '스와핑' 아닌가 말이다. 그런 불온한 일을 했다면 벌을 받아야 할 텐데 짝을 바꾸어서 양쪽 다 잘살게 됐다고 하니 그 또한 통념을 깨는 설정이었다. 모름지기 옛사람들도 지금의 짝이 아닌 더 좋은 짝에 대한 욕망을 마음에 품고 있었던가 보다. 하기야, 어찌 아니 그럴까. 그 배필이란 십중팔구 자기가 직접 고르거나 연애를 해서 만난 짝이 아니라 누군가가 짝지어 준 사이였을 테니 말이다. 어쩌면 저들은 부부 바꾸기를 통해 '주어진 결혼'에서 '자유 결혼'으로 나아가고 있는 것인지도 모른다.

하지만 지금 화두는 '인연'이 아니라 '호랑이 눈썹'이다. 눈에 대고 보면 사람이 다르게 보인다는 눈썹 말이다. 이야기에 의하면 그 눈썹이 사람의 전생 모습을 보여 주는 것이라고 한다. 위의 네 사람은 엇갈렸던 전생 인연을 바로잡아 사람은 사람끼리, 닭은 닭끼리 맺어짐으로써 행복한 삶을 활짝 피워 냈다고 한다. '호랑이 눈썹'만 있으면 전생의 인연을 찾을 수 있게 되는 셈이니 그거 아주 기막힌 일이 된다.

이야기에서 한 가지 재미있는 사실은 호랑이가 주인공을 잡아먹지 않은 이유다. 호랑이는 전생에 동물이었던 사람만 잡아먹는 터라서 저 사람을 그냥 살려 보낸 것이라 한다. 저 호랑이는 저 사람에 앞서 이미 사람들의 전생의 모습을 보고 있던 것이었다. 그한테 저 주인공은 사람이었다. 호랑이는 어떻게 그런 능력을 가지고 있었을까 하면, 그 이유는 바로 그가 '호랑이의 눈'을 가지고 있었기 때문이다. 한밤중에도 시퍼런 빛을 뿜는 눈. 바라보기만 해도 오줌을 지리게 된다는 무시무시한 눈. 그것이 호랑이 눈이다. 그 눈으로 호랑이는 사람들이 못 보는 속 모습을 꿰뚫어 보고 있는 것이다.

이제 '호랑이 눈썹'을 눈에 대고 대상을 본다는 일이 상징하는 바를 이해했으리라. 그것은 '호랑이의 눈'으로 세상을 본다는 뜻이다. 현재의 모습이 아닌 과거의 모습, 표피적 면모가 아닌 본질적 면모를. 그렇다. '전생을 본다'는 것은 '이면적 본질'을 본다는 것을 뜻한다. 저 지난날부터 이어져 와서 그 사람의 본바탕이 된 그 무엇을. '호랑이 눈썹'을 가진다는 것은 대상의 본질적 속성을 꿰뚫어 보게 된다는 것이니 꽤나 크고 유용한 능력이 된다. 저 주인공은 모든 것을 내던지고 죽음과 대면한 순간에 섬광 같은 깨침과 함께 그 능력을 얻었으니 그가 새로 나아가는 길, 뻥 뚫리지 않을 리 없다.

"구렁덩덩신선비 님을 낳으셨네요."

여기 호랑이 눈썹을 가진 또 다른 주인공이 있다. 누군가 하면 유명한 '구렁덩덩신선비(뱀신랑)' 설화에 나오는 장자의 셋째 딸이다. 구렁이를 남편으로 선택했던 여인. 어느 각편에선가 그 여인이 산속에 들어가 '호랑이 눈썹'을 뽑아 왔다는 대목을 보면서 나는 무릎을 치지 않을 수 없었다. "아아 참, 이야기란 게 진짜 이렇다니까!"

그 뒤《세계민담전집》한국 편 황금가지, 2003을 맡아 원고를 쓰면서 나는 '구렁덩덩신선비'를 나름대로 공들여 정리했거니와, 그 이야기 속에는 당연히 호랑이 눈썹 화소가 포함되었다. 지면상, 내용을 요약해서 보인다.

옛날 어느 마을에 혼자서 가난하게 사는 노파가 있었다. 노파는 이웃 장자네 집에 가서 베를 짜고 밭을 매서 얻어먹고 살았다. 어느 날 노파는 풀숲에서 이상한 알을 주워다 먹었는데 그 뒤로 자꾸 배가 불러 오기 시작했다. 열 달 만에 아기가 태어났는데 태어난 건 사람이 아닌 구렁이였다. 노파는 구렁이를 뒤주에 집어넣고서 삿갓을 덮어 놓았다.
할머니가 아이를 낳았다는 소문을 듣고서 장자네 세 자매가 차례로 할머니를 찾아왔다. 큰딸과 둘째 딸은 뒤주 속의 구렁이를 보고서 징그럽다며 낯을 찡그리고 돌아갔다. 그런데 막내딸은 구렁이를 보자 환한 미소를 짓는 것이었다. "어머, 구렁덩덩신선비 님을 낳으셨네요!"
막내딸이 돌아가자 구렁이가 그 처녀한테 장가를 가겠노라고 했다. 노파가 머뭇거리자 구렁이는 한 손에 칼 들고 한 손에 불 들고 어머니 배 속으로 다시 들어가겠다고 했다. 할 수 없이 장자한테로 가서 아들의 뜻을 전하자 장자는 세 딸을 불러서 노파의 아들한테 시집을 가겠느냐고 물었다. 위의 두 딸은 손사래를 쳤지만 막내딸은 선뜻 시집을 가겠노라고 했다. "그럼요. 구렁덩덩신선비 님이신걸요!" 장자는 말없이 고개를 끄덕였다.
막내딸의 혼사가 치러지는 날, 구렁이는 바지랑대를 타고 담에 올라 빨랫줄을 타고서 초례청에 이르렀다. 혼례를 마친 첫날밤, 잿물에 목욕을 한 구렁이는 허물을 벗고서 사람이 되었다. 신선처럼 빛나는 멋진 선비였다. 신선비는 아내에게 허물을 건네주면서 꼭꼭 잘 간직하라고 했다. 그 허물이 없어지면 자기가 돌아올 수 없다고 했다.
동생이 신선 같은 신랑을 얻자, 두 언니는 동생을 질투하기 시작했다. 신선비가 길을 떠나고 없는 즈음에 두 언니는 동생을 속여 뱀 허물을 훔쳐다가 아궁이에 넣어서 태워 버렸다. 집으로 돌아오던 신선비는 허물이 타는 냄새를 맡고서 오던 길을 돌아서서 멀리멀리 떠나가고 말았다.
남편을 잃은 막내딸은 중의 옷차림을 하고서 남편을 찾아 길을 나섰다. 농부 대신 논을 갈아 주고서 길을 묻고, 까치한테 벌레를 잡아 주고 길을 묻고, 할머니의 빨래를 대신 해 주고서 길을 물었다. 할머니가 알려 준 대로 물에 복주께를 띄우고 그 위에 올라선 막내딸은 홀연 낯선 세상에 이르렀다. 각시는 새 쫓는 아이한테 길을 물어 구렁덩덩신선비 집을 찾아내 숨어들었다. 밤이 깊자 구렁덩덩신선비가 마당으로 나와서 달을 보면서, "달은 저리 밝은데 옛 각시는 어디서 무얼 하고 있을까?" 그러자 각시가 쏙 나서면서, "신선비 님 옛 각시 여기 있다오."
반가운 상봉이었으나 한 가지 문제가 있었다. 신선비가 다음 날 새 각시를 얻기로 돼 있는 것이었다. 신선비는 두 사람이 시합을 해서 이기는 사람을 자기 각시로 인정하겠다고 했다. 시합은 모두 세 가지. 첫 번째 시합은 우물에서 물을 길어 오는 시합이었다. 새 각시는 가벼운 꽃동이에 꽃신발을 신었고 헌 각시는 무거운 가래동이에 나막신을 신었으나 헌 각시가 이겼다. 다음은 수수께끼 시합. 새 중에 제일 큰 새가 무엇이며, 고개 중에 제일 넘기 어려운 고개가 무엇이냐고 했다. 답은 '먹새'와 '보릿고개'. 헌 각시가 맞춰서 이겼다. 세 번째 시합은 호랑이 눈썹을 구해서 망건 관자를 만드는 시합이었다. 새 각시는 고양이 눈썹을 빼 왔으나 헌 각시는 나막신을 신고 깊은 산속으로 들어가 호랑이 눈썹을 구했다. 허름한 오두막에 사는 호호백발 할머니가 호랑이 삼형제의 눈썹을 뽑아서 각시에게 주었다. 각시가 호랑이 눈썹으로 만든 망건 관자를 전해 주자 신선비가 선언했다. "이 각시가 나의 진짜 각시요!"
그 후 장자의 막내딸은 신선 같은 남편과 함께 자식 많이 낳고서 오래오래 행복하게 잘 살았다고 한다.

수많은 자료들이 채록되었지만, 이야기 결말에 예외는 거의 없다. 장자의 막내딸은 신선 같은 남편과 함께 오래오래 행복하게 잘 살았다고 한다. 과연 그럴 만하다. 그녀는 세상을 얻을 만한 자격이 있다!

이야기의 순차 구조와 대립 구조

설화는 스토리를 통해 재미와 의미를 실현하는 문학이다. 설화의 스토리는 일정한 구조를 갖추고 있음으로 해서 사람들 마음에 쉽게 각인되고 오래 살아남는다. 그 구조는 일반적으로 순차 구조와 대립 구조의 복합으로 설명된다. 순차 구조는 이야기 진행 순서에 따른 서사 요소들의 계기적 짜임새, 예컨대 '결핍→결핍의 해소', '금기→위반→위반의 결과' 같은 요소의 유기적 연관 관계를 말한다. 대립 구조는 서사적 순서와 상관없이 이야기 바탕에 깔려 있는 대립 요소들, 예컨대 '생:사', '선:악', '성:속', '남:녀', '귀:천' 등이 형성하는 상관 관계를 일컫는다. 설화의 구조와 의미는 이야기 바탕에 놓인 대립적 요소가 순차적 구조와 어떻게 맞물리는가를 살핌으로써 분석해 낼 수 있다.

'구렁덩덩신선비' 이야기는 주요 서사 요소를 중심으로 하여 다음과 같이 요약할 수 있다.

A. 세 자매가 짝 없이 처녀로 살고 있었다.

B. 이웃집 할머니가 구렁이 아들을 낳았다.

C. 두 언니가 징그럽다고 피했으나 막내딸이 신선비라고 칭찬했다.

D. 막내딸은 구렁이에게 시집을 갔다.

E. 구렁이가 목욕을 하고서 훌륭한 신랑으로 변신했다.

F. 신선비가 각시에게 뱀 허물을 잘 간직하라고 했다.

G. 동생을 시기한 언니들이 몰래 뱀 허물을 태웠다.

H. 신선비가 집을 떠나 돌아오지 않았다.

I. 각시가 길을 떠나 고생 끝에 신선비 집을 찾아갔다.

J. 각시는 신선비가 제시한 시험을 통과했다.

K. 각시는 신선비와 다시 결합하여 행복하게 살았다.

이야기 주인공인 막내딸에 초점을 맞출 때, 이 설화의 순차적 구조는 어렵지 않게 파악할 수 있다. 짝이 없이 사는 '결핍'의 상황(A)으로부터 해결의 실마리를 찾아(B~C) 결혼에 성공함으로써 '결핍의 해소'가 이루어지는 것(D~E)이 하나의 흐름(시퀀스; sequence)을 이룬다. 이어서 금기(F)를 위반(G)한 결과로 시련에 처했다가(H) 그 결과로부터 도피를 시도(I~J)하여 결핍의 완전한 해소(K)에 이르는 흐름을 통해 전체 순차 구조가 완결된다. 그 흐름을 요약하면 다음과 같다.

시퀀스 1 : 결핍 - 해결의 시도 - 결핍의 해소(임시)
⇓
시퀀스 2 : 금기 - 위반 - 위반의 결과 - 해결의 시도 - 결핍의 해소(완전)

문제의 1차적 해결을 이루었다가 위기와 시련을 거쳐 완전한 해결로 나아가는 서사 구조는 사람과 사람의 결연의 과정을 전형적으로 반영한다. 사람들 사이의 만남이란 단번에 완전한 것이 되기는 어려우며, 결정적인 고비를 맞게 마련이다. 그 시험을 감당할 수 있는 능력이 확인될 때 비로소 그 만남은 완전한 것이 될 수 있다. 위 설화에서 금기가 위반되어 신선비가 떠나고 각시가 시련을 겪는 과정이 곧 그 시험의 과정에 해당한다. 그것은 부부간의 신뢰를 확인하면서 영원한 짝으로서 자격을 확인하는 과정이 된다. 막내딸은 제 힘으로 문제를 거뜬히 해결하여 그 자격을 확인받음으로써 '오래도록 행복하게' 살 수 있었다.

무엇 하나 빼거나 더할 것이 없을 정도로 완전한 서사 구조다. 시작에서 결말에 이르는 일련의 과정이 긴밀하고 정연하게 짜여 있다. 그러한 짜임새 속에 이야기의 주제적인 의미가 실현된다. 좋은 짝과 결연을 이루어 삶의 행복을 성취하고자 하는 소망이 곧 그것이다. 조금 확대하여 말하면, 이 설화의 서사 구조는 타자와 관계 맺음을 통해 삶의 격상과 존재의 실현을 이루어 내는 삶의 과정을 대변하고 있다고 할 수 있다.

잘 살펴보면 이 설화의 순차적 짜임새는 꽤 낯익은 것임을 알게 될 것이다. '선녀와 나무꾼'이나 '우렁각시' 같은 설화가 이와 흡사한 서사 구조를 갖추고 있다. 그 설화의 주인공들 역시 짝이 없던 결핍의 상태에서 이상적 배필을 만나 결연을 이루었다가 금기의 위반으로 시련을 겪는다. 그리고, 민담의 서사를 전형적으로 따르는 해피엔딩의 각편들에서, 주인공은 잃어버린 배필을 찾아 나선 뒤 시험을 거쳐 짝을 되찾음으로써 영원한 행복을 이룬다. 한국의 대표적인 남녀 결연담들에서 이와 같이 비슷한 서사 구조가 반복된다는 사실은 그 구조가 원형적이고 보편적인 것임을 확인시켜 준다.

하지만 이 설화들이 전체적으로 동일한 이야기 구조를 가진 것인가 하면 그렇지는 않다. 순차 구조는 흡사하지만 이야기 바탕에 놓인 대립 구조에는 차이가 있다. 가까운 예로 '구렁덩덩신선비'는 '선녀와 나무꾼' 등에 대하여 '남:녀'의 위치가 바뀌어 있다. 천상의 배필을 얻었다가 꿈결처럼 잃고서 길을 떠나 배필을 되찾는 주체가 남자가 아닌 여자다. 이렇게 관계가 달라지니 서사의 양상도 달라진다. '선녀와 나무꾼' 등과 달리 주인공이 배필을 잃고서 좌절하는 결말이 거의 없다. 그것은 일종의 현실 반영이라 할 수 있는 바, 여성의 문제 해결 능력이 남성보다 탁월하다는 사실을 서사적으로 반영한 것이라 할 수 있다.

잘 살펴보면 '구렁덩덩신선비'에는 서사의 바탕에 다양한 대립항이 놓여 있음을 볼 수 있다. 대립 구조를 이루는 요소들이다. 눈에 띄는 대로 나열해 보면 다음과 같다.

- 가난과 부유貧富

  '할머니 - 신선비'는 가난하고 '장자 - 세 자매'는 부유하다.

- 인간과 동물人物

  동물의 모습을 한 신선비와 여타 사람들이 서로 구별된다.

- 남자와 여자男女

  신선비라는 남자와 세 자매 사이의 관계가 서사의 축을 이룬다.

- 표면과 이면表裏

  신선비는 겉모습과 이면의 속성이 서로 다른 존재이다.

- 신성과 세속聖俗

  신선비는 초월적 존재이고 다른 사람들은 일상적 존재이다.

- 귀함과 천함貴賤

  신성의 존재인 신선비는 다른 이들과 달리 '귀한 자'이다.

- 지혜와 무지智慧

  막내딸은 신선비의 본모습을 알았으나 두 언니는 알지 못했다.

- 착함과 악함善惡

  막내딸을 시기하여 방해하는 두 언니의 행위는 '악惡'에 해당한다.

- 현계와 이계異界

  막내딸이 신선비를 만나는 장소는 현계가 아닌 이계의 속성을 지닌다.

- 헌것과 새것新舊

  신선비를 놓고 경쟁하는 헌 각시와 새 각시가 신구 대립을 이룬다.

- 진짜와 가짜眞假

  고양이 눈썹은 가짜이며 호랑이 눈썹은 진짜이다.

- 행복과 불행禍福

  막내딸은 성공과 실패, 행복과 불행 사이의 갈림길에서 움직인다.

이와 같은 여러 요소들 가운데 어디에 주안점을 두는가에 따라 설화의 의미를 읽어 내는 방향이 달라진다. 거기 따로 정해진 답이 있는 것은 아니며 다양한 해석의 방향이 열려 있다. 그러한 개방성은 설화 해석을 즐거운 일로 만들어 준다.

 예를 들어 보자. 우리는 이 설화의 구조와 의미를 빈부와 남녀, 귀천과 같은 사회적 요소에 초점을 맞추어 해석해 볼 수 있다. 구렁덩덩신선비는 '가난한 자 - 귀한 자'이고, '남자 - 귀한 자'이기도 하다. '가난한 자 - 귀한 자'의 연결은 그 자체로 사회 통념을 깨는 설정이 된다. 사회적 부와 인간적 고귀함이 서로 합치하지 않음을 단적으로 보여 주는 것이다. 이와 달리 '남자 - 귀한 자'의 연결은 사회 현실을 반영하는 요소로 해석될 수 있다. 이야기에서 신선비는 허물을 벗고 남편으로 자리 잡는 순간 '무조건 따르고 받들어야 할 대상'이 되는 면이 있다. 일방적으로 아내에게 금기를 전하고, 훌쩍 집을 떠나 사라지며, 새 각시를 구하여 아내를 시련에 빠뜨린다. 그 모든 상황을 신선비의 아내가 혼자 감당하여 해결해 내고 있거니와, 이는 현실 사회 속 부부 관계의 양상을 함축적으로 반영한 설정이라 할 만하다. 민담은 즐거운 상상의 이야기이지만 이렇게 은연중 사회적 권력관계를 투영하여 구조화하곤 한다.

 하지만 나는 이 설화의 핵심 의미를 더욱 일반적이고 보편적인 지점에서 찾고 싶다는 생각을 가지고 있다. 이 설화에서 나의 마음을 잡아끄는 요소들은 '표면과 이면', '지혜와 무지', '진짜와 가짜' 같은 것들이다. 그 요소들이 맺고 있는 대립적 관계 속에 모종의 '삶의 철학'이 담겨 있다고 믿고 있다. 어떤 철학일까? 이제 다시 '호랑이 눈썹'과 만나러 갈 시간이다.

가치를 알아본다는 것

'미녀와 야수'라는 만화영화가 있었다. 유럽 지역에서 오래 전부터 전해 내려온 옛이야기를 각색한 작품이다. 이야기 속에서 미녀는 처음에 야수를 보고 공포에 떨며 그로부터 도망 하려 한다. 하지만 어느 순간 미녀는 야수의 추악한 모습 이면에 깊은 미덕이 깃들어 있음을 발견하고 그에게 따뜻이 손을 내민다. 그리고 야수는 훌륭한 왕자로 되돌아와 미녀의 손을 잡는다.

다음은 전설적인 인기 드라마였던 '서울의 달'의 한 장면. 한 건달(홍식;한석규)을 좋아하던 처녀(영숙;채시라)가 TV에서 만화영화 '미녀와 야수'를 눈물 줄줄 흘리면서 보고 나서 말한다. "남들은 그(홍식)를 다 야수라 하지만, 나한테는 그 사람이 왕자야." 구체적인 대사를 정확하게 기억하지는 못하지만, 이 대목은 나에게 가장 인상적인 장면으로 남아 있다.

구렁덩덩신선비, 그는 사람들한테 징그러운 뱀일 따름이었다. 첫째 딸이나 둘째 딸로 표상되는 보통 사람들한테 그러했고, 자기를 낳아 준 어머니한테까지도 그러했다. 누구나 기피와 모멸의 대상으로 삼는 흉측한 존재. 하지만 장자의 막내딸에게 그는 전혀 다른 존재였다. 그녀한테 그는 엄연한 '신선'이었다. "어머, 구렁덩덩신선비 님이시네요." 그러자 구렁이는 신선이 되어 막내딸의 손을 잡는 것이었다. 자신의 진정한 가치를 알아준 그 사람의 손을.

내 평생의 인연이 옆에 있어도, 나를 구원해 줄 은인이 바로 옆에 있어도 그것을 알지 못하는 사람한테는 아무 소용이 없다. 사람의 가치는, 세상 모든 대상의 가치는 그것을 알아보는 사람이 있어야 비로소 발현될 수 있다. 대상의 가치를 알아보는 사람만이 그것을 가질 수 있으며, 진실을 알아보는 사람만이 세상을 얻을 수 있다. 이것이 이 설화의 핵심 의미가 된다는 것이 나의 생각이다.

막내딸은 신선비의 진정한 가치를 한눈에 알아보았다. 그러므로 그를 얻을 자격이 생긴다. 그의 두 언니, 그 가치를 까맣게 알아보지 못했다. 그러니 가질 수 없는 것이 당연한 일인데, 가치가 드러나고 나자 뒤늦게 발을 동동 구르며 그것을 탐한다. 순간 그것은 죄악이 된다. 왜냐하면 그것은 창조가 아닌 파괴의 삶, 주인이 아닌 노예의 삶이므로. 그러한 삶에 기대할 것은 아무것도 없다. 모름지기 저 두 딸은 세상을 부유浮游처럼 떠돌다 스러졌을 것이다.

막내딸이 신선비와 최종적으로 결합하여 행복을 성취하기까지 일련의 우여곡절이 있었지만, 신선비의 숨겨진 가치를 발견하는 장면에서 결말은 이미 정해져 있던 것이라 할 수 있다. 자신이 발견한 가치를 향해 나아가기만 하면 되는 일이었다. 저 여인, 그렇게 나아가서 찬란히 자신의 존재를 실현한다. 예의 '호랑이 눈썹'을 손에 들고서. 그녀, 대상의 본질을 꿰뚫는 '호랑이 눈'을 가진 존재였으니 호랑이 눈썹을 얻는 것은 이미 정해진 일이었다고 할 수 있다. 저 호호백발 할머니는, 호랑이의 왕 백호白虎는, 한눈에 막내딸의 본질을 알아차리고서 그녀에게 선뜻 호랑이 눈썹을 전해 주었던 것이다. '아는 사람들'이 빚어내는 환상의 네트워크!

여기 이 설화가 전해 주는 하나의 기묘하고도 놀라운 유머 하나. 바로 새 각시가 뽑아 온 '고양이 눈썹'이다. 고양이 눈썹과 호랑이 눈썹. 겉보기에 비슷해 보이는 대상이다. 보통의 눈으로는 전혀 분간이 가지 않을 수도 있다. 하지만 그 둘 사이에는 하늘과 땅의 차이가 있다. 어떤 차이인가 하면 '진짜'와 '가짜'의 차이. 좀 쉽게 말하면 '진품'과 '모조품'의 차이. 어찌 가짜로 진짜를 이길 수 있으랴. 잠깐은 사람들의 눈을 속일 수 있을지 모르지만 진실은 결국 드러나게 되어 있다. 아니, 설혹 드러나지 않아도 진짜는 진짜이고 가짜는 가짜일 뿐이다.

이 설화는 한 손에 고양이 눈썹을, 다른 한 손에 호랑이 눈썹을 들고서 우리에게 묻는다. "가짜의 삶을 살 것인가, 진짜의 삶을 살 것인가."

막내딸과 신선비, 그리고 산중의 백호. 이들과 함께 이 설화에서 내 마음을 끈 또 한 사람 이야기를 하지 않을 수 없다. 누구인가 하면 세 자매의 아버지가 그 사람이다. 노파가 찾아와서 구렁이 아들의 뜻을 전했을 때 그 사람은 어찌했던가. 노발대발해서 경을 칠 것이라고 예상됐으나, 그는 세 딸을 불러서 묻는 것이었다. "노파의 아들이랑 결혼하겠니?" 막내딸이 그리하겠다고 하자 그는 말없이 그 뜻을 받아들인다. 이 얼마나 놀라운 일인지! 어떤가 하면 그 또한 세상의 진실을 아는 사람이었다고 할 수 있다. 모름지기 인생은 스스로 사는 법이니, 자식들은 제 길을 자기가 알아서 찾아야 하는 것이었다. 그 이치를 알므로 제 자식을 기꺼이 구렁이와 짝지어 주는 저 아버지의 모습은 얼마나 대범하고 미더운지 모른다. 그러한 선택의 결과가 무엇이었는가 하면, 딸의 진정한 행복이었다. 그래, 이 정도는 돼야 장자長者의 자격이 있는 것이다. 그 딸에 그 아버지. 일류의 네트워크.

그리고 지행일치知行一致의 길

아는 것이 힘이라 했다. 진실을 보는 자가 세상을 얻는다고 했다. 하지만 현실로 말하자면, 아는 것만으로는 모자란다. 행동으로 옮겨서 그것을 실현해 내야만 세상의 주인공이 될 수 있다.

아는 것은 많으나 움직이지 않아서 스스로를 벽에 가둔 채 번민하는 사람. 그런 사람들이 세상에는 꽤나 많다. 그리고 문학 작품 속에도 그런 사람들이 수두룩하다. 어디인가 하면 특히 근대의 소설(小說; novel) 속에. 일컬어 '소설형 인간'이다.

하지만 민담에서는 이런 걱정을 하지 않아도 된다. 왜냐하면 민담의 주인공들은 말 그대로 행동파의 인물들이므로. 무언가를 알게 되면, 무언가 과제를 받게 되면 그들은 바로 몸을 움직여 나아간다. 뭐든 가로막는 게 있으면 척척 헤쳐 내면서 앞으로 앞으로 나아간다. 곡선이 아닌 직선直線으로. 그렇게 움직여서 그들은 훌쩍 길을 찾아낸다. 아니, 만들어 낸다. 놀라운 지행일치! 이것이야말로 민담을 민담답게 만드는 핵심 매력 가운데 하나가 된다.

'구렁덩덩신선비'의 막내딸 또한 예외가 아니다. 구렁이를 신선비로 알아본 그녀, 주저 없이 그에게로 시집을 간다. 그리고 길 떠난 남편이 돌아오지 않자 앞뒤 잴 것 없이 길을 떠난다. 어디에 있는지 모르는 그였지만, 부딪치고 헤치며 쭉쭉 나아가 선뜻 길을 찾아낸다. 그가 나아간 행로가 곧 '길正道'이었다. 거침없는 지행일치의 삶. 삶을 만들어 내는 삶. 그가 복을 받지 않는다면 누가 복을 받겠는가.

세상을 얻는 자는 누구인가 2
민담형 인간이 살아가는 법

복을 찾아 나선 여행

민담의 주인공들은 예외 없이 행동파들이라 했다. 고민하고 사색하기에 앞서 먼저 몸을 움직이는 사람들. 여기 그런 특성을 잘 보여 주는 주인공이 있다. 유명한 '구복 여행' 속의 머슴 총각이다.

옛날 한 마을에 총각이 살고 있었다. 어려서 부모를 잃고 남의 집살이를 하면서 사는 터라 혼인은 꿈도 꾸지 못하고 있었다. 어느 날 그가 일을 하러 나가는데 노인들이 그를 불러 세우더니 이상한 말을 했다. 서쪽 멀리 어딘가에 있는 서천서역국에 가면 복을 탈 수 있다는 것이었다.
그 말을 들은 총각은 그 길로 봇짐을 싸 짊어진 채 서천서역국을 찾아 나섰다. 서쪽을 향해서 길을 잡고는 무턱대고 걷고 또 걸었다.

어느 날 날이 저물어 깜깜해졌는데 인가를 못 찾아 방황하던 총각은 멀리 불빛을 발견하고서 그 집을 찾아 들어갔다. 커다란 기와집이었는데, 예쁜 여자가 혼자서 살고 있었다. 여자는 총각이 복을 타러 서천서역국에 간다고 하자 제 사연도 알아봐 달라고 했다. 자기는 집도 있고 땅도 있고 돈도 있는데 결혼만 하려 하면 남자가 죽는다며, 어떤 남자를 만나야 하는지 알아봐 달라고 했다.

그 집에서 하루를 묵은 총각은 다시 서천서역국을 향해서 길을 나섰다. 또 날이 저물어 한 집에 들어갔는데, 그 주인이 복 타러 간다는 말을 듣고서 자기 일도 알아봐 달라고 했다. 집에 좋은 배나무들을 심었는데 때가 돼도 통 열매가 열지 않는다는 것이었다.

부탁을 하나 더 받고서 다시 길을 가는데 큰물이 앞을 가로막았다. 어떻게 건너나 궁리하는 참인데 커다란 이무기가 다가와서 어딜 가느냐고 물었다. 서천서역국을 간다고 했더니, 자기가 물을 건네주겠다며 소원을 들어 달라고 했다. 천 년 넘게 도를 닦고서도 용이 되어 승천하지 못하는 이유를 알아봐 달라는 것이었다.

총각이 그리하겠다고 하자 이무기는 그를 태우고 물을 건너 낯선 땅에 내려 주었다. 총각이 한참 길을 가는데 어떤 동자 하나가 저만치 방죽에서 낚시를 하고 있는 것이 보였다. 총각이 다가가서 보니 그릇이 텅 비어 있었다. 어찌 고기를 하나도 못 잡았느냐고 했더니, 아이가 총각에게 서천서역국에 가거든 어찌하면 곧은 낚시로 큰 고기를 잡을 수 있는지 알아봐 달라고 했다.

아이와 헤어져 한참을 가다 보니 날이 어두워졌다. 총각은 길을 찾아 헤매다가 불빛을 발견하고 한 집을 찾아 들어갔다. 작은 초가집에서 웬 꼬부랑 노파 하나가 총각을 맞이해서 저녁상을 차려 주는데 상에 놓인 것이라곤 찬물 한 그릇과 흰 무 세 조각뿐이었다.

노파는 총각에게 복 타러 가는 사연을 듣더니 더 가 봐야 소용없으니 그냥 돌아가라고 했다. 돌아가면 수가 날 거라고 했다. 총각이 그간 부탁받은 일을 말하자, 노파가 말했다. "별것도 아니구먼. 낚시하는 아이는 그냥 뺨을 한번 호되게 때려 주면 그만이야. 이무기는 입에 두 개 문 걸 하나 뱉으면 되고, 배나무 주인은 배나무 밭에 묻힌 걸 파서 버리면 되지. 처음 만난 색시는 동자삼과 여의주와 금덩어리를 가진 남자를 만나야 잘 살 수 있어."

그 말을 들은 총각은 가던 길을 되짚어 귀로에 나섰다. 먼저 방죽에서 곧은 낚시로 낚시질을 하는 동자를 만나자 동자가 답을 얻었느냐고 물었다. 총각은 그렇다고 하면서, 할머니가 알려 준 대로 아이의 뺨을 철썩 때렸다. 그러자 아이가 풀썩 넘어지는데, 살펴보니 사람이 아닌 어린아이 모양을 한 이상한 뿌리였다.

총각은 뿌리를 짊어지고 길을 가다가 이무기를 만났다. 이무기가 물을 건네주자 총각은 입에 두 개 문 것 중 하나를 뱉으라고 했다. 그러자 이무기는 입에 문 구슬을 하나 뱉더니 순식간에 요동을 치며 용이 되어 하늘로 올라갔다.

총각은 구슬을 봇짐 속에 넣고 다시 길을 떠나 배나무 주인 집에 도착했다. 주인이 총각의 말을 듣고 배나무 밭을 파 보니 누르스름한 돌덩이가 박혀 있었다. 주인이 돌을 파서 내버리자 배나무에 생기가 돌기 시작했다. 총각은 그 돌덩어리를 짊어지고서 다시 길을 나섰다.

총각이 여자가 사는 기와집에 들어가자 여자가 반기며 답을 얻어 왔느냐고 물었다. 여자는 동자삼과 여의주와 금덩어리를 가진 남자를 만나야 한다는 말에 실망하더니, 총각더러 복을 탔느냐고 물었다. 총각은 아무 얻은 것 없이 무 뿌리와 구슬과 돌덩이만 얻었다며 봇짐을 내밀었다. 여자가 봇짐을 살펴보더니, "아니, 이게 뭡니까? 이건 동자삼이고 이건 여의주네요. 여기 금덩어리도 있어요! 내가 이제야 배필을 만났습니다. 나랑 함께 잘 살아 봅시다."

그렇게 해서 남의집살이를 하던 총각은 예쁘고 돈 많은 여자와 결혼해서 오래오래 행복하게 잘 살았다고 한다.

움직이는 자, 믿는 자

《세계민담전집》 한국 편을 엮으면서 나는 위의 '구복 여행'을 책의 맨 앞자리에 실었었다. 그럴 만한 가치가 있다고 생각했다. 저 총각, 가히 세상의 주인공이 될 만한 자격이 있는 사람이다.

민담형 인간이 행동파라 했거니와, 이 총각은 행동파 중의 행동파라 할 수 있다. 서천서역국에 관한 얘기를 듣자 거침없이 서쪽으로 나아가 거기 가 닿는다. 그리고 보란 듯이 복을 찾아낸다. 보잘것없던 제 존재를 찬란하게 실현해 낸다.

어떤가 하면, 복을 찾아 떠나는 움직임 자체가 복을 낳았던 터다. 머슴이 거기 머물러 있었다면 아마도 그는 늘 그대로였을 것이다. 거침없이 새로운 세계로 움직여 나아감으로써 그는 새 삶을 얻어 낸다. 그의 걸음 하나하나가 곧 세상을 얻어 가는 과정이었다고 할 수 있다. 여인이나 배나무 주인, 이무기 등과의 만남의 과정은 세상이 어떠한 곳이고 삶이란 어떤 것인지를 알아 가는 과정이었다.

그가 만난 세상은 저와 마찬가지로 중요한 것을 결여한 채 그것을 채우기를 욕망하는 존재들로 가득 차 있었다. 그것을 해결할 자가 누구였는가 하면, 다름 아닌 머슴 총각이었다. 왜냐하면 그는 고민만 하고 있는 다른 사람들과 달리 '움직여 나아가고' 있었으므로. 그의 움직임이 힘을 낳고 변화를 낳는 것이었다.

그런데 잘 살펴보면 우리의 주인공은 단지 '움직이는 자'만이 아니다. 그한테는 또 하나의 놀라운 자질이 있으니, 무엇인가 하면 '믿는 자'라고 하는 사실이다. 어떤 믿는 자인가 하면 '구김 없이 믿는 자'.

마을 노인들이 총각한테 한 말의 진실성은 자료에 따라 다르게 나타난다. 어떤 이야기에서는 계시에 가까운 진지한 충고로 주어지기도 하지만, 많은 자료에서 그것은 농담에 가까운 '실없는 말'처럼 전달된다. 자기네들도 믿지 않으면서 그냥 생각없이 던져 보는 말 말이다. 그런데 머슴은 그 말을 흘려 듣지 않고 덥석 받아들여서 믿어 버린다. '아하, 서천서역국에 가면 복을 받을 수 있구나!' 어찌 보면 사리에 안 맞는 턱없는 믿음이라 할 만한 요소이다.

하지만, 진담이었든 농담이었든 상관없이, 노인들의 그 말은 진실이었다. 머물지 않고 어디론가 움직여야만 삶을 바꾸고 또 복을 얻을 수 있는 것이므로. 그러한 움직임은 때로 나쁜 결과를 낳을 수도 있겠지만, 움직여 보지 않으면 애초에 기회조차 없는 법이다. 거기 무엇이 있든지 간에 일단은 몸을 움직여 떠나야 한다는 것, 그렇게 고갯마루를 넘어야 한다는 것. 이는 앞서 장자못 설화에서 확인했던 삶의 진실이기도 하다. 움직여 보기도 전에 미리 회의하고 포기하는 것, 그것이야말로 삶의 적인 터다. 구김 없이 믿고 움직여 나아간 저 총각이 진실을 전해 준 당사자도 이루지 못했을 놀라운 일을 성취했다는 것은 그야말로 세상의 오묘한 이치라 아니할 수 없다.

총각의 구김 없는 믿음은 물 건너 마을에서 다시 한 번 발휘된다. 애써서 머나먼 땅에 도착한 상황에서 웬 노파의 말을 그대로 믿고서 훌쩍 돌아서는 모습 말이다. 그 믿음, 그 행동력이라니! 하여튼 더할 바 없이 직선적이어서 매력적인 인물이다. 노파가 말한 그대로 동자의 뺨을 찰싹 때리는 그 모습은 과연 어떠한지!

만남과 발견의 의미

'구복 여행'에서 주인공이 여행을 하면서 만나는 존재는 자료에 따라 변이를 보인다. 처음 여인과 만나고 중간에 이무기를 만나는 것은 대개 비슷하지만, 그 밖의 존재는 많이 다르다. 죽어 가는 병자를 만나기도 하고, 장기 두는 노인들을 만나기도 하며, 하늘에서 귀양 온 동자를 만나기도 한다. 주인공이 가 닿는 곳 또한 서천서역국 외에 하늘나라이기도 하고, 용궁이기도 하며, 그냥 서쪽 마을이기도 하다. 하지만, 주인공이 문젯거리를 지닌 존재들을 만나서 그것을 해결해 준다는 서사 자체는 차이가 없다.

그렇다면 이 이야기에서 머슴 총각이 만난 여러 존재들이 안고 있던 문제와 그에 대한 해결책이 뜻하는 바는 무엇일까?

먼저 이무기. 가장 답이 쉽게 나오는 경우이다. 하나만 물어야 하는 여의주를 두 개나 물고 있는 그는 마음속에 욕심을 채우고 있는 존재의 표상이다. 용이 된다는 것은 곧 신이 된다는 것. 욕심을 내려놓고 마음을 비워 빛처럼 가벼워져야 승천昇天이 가능한 것인데 마음에 짐을 가득 싣고 있으니 그 일이 이루어질 리 없다. 그것을 내려놓음으로써 이무기는 비로소 용이 될 수 있었던 터다.

다음 배나무 주인. 이 답을 찾는 것 또한 그리 어렵지 않다. 문제가 어디 있는가 하면 보이지 않는 곳, 곧 바탕을 이루는 땅에 있다. 바탕에 문제가 있을 때 결실이 없는 것은 당연한 일이다. 재미있는 것은 땅에 다름 아닌 금덩이가 묻혀 있었다는 사실이다. 금은 꽤나 귀한 것이지만, 땅에 묻혀 있을 때 그것은 나무의 성장을 방해하는 장애물일 뿐이다. 배나무에는 황금보다는 썩은 흙이나 똥오줌이 더 가치 있는 존재가 된다. 일의 성격에 맞게 바탕을 제대로 갖추는 것이 세상만사를 뜻대로 이루기 위한 기본 요건임을 이 삽화는 잘 보여 준다.

다음은 남편을 못 구하던 여자. 어떤가 하면 그 여자는 복이 무척이나 많은 여자였다. 사람은 저에 맞는 짝을 만나야 하는 법. 그 여자는 자신과 딱 어울릴 만한 복을 지닌 남자를 필요로 했던 것이었다. 어떤 복인가 하면, 건강해야 하고 부유해야 하며 고귀해야 한다. 동자삼과 금덩어리, 여의주는 각기 그 상징이 된다. 금덩어리는 그렇다 쳐도 동자삼과 여의주라니 극난의 조건이다. 하지만 머슴 총각이 그 조건을 갖추고 있었으니, 진짜 인연이란 멀지 않은 데 있는 법이다.

이상 주인공이 만난 여러 존재 가운데 빼놓은 이가 있다. 낚시질하던 동자. 사실 '구복 여행'에서 동자와 관련한 삽화는 흔히 볼 수 있는 것이 아니다. 처음에는 좀 의아하던 이 삽화는 어느 순간 찌릿한 전율과 함께 나의 마음속에 들어와 앉았다. 거기 놀라운 이치가 깃들어 있음을 문득 깨달았던 것이다.

총각이 다시 한참을 가다 보니 어떤 아이 하나가 저만치 방죽에서 낚시를 하고 있는 것이 보였다. 총각이 다가가서 보니 고기 그릇이 텅 비어 있었다.

"저런, 낚시질을 시작한 지 얼마나 됐는지 고기를 하나도 못 잡았구나."

그러자 아이가 돌아보며 물었다.

"어디 가시는 분이시오?"

"서천서역국으로 복을 타러 가는 중이지."

"내가 여기서 내내 낚시질을 했는데 말을 건 사람은 처음이군요. 부탁이 하나 있습니다. 어찌하면 이 곳에 낚시로 큰 고기를 낚을 수 있을지 그것 좀 알아다 주세요."

"그래, 그러마."

《세계민담전집》 한국 편에 수록한 내용이다.신동흔,《세계민담전집》한국편, 황금가지, 2003, 13~14쪽 사실은 이 대목에는 나의 '창작'이 살짝 가미되어 있다. 어느 부분인가 하면, 동자가 '나한테 말을 건 사람은 당신이 처음'이라고 하는 부분이다. 따로 이야기에 대해 해설을 달 기회가 없는 상황에서 이 대목에 담긴 의미를 전하고자 약간의 무리를 무릅쓴 터였다.

그 의미가 무엇인가 하면 바로 '관심'이라고 하는 것이다. 많은 사람들이 무심코 지나칠 때, 저 총각은 동자에게 다가가 무엇을 하고 있는지 물었다. 관심을 나타낸 것이다. 그러한 관심의 결과는 '동자삼'의 획득이었다. 무심히 지나친 많은 이들이 거기 그런 게 있었을지도 까맣게 몰랐던 귀한 보배를 그만이 얻을 수 있었던 것이었다. 세상 이치가 실제로 그러하다. 무관심하게 지나치는 대상에서 무엇을 얻을 수는 없다. 관심을 가지고 다가설 때에만 대상의 가치를 자기 것으로 삼을 수 있다. 총각은 그렇게 했거니와, 그것은 우연이 아니었다. 총각은 일련의 여행길에서 세상 여러 존재들에 대해 눈을 뜨고 있었던 바, 그 연장선에서 동자에게 다가가 말을 걸었다는 얘기다. 그야말로 '주인공'에 어울리는 동선이다. 이 세상 주인공의.

하지만 이 삽화에서 가장 흥미로운 대목은 역시 총각이 동자의 뺨을 때리는 장면일 것이다. 아니, 노파가 그리하라 시켰대도 그렇지, 아무 잘못도 없는 어린아이의 뺨을 무슨 억하심정이 있어 후려갈긴단 말인가. 하지만 총각은 그렇게 했다. 그리고 그 덕에 동자삼을 얻었다.

이 이야기에서 동자의 뺨을 친다는 건 무얼까. 나는 그것을 대상에 부딪친다는 뜻으로 해석한다. 대상의 속성도 모른 채 부딪치는 것은 무모한 일이 된다. 십중팔구 나쁜 결과를 가져오기 십상이다. 저 총각만 해도 그렇다. 그 아이가 산삼이었기에 망정이지 호랑이이기라도 했으면 어쩔 뻔했는가. 하지만 이렇게 생각해 보자. 그렇게 부딪치지 않으면 어떻게 되었을지를. 답은 분명하다. 아무 일도 일어나지 않았을 것이다. 나쁜 일이 일어나는 것보다 아무 일도 일어나지 않는 것이 상책이라고 믿는 사람들에게 이 이야기는 무의미하다. 결과가 어떻든 일단 부딪치면서 무언가를 찾아봐야 한다고 생각하는 사람. 이 설화는 그들을 위한 것이다.

나는 전자에 가까운 사람이지만, 후자 쪽이 되고 싶은 사람이다. 그것이 진짜 인생이라고 믿으므로. 내가 누구의 뺨을 때려야 하는 순간이 언제일지, 호시탐탐 기다리는 중!

씩씩한 총각 또 한 명

옛날 한 마을에 머슴을 사는 떠꺼머리 총각이 있었다. 일자무식이었지만 딴에는 배짱이 커서 거리낌이 없었다. 오뉴월 모내기철이 되어 한창 바쁠 때도 늘어지게 낮잠을 자기 일쑤였다.
어느 날 삼복더위에 정자나무 밑에서 코를 드르렁 골면서 낮잠을 자던 머슴은 무언가에 차인 듯 벌떡 일어났다. 그러더니 실실 웃음을 흘리기 시작했다. 마을 사람이 뭐가 그리 좋으냐고 힐난하자, 막 엄청난 큰 꿈을 꾸었다는 것이었다. 어떤 꿈이냐고 물으니 원님이라면 몰라도 함부로 말할 수 없단다.
화가 난 마을 사람이 그 일을 고하여 머슴은 원님한테 불려 가게 되었다. 원님이 머슴한테 대체 어떤 꿈이냐고 묻자 머슴이 하는 말이, 감사라면 몰라도 원님한테는 말할 수가 없단다. 그렇게 해서 감사한테까지 간 머슴은 또다시 배짱이었다. 나라님이라면 몰라도 감사한테는 꿈 얘기를 못 하겠다는 것이었다.
결국 머슴은 임금 앞에까지 나아갔다. 머슴은 임금 앞에서도 배짱이었다. 중국 천자가 물어보면 몰라도 임금한테 얘기를 못 하겠다는 것이었다. 임금은 화가 나서 머슴을 감옥에 가두었다. 그러건 말건 머슴은 천하태평.
머슴이 갇힌 감옥에 쥐들이 들락거렸는데, 작은 쥐 한 마리가 촐랑대다가 기둥에 머리를 받고 숨이 끊어졌다. 그때 어미 쥐가 밖에 나가서 금으로 된 자金尺 하나를 물고 오더니 자로 죽은 쥐의 몸을 재기 시작했다. 그러자 죽어 쓰러졌던 쥐가 살아나서 뛰어다니기 시작했다.

머슴이 금척을 빼앗아 간직한 참인데, 이상한 소식이 들려왔다. 나라의 공주가 갑자기 세상을 떴다는 것이었다. 그 말을 들은 머슴은 자기가 공주를 살리겠노라고 큰소리를 쳤다. 머슴이 공주가 누워 있는 방으로 가서 금척을 꺼내 공주의 몸을 재자 몸에 온기가 돌아오면서 공주가 번듯이 살아났다. 임금이 기뻐하며 머슴에게 소원을 묻자 공주와 결혼하게 해 달라고 했다. 공주가 그리하겠다 해서 머슴은 나라의 부마가 되었다.

어느 날 중국에서 사신이 왔다. 머슴이 죽은 공주를 살렸다는 소문을 듣고 중국 천자가 3년 전에 죽은 제 딸을 살려 달라고 머슴을 청한 것이었다. 머슴은 할 수 없이 중국으로 건너가게 되었다.

중국으로 가는 길에 머슴이 숲에 들어가 뒷일을 보려는데 호랑이 한 마리가 훌쩍 나타나 머슴을 채 가지고 낯선 동굴로 데리고 갔다. 동굴 안에는 호랑이 하나가 신음하고 있었다. 살펴보니 입속에 사람의 비녀가 걸려 있었다. 머슴은 호랑이 입속에 손을 집어넣어 비녀를 꺼내 주었다. 그때 머슴을 업어 온 호랑이가 웬 수건을 입게 물고 동굴 속의 해골을 문지르기 시작했다. 그러자 해골에 살이 돋아나 산 사람처럼 되는 것이었다. 이야기로만 듣던 환생포還生布였다. 머슴이 환생포를 집어 들자 호랑이는 그를 원래 있던 자리로 데려다 주었다.

사람 살리는 환생포를 얻은 총각은 당당히 중국 땅으로 들어갔다. 그는 환생포로 유골을 문지르고 금척으로 몸을 재서 죽은 공주를 깨끗이 살려 냈다. 천자는 매우 기뻐하며 머슴을 사위로 삼았다.

무더운 여름날, 머슴이 발을 씻는데 오른발은 금대야에 물을 담아 중국 공주가 씻어 주고 왼발은 은대야에 물을 담아 조선 공주가 씻어 주었다. 그 모습을 내려다보면서 머슴이 싱글싱글 웃었다. "과연 대단한 꿈이었어." 그러자 두 공주가 입을 모아 어떤 꿈이었는지 말해 달라고 했다. 머슴은 뿌듯한 표정을 짓더니, "내가 구름을 뚫고 하늘로 솟아올라 오른손에는 해를 쥐고 왼손에는 달을 쥐는 꿈이었다오. 어찌 대몽大夢이 아니겠소." 하면서 껄껄 웃는 것이었다.

배짱, 또는 자신에 대한 믿음

이 민담은 신화로부터 온 것이라는 설명도 있다. '금척金尺에 의한 재생'에 신화적 요소가 깃들어 있다는 설명이다. 하지만 이 설화는 이제 완전히 민담으로 굳은 상황이다. 그것도 한바탕 웃음에 초점을 맞춘 희극적 민담으로. 그러니 따로 신화적 해석 같은 것은 생략한다.

이 설화에 대해 나는 '꿈은 크고 봐야 한다'는 설명을 붙이곤 한다. 꿈이 커야만 크게 될 가능성이 생긴다는 뜻이다. 물론 꿈이 크더라도 그걸 내려놔 버리면 그걸로 그만이다. 꿈을 오롯이 지키고 키워 나가야 거기로 다가갈 수 있다. 머슴이 꿈을 아무한테도 말하지 않고 마음속에 꼭꼭 간직한 채 뒷날을 기약하는 일은 그 상징이 된다.

하지만 이 설화를 여기 적어 놓은 것은 '꿈의 크기'를 말하기 위함이 아니다. 이 이야기 주인공이 보여 주는 터무니없을 정도의 배짱에 기가 죽어서이다. 어떤가 하면 나는 참 소심한 사람이다. 작은 일 하나를 결정할 때도 이리 생각하고 저리 생각하기를 여러 차례 하며, 지난 일을 되씹으며 후회에 젖는 일도 적지 않다. 만약 내가 저 머슴과 같은 상황이었으면 어찌했을까 생각하면 스스로 좀 한심해진다. 다들 일하는 바쁜 농사철에 낮잠이란 건 생념조차 못 했을 것이다. 남다른 꿈을 꾸었다 해도 다시 되새기지 않아 금방 잊어버리고 없던 일이 되었을 것이다. 원님 앞에 가서, 감사와 임금 앞에 가서 '말 못하겠다'고 버티는 일은 더더구나 나의 일이 아니다.

그래서 나는 그가 부럽다. 저 터무니없는 배포가 말이다. 그 배포란 자기 자신에 대한 믿음의 다른 표현이 아니겠는가. 그리고 그런 믿음을 지닌 자가 결국 세상을 가지게 되는 것이 아니겠는가.

나는 안다. 나 자신이 저 머슴 총각 같은 캐릭터가 되기는 어렵다는 사실을. 하지만 나는 또 안다. 저 믿음, 저 배포의 십분의 일이라도 배워야 한다는 사실을. 그래야 나의 인생이 더욱 멋지게 펼쳐질 수 있다는 사실을. 잘될지 어떨지 장담은 못 하지만, 한번 노력해 볼 심산은 나한테도 있다.

세상에서 제일 큰 참깨 나무

저 총각들만이 아니다. 민담은 매력적인 인물들로 가득 차 있다. 자기를 믿고 가볍고 당당하게 움직여서 제 서 있는 곳을 세상의 중심으로 만든 인물들. 그 가운데 그냥 지나쳐 갈 수 없는 한 인물이 있었으니 이제 그에 대한 이야기를 하려 한다. 엉뚱 발랄하고 깜찍한 반전의 인물이다. 그가 등장하는 이야기의 제목은 '세상에서 제일 큰 참깨 나무.'

옛날에 어떤 집에 아버지 없이 홀어머니하고 사는 아들이 있었다. 이 아들이 어찌나 게으른지 아랫목에서 밥을 먹고는 윗목에서 똥을 누는 게 일이었다. 하루는 어머니가 아들한테 다른 집 아들들은 나무도 하고 돈벌이도 하는데 너는 매일 밥만 먹고 똥만 눌 거냐고 다그쳤다. 그러자 아들은 참깨를 심어 볼 테니 참깨와 괭이를 얻어다 달라고 했다.
어머니가 참깨를 얻어다 주자 아들은 밭에다가 커다란 구덩이를 파고서 참깨 씨를 그 구덩이에 쏟아붓고 흙을 덮었다. 나중에 거기서 싹이 하나 트자 아들은 거름을 한 동이씩 부어 주었다. 그러자 참깨 나무가 쑥쑥 커서 가지가 사방으로 뻗쳐 하늘

을 덮었다. 참깨를 수확하는데 줄기가 어찌나 큰지 도끼를 갖다
가 쳐서야 겨우 넘어뜨릴 수 있었다.
그 나무에서 참깨를 다섯 말이나 얻은 아들은 기름을 짜서 한
동이 가득 담아 두었다. 그런데 동이에 쥐가 한 마리 들어가서
참기름을 쪽쪽 다 빨아 먹고는 커다랗게 살이 쪘다. 쥐가 어찌
나 기름진지 손으로 잡으면 쭉쭉 미끄러졌다. 아들은 그 쥐를
장으로 가지고 가서 참기름을 한 동이 먹여 키운 쥐라면서 큰돈
을 받고 팔아서 부자가 되었다. 쥐를 사 간 남자가 쥐를 물에다
담갔다가 빼니 참기름이 되어서 그걸 팔아 부자가 되었다.

- 〈한국구비문학대계〉 4-2, 충남 대덕군 구즉면 설화, '게으른 놈도 한몫'(김중관 구연)

《한국구비문학대계》에 비슷한 이야기가 두 편 실려 있는데,
다른 한 편은 아들이 키운 것이 참깨가 아닌 조(서숙)였다고
한다. 하늘 높이 자란 조 한 그루에서 얻은 수확물이 백여 가
마니나 되었다고 한다. 아들은 그걸 팔아서 부자가 되고 장가
도 들어서, 늘 부지런을 떨던 앞집 아들보다 훨씬 잘살게 되었
다고 한다. 세부 내용은 조금 다르지만, 두 이야기의 기본 서
사와 의미 맥락은 서로 통한다.
얼핏 보기에 이 이야기는 그냥 한번 깔깔 웃어넘기면 그만
인 허풍스러운 이야기다. 주인공으로 말하자면 게으름뱅이에
엉뚱하기 짝이 없는 인물이다. 그 농사짓는 법을 보자면 엉터
리도 이런 엉터리가 없다. 그런데 그 엉터리 짓이 뜻밖에도 좋
은 결과를 낳아 큰 행운으로 이어졌으니, 이 설화는 '한 엉뚱

한 바보의 뜻밖의 행운'에 관한 이야기라고 할 만하다. 재미있지만 남는 것은 없는 공상적인 이야기라고나 할까.

그런데 나는 이 설화를 놓고서 엉뚱한 상상을 한다. 저 친구야말로 '진짜'가 아닌가 하는 것이다. 아랫목에서 밥 먹고 윗목에서 똥 누기가 다반사였다니 그야말로 골칫덩어리 백수지만 그건 겉모습일 뿐이었다. 의뭉한 저 사내, 흉중에는 남다른 봉황의 뜻을 품고 있었으니, 한 그루 참깨를 제대로 키워서 놀라운 수확을 얻는 저 모습을 보라. 요컨대 그것은 '한 마리 토끼'에 투자를 집중하여 최고의 소득을 창출한 일이었으니, 남다른 안목과 배포가 있음으로 해서 가능한 성과였다고 할 수 있다. 게으름뱅이 멍청이인 줄 알았던 저 친구, 사실은 이인異人이었던 것이다. 어떤 이인인가 하면 바로 민담형 이인.

앞집 아들은 머이던거나 일을 잘 할라꼬 싸코, 이래 싸아도 뒷집에 아 이놈아는 생인(생전) 일도 안 하고 장 앉아서 이 집에서 이 골목 밖에도 안 나가고 이래 떡 엎디리가꼬 집에서 장 있은께네 부모가 하는 말이 머라 카는 기 아이라,
"앞집에 이, 머시는 저리 너랑 한 동갭(동갑)이라도 일을 자꾸 하고 저래 갖고 머이거나 곡식도 잘 그거하고 이래 했는데, 너는 와 장 밥만 처묵고 집에서 거석만 하고(놀기만 하고) 이래 갖고 있노?"

- 《한국구비문학대계》 8-6, 경남 거창군 북상면 설화, '게으른 놈이 서숙 키운 이야기'(고대석 구연)

주인공과 달리 늘 부지런하고 성실했다는 앞집 아들. 부모와 이웃의 칭찬을 한 몸에 받는 그는 이른바 '엄친아'의 표상이라 할 수 있다. 하지만 세상의 주인공이 된 건 그가 아니라 무능아(백수!)로 낙인찍혔던 뒷집 아들이었다. 엉뚱해 보이지만 그것이 엄연한 세상의 이치임을 저 설화는 웅변으로 말하고 있다. 타인의 기준보다는 자신의 기준이, 틀에 박힌 사유보다는 창조적인 발상과 행동력이 '진짜 주인공'의 자질이라는 말이다.

그리하여 나는 이렇게 생각한다. 비좁은 방 안은 저 주인공이 뜻을 펼치기에는 좁은 세상이었다고. 그는 너른 세상에 나가면 훌쩍 비상할 존재였다고. 지금 방 안에서 뒹굴고 있는 저기 저 문제아, 그가 이 세상을 훌쩍 뒤집어 놓을 주인공일 수 있다. 호랑이 눈썹을 눈에 대고서, 다시 볼 일이다.

나의 길을 가리라
편견을 돌파한 소신의 여인들

사회의 규범과 타자의 시선

사람들은 사회 속에서 타인들과 어울려 살아간다. 같은 터전을 공유하며 함께 살아가야 하므로 이런저런 지켜야 할 규범이니 관습들이 많이 있다. 그 규범이나 관습에서 조금이라도 일탈할 때, 타인들의 따가운 시선이 쏟아지며, 음으로 양으로 다양한 형태의 응징을 받게 된다. 사람들은 그러한 사태를 피하기 위해 '자기 검열'을 통해 자신의 행동을 제어한다.

문제는 그러한 사회의 관습 내지 자기 검열이 개인의 욕망이나 행복과 배치될 때 발생한다. 그것이 일시적인 것이라면 감수하고 넘어가면 되겠으나, 평생의 행복과 관련되는 것이라면 문제가 간단치 않다. 말 그대로 한순간의 선택이 평생을 좌우하는 상황, 어떻게 할 것인가. 관습을 따름으로써 타인의 기림을 받되 그 대가로 오랜 고통을 감수할 것인가. 아니면 관습을 거부하여 사람들의 따가운 손가락질을 받되 자기의 행복과 가치를 실현하는 길로 나갈 것인가.

이렇게 묻고 나면 답은 명확할 것 같다. 당연히 후자를 따라야지, 하는 쪽으로. 하지만 사회의 규범이나 관습의 힘은 우리가 생각하는 것 이상으로 막강하다. 그 관습이란 추상적인 무엇이 아니라 나를 둘러싸고 있는 부모 형제와 친구, 동료, 그 모든 사람들의 기대와 믿음의 총체인 터, 거기 반하여 나간다는 것은 무척이나 민망하고 괴로우며 고독한 일이다.

돌아보자면 나 자신 무척이나 타인의 시선에 약한 존재였다. 그냥 무시해도 될 만한 작은 시선에조차 구속되어 가슴 졸이며 떨기 일쑤. 그러니 자기 검열이 강할 수밖에 없었다. 그런 검열이 욕망의 진실과 엇갈릴 때마다 마음속에는 욕구불만에 따른 불화와 회오가 쌓이곤 했다. 틀에 갇힌 삶이 야기하는 일종의 악순환이다.

사회적 규범이나 관습의 무게는 사회의 약자인 여성들에게 더욱 크고 무겁게 작용하는 것이라 할 수 있다. 모르긴 해도 여성들한테 주어지는 사회적 시선의 무게는 남성의 경우보다 최소 두 배는 될 것이다. 그나마 그것은 오늘날의 기준이다. 백여 년만 세월을 거슬러 올라가도 여성들이 감당해야 할 무게는 남성들의 다섯 배 또는 열 배는 되었을 것이다.

그리하여 나는 그 관습을 온몸으로 헤쳐 나간 이 여인들이 존경스럽기만 하다. 일컬어 소신의 여인들!

나, 머리 풀지 않겠소!

몇 년 전인가 대학원 제자들과 《한국구비문학대계》를 함께 검토하며, 숨어 있는 좋은 이야기를 찾아내는 작업을 진행한 적이 있다. 대학원 제자들 가운데 여학생들이 많은 터라 여성에 관한 이야기들을 많이 찾아 왔다. 무언가 2퍼센트 부족하다 싶은 이야기들이 많아서 아쉽던 가운데 단번에 이거다, 소리가 나오게 한 이야기가 있었다. 짧고 단순하지만 정말 힘이 있는 이야기.

한 집안에서 딸이 결혼할 나이가 되자 사윗감을 구하여 혼약을 맺었다. 혼례 날이 되자 잔치를 보려고 신부 집에 마을 사람과 원근의 친척들이 두루 모여들었다. 신랑이 도착해서 납폐納幣를 하고 예식이 시작되었는데, 신부가 아직 자리에 들어서기도 전에 신랑이 그만 풀썩 쓰러지더니 절명하고 말았다. 갑자기 신랑이 죽자 온 집안에 난리법석이 났다.
그때 신부는 막 단장을 하고 나가려는 중이었는데, 사람들이 신랑이 죽었다고 하면서 신부가 머리를 풀어야 한다고 했다. 시댁 사람들뿐 아니라 친정 식구들도 딸한테 어서 머리를 풀고 상인喪人 노릇을 하라고 했다. 그 처지를 당하자 신부는 기가 막혔다. 가만히 생각해 보니, 앞으로 오십 평생인데 지금 머리를 풀고 나면 제 인생이 너무 가련했다.
신부는 신랑 집에서 보낸 함을 그만 번쩍 들더니 내동댕이쳤다.

함은 속절없이 깨져 버렸다.

"내가 이것 믿고는 평생을 못 살겠소. 내가 팔자가 그렇게 된 사람이니 이 대례상을 걷지 말고 불쌍한 총각이나 데려다 행례行禮를 시켜 주오."

뜻밖의 상황에 사람들이 당황했으나, 신부는 뜻을 굽히지 않았다. 친정 식구들이 나서서 그러는 법이 아니라고 이리저리 달래고 별소리를 다 했지만 아무 소용이 없었다. 그렇게 한참을 승강이하다 보니, 그냥 신부 말대로 해 주자는 말들이 나왔다. 급히 신랑감을 찾아 나선 끝에 가난하고 불쌍한 양반집 아들을 찾아낸 사람들은 그를 신랑으로 삼아서 혼례를 치러 주었다.

신부는 그 신랑과 결혼해서 아들 형제를 낳다. 그 형제가 누구인가 하면 효종이 북벌을 위해 이완 대장을 시켜 인재를 찾을 때 발탁된 장씨 형제다. 북벌은 못 했지만, 형제가 용호 대장인가를 지냈다고 한다.

- 《한국구비문학대계》 6-4, 전남 승주군 주암면 설화, '죽은 신랑 거부하고 새 신랑 맞은 신부'(오봉석 구연)

혼례 날 갑자기 신랑이 쓰러져 죽은 상황. 그 모습이 눈앞에 생생히 그려진다. 사람들이 당황하여 법석을 떠는 중에 신부가 어떻게 해야 하는지 의논을 한다. 그때 누군가가 '아는 듯' 나서서 말한다. "함을 받고 납폐를 했으니 신부가 머리를 풀고 상인喪人이 되는 게 법도야." "맞아. 그게 도리지." 고개를 끄덕이는 사람들. 시댁에서 온 사람들 또한 당연히 그러려니 여긴다. 신부의 친정 부모와 오라비들 역시 그럴 수밖에 없는 일이라 여기고 신부에게 말한다. "애야, 남편이 죽었으니 머리를 풀고 나와서 곡을 하거라." …… 이어질 순서, 신부는 어쩔 수 없이 머리를 풀고 나와서 곡을 한다. "아이고, 아이고!"

그야말로 거대한 물살과 같이 몸을 휩쓰는 상황적 논리이다. 거역할 수 없는 대세. 그런데 저 신부, '이어질 순서'를 거부한다. 나무 밑동 꽁꽁 붙잡고서 죽을힘을 다해 버틴다. 왜? 그렇게 떠내려가면 그건 제 인생을 포기하는 길이므로. 숫처녀 청상과부로 한평생 독수공방 눈물로 세월을 보내야 하므로. 사람들은 그걸 일컬어 '팔자'라 이름 붙이지만, 그건 그들의 일일 뿐이다. "아무라도 좋아. 딴 남자 데려다 줘. 나 그리 시집갈래!" "야, 왜 이러니?" "상관 마. 내 인생이잖아! 내 맘대로 할래!"

그때 사람들의 쑥덕공론이 얼마였을까. 시댁 식구의 표정은 어떠했으며, 친정 부모의 민망함은 또 어떠했을까. 이러지도 저러지도 못하는, 다 그냥 꿈이었으면 좋겠다 싶은 그런 심정. 하지만 심정으로 치면 어찌 당사자만 하겠는가. 그 따가운 시선과 손가락질, 부모의 민망함, 그 모든 것을 혼자서 통째로 껴안고 있는 중이다. 그럼에도 끝내 굽히지 않는 저 신부, 얼마나 씩씩하고 얼마나 현명한지 모른다. 지금 이 순간의 부끄럽고 망신스러움이 아무리 큰들, 그것이 어찌 내 인생의 무게를 대신할 수 있으랴.

그 민망함을 한 몸에 감당한 덕으로, 상황은 바뀐다. 나를 살려 내라 외치며 끝내 손을 놓지 않자, 사람들이 다가와 그를 이끌어 꺼내 준다. 혀 끌끌 차면서. 물에 쫄딱 젖은 그 사람의 불타는 눈길. 이제 사람들 사이에 이런 소리들도 들리기 시작한다. "참, 대단혀." "하몬. 그렇제. 맞절도 안 했는데 머리 풀라는 건 과허제." "그려. 이왕 혼례 준비 했으닝게, 불쌍한 총각 하나 구제하는 게 낫겄네. 신부도 살고 말이여."

세상 이치란 것이 이렇다. 사람의 마음이란 이렇게 '움직이는' 것이 세상의 법칙이다. 그걸 모르고 저 신부가 그냥 머리를 풀고 말았다면 그건 얼마나 억울한 일이었겠는가.

거의 생떼를 써서 새로운 신랑을 맞이한 저 신부. 어찌 생각해도 어색하고 남 보기 부끄러웠을 그 결연은 저 여인에게 평생의 짐이 되었을 것이다. 그리하여 하나의 '채찍'이 되었을 것이다. 보란 듯이 잘 살아야 한다고 하는. 남들보다 더 곧게 더 열심히 살아야 한다고 하는. 그리하여 그가 짝 없이 가난한 속에서 낳은 두 아들을 '대장'으로 키워 낸 것은 행운이 아니라 '필연'이었다고 할 수 있다.

"여자가 장사고만? 반드시 장군 날 만혀."

위 이야기를 들은 한 청자의 반응이다. 어찌 그렇지 않겠는가. 굳이 사족을 한마디 덧붙인다면, 그저 이 정도.
"이것이 인생이다!"

소신의 삶이란 바로 이런 것

여기 한 여인의 몸으로 소신의 삶을 웅변으로 실현해 보인 사람이 있다. 그 주인공은 '손병사 어머니'. 경남 밀양 일대에 널리 퍼져 있고 타 지방에까지 꽤 알려져 있는 유명한 이야기이다. 손병사가 누군지는 몰라도 '손병사 어머니'라면 다들 누구인지 알 정도다.

손병사 어머니가 시집을 오기 전, 그 집에서는 귀신을 모신 당堂을 하나 섬기고 있었다. 귀신이 자꾸 집안을 해코지하는 것을 방비하기 위해 오래전부터 그리해 온 일이었다.
손병사 어머니가 시집을 와서 인사를 차릴 때였다. 집안 어른들께 인사를 드리고 나자, 집안사람들이 당에 가서 절을 올려야 한다고 했다. 그것이 귀신을 모신 당이라는 이야기를 들은 손병사 어머니는 사악한 귀신에게 절을 할 수 없다며, 그 당을 불 질러 없애 달라고 했다. 그 뜻이 어찌나 강한지, 아무도 말릴 수가 없었다. 그 집에서는 꺼림칙한 것을 무릅쓰고 당을 없앨 수밖에 없었다.
그 일이 있고 나서 손병사 어머니의 꿈에 웬 여자 귀신이 나타나 욕을 하며 말했다.
"네가 감히 내 집에 불을 지르다니! 당을 본래대로 지어 내라."
"우리 집에는 사악한 잡신을 둘 수 없다. 그냥 네가 떠나라."
아무리 해도 손병사 어머니가 말을 듣지 않자 귀신이 말했다.

"네가 앞으로 자식을 낳으면 내가 모조리 잡아갈 테다!"
하지만 끄떡도 않는 손병사 어머니.
"잡아갈 테면 잡아가라. 어쨌든 당은 새로 지을 수 없다."
그 뒤 손병사 어머니는 첫 번째 아이를 잉태했는데 불의에 아이가 죽고 말았다. 집안 식구들은 당을 허문 탓에 자손을 잃고 말았다고 혀를 찼다.
두 번째 아이를 잉태했을 때, 다시 귀신이 꿈에 나타나 아이를 잡아가겠다고 했으나 손병사 어머니는 이번에도 굴하지 않았다. 두 번째 아이가 또 죽고 말았다. 높아만 가는 시댁의 원성.
세 번째 아이를 잉태했을 때, 이번에도 어김없이 귀신이 나타나 아이를 잡아가겠다고 엄포를 놓았다. 하지만 손병사 어머니는 역시 조금도 굴하지 않았다. 그러자 귀신이 고개를 숙이며 항복하는 것이었다.
"내가 졌습니다. 내가 무슨 힘으로 아이들을 잡아가리까. 그 아이들은 다 명이 다해서 죽은 것이지요. 이번 아이는 죽지 않고 크게 되어 병사兵使 벼슬을 하게 될 것입니다."
그 말과 함께 귀신은 작별을 고하고 그 집에서 사라졌다.
귀신의 말대로 두 아이를 잃고서 세 번째로 낳은 그 아이는 뒷날 나라에서 병사 벼슬을 하게 되었다. 그 사람이 바로 손병사이다.

- 《한국구비문학대계》 8-7 및 8-8의 손병사 모친 설화를 종합 정리함

이 여인, 과연 대단하지 않은가. 갓 시집온 새색시의 처지로

집안의 오랜 관습에 정면으로 맞서 그걸 폐하는 소신과 기백은 가히 일품이다. 새색시가 어찌 신당을 없애는 일을 주장하여 성사시킬 수 있었겠는가, 그건 설화적 과장일 뿐이다, 이렇게 생각할 수도 있겠으나 꼭 그런 것만도 아니다. 양반가에서 귀신을 모시는 것 자체가 아름다운 관습일 수 없으므로 시댁 식구는 대의명분에서 새색시를 누를 수가 없는 터다. 그리하여 께름한 것을 무릅쓰고 그 뜻을 따르게 된 것이라 할 수 있다. 소신과 대의명분의 승리이다.

하지만 사정도 잘 모를 새 며느리가 나서서 집안 전통을 흔들고자 할 때 그 시댁 식구의 속마음이 어떠했을지 안 봐도 분명하다. '명분을 아는 훌륭한 며느리가 들어왔으니 집안이 흥하겠구나!' 이런 것? 천만에! '쟤가 멋도 모르고 날뛰는데 집안에 어떤 사단이나 안 날는지!' '어디 한번 보자. 네가 큰코 다칠 때가 있을걸!' 이런 것? 그렇다. 십중팔구 이쪽이었을 것이다. 보이지 않는 손가락질과 뒷공론. 마침내 그 며느리가 아들을 잃었을 때, 쑥덕공론과 원망은 마구 밖으로 터져 나왔을 것이다. "거봐라! 그러면 안 된다고 했지!" 그리고 두 번째 아이를 또 잃었을 때, 그것은 몇 배로 커져 화살처럼 날아들었을 것이다. "이봐라. 이제 고집 좀 꺾어!" "며느리 하나 잘못 들어와서 저 집안 아주 망조 들었어!" 며느리의 죄는 이제 완전 '확신범' 수준이 된다.

그때 그 젊은 여인이 느꼈을 심리적 압박감이 얼마였을지 헤아리기조차 어렵다. 모든 허물을 온통 혼자서 뒤집어쓴 상황. 천하의 장사라도 버티기 어려웠을 것이다. 하지만 꿋꿋하게 버티는 저 여인. 세 번째 아이를 잡아간다는 협박에는 이제 굽힐 만도 하련만 변함없이 흔들리지 않는다. 이 정도가 되면 이제 감동할 지경이다. 사람들은 물론이고 귀신까지도! 귀신이 물러나며 순식간에 상황은 역전되고, 저 사람은 이제 기림의 대상이 된다. 그때 남 몰래 흘렸을 눈물…….

세상사 이치가 본래 그런 것이 아닌가 한다. 타인의 시선을 무릅쓰며, 주변의 우려와 만류를 무릅쓰며 소신껏 제 길을 간다는 것은 말은 참 쉽지만 실제로는 그렇게도 어려운 일이다. 하지만 그 소신이 진정 옳은 것이라면, 끝까지 나갈 일이다. 중간에 주저앉는 순간, 그동안의 소신은 한순간 '쓸데없는 고집'으로 격하되어 버리고 만다. 하지만 온몸으로 소신을 끝까지 밀고 나가면, 결국 그것은 통하여 세상을 바꾸는 힘을 내게 된다. 언제일지 모르지만, 그 순간은 온다. 때로는 당사자가 세상을 떠난 뒤이거나 백 년쯤 뒤에라도. 그 믿음이 우리 삶을 당당하게 한다. 말 그대로, 주인의 삶!

저 여인의 아들, 실제로 병사$_{兵使}$가 되었다고 한다. 나는 그 사람의 이름도 모르고 무슨 일을 했는지도 모른다. 일부러 찾아볼 생각도 하지 않고 있다. 다만 이런 생각을 해 본다. 저 여인이 직접 세상으로 나섰다면 최소한 정승은 했을 거라고. 역사에 길이 남는 영웅이 되었을 거라고. 그러면서 나의 마음속 영웅의 대열에 저 사람을 새겨 넣는다.

나의 길을 가련다!

주변 사람이야 뭐라 하건 꿋꿋이 자신의 길을 간 여인. 그런 여인들에 관한 이야기가 설화 속에는 꽤 많이 있다. '정승 낳을 여자'라는 이야기가 하나의 설화 유형을 이루는 가운데 《한국구비문학대계》에만 각편이 10편 이상 실려 있다. 어떤 여인이 남다른 소신이나 배포, 또는 남다른 지략이나 마음 씀으로 주변 사람들을 놀라게 하더니 '정승'을 낳았다고 하는 이야기들이다(정승이 아닌 '장군'이나 '병사'인 경우도 있다). 그중 마음을 강하게 끌어당긴 두 사람을 소개한다.

옛날에 밀양 영남루를 지나 성주 땅으로 신행길을 가는 여자가 있었다. 아버지가 배행을 서서 길을 가는 중인데, 영남루가 가까워지자 신부가 말했다.
"아버님, 저 밀양 영남루가 구경이 아주 좋다고 소문났는데 여를 구경 안 하고 그냥 지나칠 수 있습니까? 얘들아, 너희 여기 가마 대라. 구경하고 갈란다."
아버지가 놀라 야단치지만 저 딸, 굽히지 않는다. 다 이게 인연이고 기회인데 반드시 구경을 하고 가겠다는 것이었다. 그리고는 아랫사람 시켜 가마를 멈추고는 가마에서 내려 영남루 경치를 처음부터 끝까지 찬찬히 구경하는 것이었다.
영남루를 구경하느라 신행이 뒤늦게 도착하자 시댁에서는 여기 수군 저기 수군 야단이 났다. 그런데 신부는 한 술 더 떠서 사당에 절을 하는 것도 못 하겠다고 나섰다. 사람도 없는 빈 곳에 절하지 않겠다는 것이었다. 그 고집을 아무도 꺾을 수 없었다.

그 뒤 그 며느리는 자식을 연달아서 셋이나 잃었다. 집안 식구들이 야단을 하던 차에, 하루는 시아버지 꿈에 조상이 나타나더니, 큰며느리가 들어와서 집안에 3병사 벼슬을 하는 자손이 나올 것이라 하는 것이었다. 아니나 다를까, 그 뒤 며느리가 연년생으로 삼 형제를 낳았는데 커서 모두 병사 벼슬을 했다고 한다.

- 《한국구비문학대계》 7-5, 경북 성주군 초전면 설화, '신행 날 영남루 구경한 새댁'(이섭 구연)

이 여인은 또 어떤가. 사당에 절하는 이야기는 앞의 손병사 어머니 이야기와 비슷한 것이라서 재론하지 않거니와, 눈길을 끄는 것은 신행 날 영남루를 구경했다고 하는 대목이다. 남들은 일부러 찾아가 구경하는 명소. 시댁 가는 길이 바쁘다지만 그 경치를 그냥 지나칠 수 없다는 얘기가 참 맹랑하기도 하다. 아버지 만류를 물리치고서 굳이 가마를 멈춰 구경할 것 다 하는 그 뚝심, 가히 일품이다.

딴은 그렇지 않은가. 한번 가면 평생 머무를 곳이 시댁인데 거기 가는 길 그리 서두를 게 무언가. 곁에 명소를 두고 그냥 지나쳐 가서 그 아쉬움을 오래도록 가슴에 담는 것보다는 차라리 맘껏 구경하고서 다 풀고 가는 것이 낫지 않은가 말이다. 남이야 뭐라고 하든! '어떻든 내 삶인데 내 뜻대로 즐길 권리가 있다'고 하는, 누구도 부정하지 못할 인생철학이다.

맥락을 헤아려 보자면, 그것은 일종의 시위였는지도 모른다. '나는 이런 사람이다'라고 하는. '누가 뭐래도 나는 내 식으로 살겠다'고 하는. 시댁에서 수군수군 야단을 했다고 하지만 아마 그 이상으로 '긴장'을 했을 것이다. 그리하여 신부가 사당에 절을 하지 않겠다고 할 때, '올 것이 왔구나' 하면서 결국은 물러서게 된 것인지 모른다. 그렇게 본다면 저 여인은 신행길에 영남루 구경을 통해 시댁과 기 싸움에서 기선을 잡음으로써 이후의 삶을 자신의 흐름대로 이끌어 나갈 수 있었던 것인지도 모른다. 일석이조!

위 이야기를 들려준 제보자, 이렇게 구연을 마무리한다. 절대 공감!

여자라도 복장이 크고 똑똑하고 그라마 자식을 낳아도 큰 자석을 낳는다고. 옛날에 와 이몽룡이 말이 없나. '왕대 끝에 왕대 나고 잔대 끝에 잔대 난다.'

여기 또 다른 '정승 낳을 여자' 한 명. 이 여인은 특히 그 마음 씀씀이가 우리를 감탄케 한다.

윤자섭이라는 양반이 옥과 고을 현감이 되어 행차를 할 때였다. 시골 마을 사람들이 사또 행차 구경을 나섰는데, 노소의 여인들도 예외가 아니었다. 여인들이 울타리 너머로 행차를 구경하는데 여러 명이 모여서 밀치다 보니, 막 사또 행차가 그 앞을 지날 때 울타리가 털썩 넘어지고 말았다. 여인들이 놀라서 흙을 털면서 천둥에 매 달아나듯 마구 달아났다. 그런데 열예닐곱 된 처녀 하나가 천천히 일어나더니 수선도 안 떨고 태연히 보통 걸음으로 들어가는 것이었다.

그 모습을 본 윤자섭이 행차를 멈추게 하고는 그 처녀에 대해서 알아보라고 했다. 그 사람은 형씨 성을 지닌 가난한 농촌 집안의 처녀였다. 윤자섭은 도임을 마친 뒤 손수 그 집을 찾아가 그 처녀를 며느리로 달라고 청했다. 뜻밖의 일에 깜짝 놀라는 시골 사람. 결국 일이 성사되어 형씨 처녀는 윤자섭의 아들과 혼인을 하게 되었다.

그 여자가 두 형제를 키우는데, 하루는 형제가 밥이 늦었다면서 하인을 책망했다. 그러자 여자가 나서면서 그게 다 자기 불찰이라며 사연을 말해 주었다.

"내가 너희들 먹으라고 한육을 몇 근 사 오라 시켰는데, 살펴보니까 병든 쇠고기이더구나. 고기 판 사람이 그걸 모르던 모양인데, 사실을 밝히면 손해가 가지 않겠느냐. 그렇다고 그냥 두면 다른 사람이 먹고 탈이 날 일. 그래서 내가 사람을 시켜서 그 고기를 통째로 사다가 파묻어 버리게 했더란다. 그리하다 보니 너희들 밥이 늦었구나."

그 말에 두 형제는 말없이 고개를 숙이는 것이었다. 그 두 형제가 누구인가 하면 일세를 풍미했던 명사인 윤두수와 윤근수였다. 그 조부가 그렇게 며느리를 들이고, 어머니가 그렇게 교육을 했기에 형제가 함께 당대의 큰 선비에 정승이 되었던 것이다.

- 《한국구비문학대계》 6-9, 전남 화순군 이서면 설화, '윤자섭과 며느리'(신석휴 구연)

그야말로 가슴 훈훈한 이야기이다. 한눈에 사람됨을 알아보는 윤자섭의 안목. 그리고 신분이나 집안을 떠나 오직 사람 하나 보고서 며느리를 들이는 그 소신. 하나의 신선한 파격이라 아니할 수 없다. 그리고 저 여인! 갑작스럽고도 당황스러운 순간에 오히려 침착하고 태연하게 움직이더니만, 역시 기대를 저버리지 않는다. 가난한 농촌의 처녀로서 글 같은 걸 제대로 배웠을 리 없지만, 한 대갓집의 어머니로서 자격이 충분하다. 병든 고기에 관한 저 이야기는 그야말로 산 교육의 표상이라 할 수 있다. 그 대범하고 민첩하면서도 가슴 따뜻한 처신이라니! 절로 고개를 숙이지 않을 수 없다.

이야기란 참 얼마나 좋은 것인지. 이렇게 글을 쓰면서도 마음이 뿌듯해진다. 어느덧 식사 시간이 됐는데도 배고픈 것을 느끼지 못한다. 마음에 영양이 차면 몸까지 거뜬한가 보다. 나의 고마운 양식, 옛이야기.

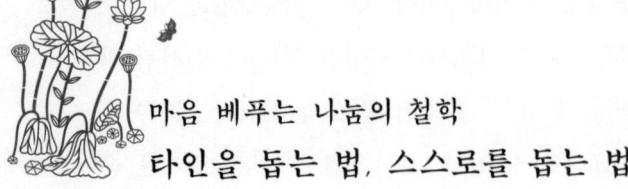

마음 베푸는 나눔의 철학
타인을 돕는 법, 스스로를 돕는 법

적덕積德이란 이런 것!

졸업을 앞둔 학부 시절 나는 구비문학과 새롭게 만나 그것을 나의 공부 대상으로 삼고는 도서관에 틀어박혀 한국정신문화연구원이 간행한 《한국구비문학대계》를 한 권씩 읽어 나가고 있었다. 내가 처음 뽑아서 읽기 시작한 것은 나의 고향인 충남의 당진군 편[4-1]. 그다음 순서는 대덕군 편[4-2]이었다. 이야기를 하나씩 읽어 나가던 나는 한 이야기 앞에서 마음 걸음을 딱 멈추었다. 작은 충격과 함께.

충남 대덕군 신탄진읍 석봉리 3구에서 당시 72세이던 오영석 어르신이 구연한 이야기다. 제목은 '삼천 냥의 보은'이다.《한국구비문학대계》4-2, 58~69쪽

그전에 한 사람이 노비를 수십 명이나 두고 부자로 잘살았다. 자손이 없어 걱정이었는데, 만년에 다행히 아들 하나를 두었다.

그런데 집안의 많던 재산이 슬금슬금 탕진이 되기 시작했다. 종들이 다투어 집안의 재산을 훔쳐 달아나기 시작하니 대책이 없었다. 그때 종 가운데 충심이 남다른 노인이 하나 있어 어떻게든 상전을 먹여 살리려 했으나 한계가 있었다. 그 종의 자식들이 벌써 떠나고 없는지라, 주인은 그 종을 이별해 떠나보냈다. 늙은 종은 나중에 사정이 다급하거든 꼭 찾아오라는 말을 남기고 주인을 떠났다.

세월이 흘러서 그 집 아들이 철들 무렵이 됐을 적에, 집안은 완전히 몰락하여 빌어먹는 신세가 되었다. 어린 아들이 동냥을 해서 늙은 부모를 공양하니, 부모가 그 모습을 두고 볼 수가 없었다. 부모가 지나가는 말로 전날 늙은 종 얘기를 하자 어린 아들이 한번 찾아가 보겠다고 나섰다. 아들은 부모의 걱정을 뒤로 한 채, 노정기를 받아 들고서 전날의 충복을 찾아 길을 떠났다. 마침내 그 종이 사는 곳을 찾아가 보니, 백여 호 되는 마을 가운데 그 집이 제일 부자였다. 종의 자식들은 싫어하는 기색이 역력했으나 늙은 종은 옛 상전의 아들을 기쁘게 맞이해 정성껏 대접했다. 그리고 아이가 길을 떠날 때 능력껏 돈을 챙겨서 멀리 강물까지 배웅해 주었다. 그 종이 챙겨 준 돈은 거금 삼천 냥이었다. 그는 나중에 자식들이 어떻게 나올지 모르니 다시 찾아오지는 말라며 뱃사공을 불러 강을 건네주었다.

아이가 돈을 싣고 강을 따라 집으로 걸음을 옮길 때였다. 멀리 강변에 이상한 광경이 보였다. 소복을 입은 늙은 여인 하나와 젊은 여인 하나가 있는데, 늙은 여인이 물에 빠지려 하면 젊은 여인이 붙잡아 말리고, 젊은 여인이 물에 빠지려 하면 늙은 여인이 붙잡아 말리며 통곡으로 우는 것이었다. 아이는 무슨 일인지 궁금해서 다가가 물었다.

"어쩐 일로 이렇게 서로 죽으려고 하시는지요?"

아이가 거듭해서 묻자 늙은 여인이 눈물을 흘리며 말했다.

"나는 이 고을 아전의 아내이고 이 사람은 내 며느리랍니다. 내 남편이 나랏돈 삼천 냥을 쓰고서 갚지를 못해 부자가 함께 죽음을 당하게 됐지 뭐요. 남편 죽는 꼴을 차마 볼 수가 없어 우리가 먼저 죽으려고 이러고 있다오."

그러자 아이가 잠깐 무엇을 생각하더니 물었다.

"그럼, 삼천 냥만 있으면 살 수 있는 것이네요?"

"그거야 그렇지만……"

그러자 아이가 선뜻 말하는 것이었다.

"마침 저한테 삼천 냥이 있으니, 이걸 받으시고서 죽지 말고 사세요."

그러자 눈이 휘둥그레지는 두 여인.

"아니, 갑자기 웬 삼천 냥이란 말이오? 그나저나 그 돈을 받는대도 또 다른 빚인데 우릴 그냥 두시오."

"돌려받으려는 거 아니니 그러지 마시고 일단 댁으로 가시자구요."

두 여인을 달래어 아전의 집으로 간 아이는 싣고 가던 삼천 냥을 내려 주고는 그 집을 나섰다. 아이를 붙잡고서 어디 사는 누구신지 성함이라도 알려 달라는 사람들. 하지만 아이는 그걸 알아서 뭐하겠냐며 잡는 손길 뿌리치고서 훌쩍 떠나는 것이었다.
그 아이, 불과 십여 세.

삼천 냥이 큰돈이라지만, 그 돈이 있어야 집안 식구들 먹고 살 방도가 생긴다지만, 그것이 어찌 사람 목숨보다 귀하랴. 아니, 어느 것이 더 중한가를 따지는 차원의 문제가 아니다. 사람으로서 그냥 지나칠 수 없는 일. 무조건 구하고 볼 일이다. 모른 척 외면한다면, 그건 죄악일 것이다.
하지만 막상 그렇게 행동한다는 건 쉬운 일일 리 없다. 그 귀한 돈을 턱하니 내려놓는다는 것은. 그것도 아무 조건도 없이 말이다. 혹시라도 부담을 주지 않기 위해, 혹시라도 무언가 보답을 바라는 마음 생기지 않기 위해 사는 곳도 성명도 밝히지 않고 훌훌 돌아서는 저 소년. 그것은 진정으로 타인을 돕는 게 무엇인지를, 무엇이 적덕積德인지를 웅변으로 보여 주는 장면이었다. 그 장면의 감동을 되새길 시간이 필요하여, 나는 이야기를 따라가던 마음의 걸음을 잠시 멈춰 책에서 눈을 떼고 멀리 바깥 하늘을 바라보아야만 했다.

어찌 보답을 받아야만 보답일까

그렇게 삼천 냥을 쾌척하고 집으로 향한 그 아이, 그 뒤에 어찌 됐을까. 빈손으로 돌아온 아들을 맞이한 부모. 삼천 냥을 주어 죽을 사람을 살리고 왔다는 말에 아버지가 말한다.

"그 옳다. 착한 일을 했구나."

집안 생계가 걸린 돈을 통째로 내던지고 왔으니, 산전수전 겪은 어른의 입장에서 보면 철부지 객기로 여겨지기도 했을 것이다. 하지만 이미 지난 일이며, 대의에 합당한 일이다. 선뜻 아들을 칭찬하는 저 아버지 또한 대인이니, 헤아려 보면 그런 아버지였기에 저런 아들이 나온 것이라 할 수 있을 것이다. 그래, 그 돈은 애초에 없었다고 생각하면 그만. 미련 같은 것 떨쳐 버리고, 우리의 삶 시작!

그럭저럭 날이 지나 소년의 나이 열대여섯이 되었다. 집안 살림은 그대로되, 그래도 딸을 주는 집안이 있어 소년은 색시를 얻어 함께 살게 되었다. 그 또한 가난한 집안의 여자였는데, 시댁의 형편이 한심하기 짝이 없었다. 남편이 구걸해 온 밥을 나눠 먹어야 하다니 말이다. 자청해서 동냥 일을 떠맡은 색시는 밥을 구해 오면 조금씩 덜어서 말리기 시작했다. 말린 밥이 조금 쌓여 갈 무렵, 뜻하지 않게 노인이 몸져 누워 그 병구완을 하느라 그마저 모두 없어지고 말았다.
정성스러운 병수발에도 불구하고 노인은 몇 달 만에 세상을 떠나고 말았다. 내외가 마주 보며 눈물을 흘리고 있는 참인데, 웬 스님이 와서 하는 말,

"보아하니 상갓집 같은데, 팥죽 한 그릇만 주오."
어제 오늘 다 굶었는데 팥죽이 있을 리 없다. 색시가 일어서 갖은 주머니 다 뒤져 보니 엽전 한 푼이 나왔다. 그 엽전을 스님한테 전해 주면서 팥죽을 사 먹으라고 하는 색시. 스님이 고맙게 받아 들고서 밖으로 나가더니 얼마쯤 뒤에 다시 돌아와 말했다.
"죽은 이 모실 자리는 잡았는지요? 괜찮다면 내가 자리를 하나 잡아 주지요."
아들은 반색하며 스님을 따라 나섰다. 스님은 아들을 끌고 어디론가 한참을 가더니 날이 다 저문 즈음에 웬 산제당山祭堂 앞에 멈추어 섰다.
"여기가 삼정승 육판서가 날 명당이니, 이 산제당을 허물고 여기다 묘를 쓰시오."
"아이고 스님. 어떻게 남의 제당을 허물고 산소를 씁니까. 그러지 말고 다른 자리를 잡아 주세요."
"잡아 줘도 안 쓴다면 뭐 할 수 없지."
그 말만 남겨 놓고 사라지는 스님. 갑자기 산중에서 혼자가 된 아들이 길을 찾아 헤매는데 마침 불빛이 보였다. 찾아가 보니 커다란 기와집이었다. 문을 두드리니 주인이 맞아들여서 저녁을 대접한다. 저녁을 마치자 주인이 하는 말이, 뭐든 좋으니 이야기를 한 자리 하라고 한다.
"전 얘기를 할 줄 모릅니다."
오늘 오다 본 것도 좋고 아무 거라도 좋으니 얘기를 하라고 자꾸만 재촉하는 주인의 권유에 아들이 무심코 꺼낸 얘기가 무엇인가 하면, 지난날 강변에서 물에 빠지려는 두 여인을 구한 일이었다. 그 순간 무슨 일이 일어났을까. 갑자기 안에서 어떤 여자가 들어오더니,

"아이고! 이게 웬일이요!"

붙잡고서 통곡을 하는 것이었다. 영문을 몰라 어리둥절한 손님.

"보시오. 내가 그때 그 여자랍니다. 당신이 돈을 줘서 살아난 그 사람이라구요! 그때 살아나서, 우리가 이렇게 부자가 되었답니다……."

주인 내외가 울음 반 웃음 반으로 사연을 얘기하는데, 제 식구 살려 준 은인을 찾기 위해 무진 애를 썼단다. 산제당 지어 놓고 은인 만나길 기원하면서, 찾아오는 손님마다 이야기를 시켰단다. 듣고 보니 그 산제당 주인이 이 사람네다. 스님이 그 자리를 산소 자리로 잡아 줬다는 말에 주인이 하는 말,

"그게 부처님 조화였구려. 암요. 헐어도 되고 말고요. 어서 장사를 모십시다."

주인이 앞장서서 장사를 다 치르고 나더니, 자기네하고 똑같은 집을 장만해 주고 논밭을 반으로 갈라 나누어 주면서 아래윗집으로 함께 살자고 하는 것이었다.

두 집안이 서로 어울려 잘살 적에 하루는 그 아들이 꿈을 꾸었는데 대궐에서 홍패 백패 세 개를 들고 오는 꿈이었다. 아들은 그중 하나를 윗집에 나누어 주었다. 그 뒤 아들의 집에서는 두 정승이 나고 윗집에서는 한 정승이 났다고 한다.

베푼 은혜에 마침내 큰 보답을 받았다는 것, 어쩌면 정해진 결말이라 할 수도 있을지 모르겠다. 상투적인 인과응보, 또는 권선징악. 이야기이니까 그렇지 실제 현실에서 어떻게 저런 식의 재회가 가능하겠는가 생각해 볼 수도 있겠다. 하지만, 나는 이러한 결말이 아주 좋다. 구체적인 곡절이 어땠는가를 떠나서 이러한 결말이 지극히 합당하며 또한 마땅히 이렇게 되는 것이라 생각한다. 이야기가 아닌 현실에서도.

부처님이 도승으로 변해서 은인을 만나게 해 주었다는 것은 하나의 상징에 가깝다. 핵심은 그들이 어떻게든 만나게 되어 있다고 하는 사실이다. 이야기를 떠나 한번 현실로 돌아가 보자. 누군가 나의 생명을 구해 준 은인이 있어 그 사람을 꼭 만나고자 할 때, 비록 사는 곳도 이름도 모른다 하더라도, 그를 찾을 수 있는 방법이 정말 없을까? 넓고도 좁은 것이 세상이다. 모르긴 해도, 찾을 가능성이 99퍼센트일 것이다. 2, 3백 년 전 옛 시절로 치더라도, 그 가능성은 90퍼센트 이상이라고 믿는다. 찾는 사람이 진심과 정성으로 모든 방법을 강구한다면 말이다. 이 이야기에서 아전의 가족이 산제당을 지어 발원했다는 것은, 그리고 만나는 사람마다 이야기를 시켰다는 것은 그 진심과 정성의 표상이다. 그러므로 저들은 저렇게 거짓말처럼 훌쩍 만나는 것이다.

한 걸음만 더 나아가 보자. 어찌 꼭 저렇게 은혜를 베풀었던 상대방을 만나서 보답을 받아야만 보답이겠는가. 아무 조건도 없이 거금을 쾌척해서 죽을 사람을 구한 그 순간 이미 그는 그 자체로 보답 내지 구원을 받았다고 하는 것이 나의 생각이다. 그렇게 진심으로 베푸는 순간, 마음은 충만해지고 몸에서는 빛이 난다. 아무 가진 것도 없는 그한테 덕 있는 아내가 짝지어지는 것은, 그러한 빛이 또 다른 빛을 끌어당겼기 때문이다. 그래서 나는 저 사람이 비록 아전 가족을 다시 만나지 않았다 하더라도 이미 보답을 받은 것이라고 여긴다. 물론 이야기가 그렇게 끝나고 말았다면 싱거운 일이었겠지만 말이다.

나중에 알고 보니 위 이야기는 아주 유명한 설화였다. 긴 이야기임에도 불구하고, 《한국구비문학대계》에만도 이 유형에 해당하는 각편이 수십 편 실려 있다. 민담 가운데 최고 인기 종목 중 하나였던 셈이다. 세상 사람들의 마음이란 통하는 법. 옛사람들 또한 이 이야기를 들으면서 나와 비슷한 감동을 받았다는 뜻이다. 이런 사실을 발견할 때, 마음은 한없이 훈훈해진다.

조선 시대 최고의 미담

여기 또 다른 적덕의 주인공이 있다. 그 이름 홍순언洪純彦. 선조 시절 역관이다. 중인으로서 정치적으로나 예술적으로 특별한 행적을 남기거나 한 인물이 아니어서 오늘날 우리에겐 낯선 이름이 됐지만, 조선 후기에 작은 식견이나마 가졌던 사람들이라면 아마도 그 이름을 모르는 사람이 거의 없을 것이다. 이유는 단 하나. 그가 만들어 낸 하나의 미담美談 때문이다. 조선 후기 야담집 가운데 그 미담을 싣고 있지 않은 책이 거의 없으니, 아마도 그건 조선 시대 최고의 미담이 아닐까 한다.

홍순언은 선조 때의 이름난 역관이다. 일찍이 그가 북경에 가서 창관娼館을 찾았을 적의 일이다. 기생을 용모에 따라 값을 정해 놓았는데, 천 냥짜리가 있었다. 그는 천 냥을 내고서 한번 보기를 청했다. 여자의 나이가 16세인데 과연 절색이었다. 여자가 울면서 말했다.

"소녀가 높은 값을 요구한 것은 세상 사람들이 그만한 돈을 내지 않으리라 여겨 잠깐이나마 욕됨을 면하려 한 것이었지요. 뒤에 의기 있는 사람이 나타나 주인에게 몸값을 주고 저를 소실로 삼아 주기를 기대했는데, 손님을 만났습니다. 그러나 손님은 외국 사람이라 저를 데리고 가시지 못하시니 이제 소녀의 몸은 속절없이 더럽혀지게 되었습니다."

홍순언은 애처로운 생각이 들어 거기 오게 된 연유를 물었다.

"소녀의 아버지는 남경에서 호부시랑을 했는데, 죄를 얻어 집안이 몰락했습니다. 저는 이 창관에 몸을 팔아서 부친의 죗값을 갚았지요."

홍순언은 그 말에 깜짝 놀라며, 그 창관을 벗어나려면 얼마의 몸값이 필요한가 물었다. 여자가 대답하기를 이천 냥이라 했다. 홍순언은 당장 이천 냥을 갚아 주고서 여자와 작별했다. 여자는 그를 은부恩父라 부르며 여러 번 절하고 떠나갔다.

홍순언은 그 뒤 그 일을 까맣게 잊고 있었다. 그러던 중 다시 중국에 갈 길이 있었는데, 저쪽 사람들이 자꾸 홍순언을 찾아 이상하게 생각했다. 북경에 이르렀더니 한쪽에 성대하게 장막을 쳐 놓고서 그를 맞이하는 사람이 있었다. 누군가 물어보니 병부상서 석성石星의 집에서 나왔다고 했다. 사람을 따라 석씨 집에 이르니 석상서가 직접 나와서 절을 하는 것이었다.
"은혜로운 장인이시지요. 공의 따님이 기다린 지 오랩니다."
그때 석상서의 부인이 성장을 하고 큰절을 올리니 홍순언은 당황해서 몸둘 바를 몰랐다. 이게 다 무슨 일이었던가. 그 부인이 누군가 하면 전날 홍순언이 창관에서 빼내 주었던 그 여인으로, 창관을 나간 뒤 석성의 재취가 되어 있었던 것이었다. 석상서는 홍순언에게 자기 아내가 손수 '보은報恩'이라는 글자를 수놓은 비단을 선사하고 그 밖에도 수많은 보화를 건네주었다.
임진왜란 때 석성이 병부상서로 있으면서 명나라가 조선에 구원병을 보낼 것을 강력히 주장했던 것은, 그가 우리나라 사람을 의롭게 보았기 때문이라고 한다.

여러 문헌 가운데 연암 박지원의《열하일기》'옥갑야화玉匣夜話'편에 실린 내용을 조금 간추려 옮겼다. 이역만리 여행길에 객관에서 밤을 도와 펼쳐진 이야기판에서 누군가가 이 이야기를 꺼냈다고 박지원은 쓰고 있다.
사실 이 이야기를 맨 처음 만났을 때, 나로서는 그리 흔쾌한 것만은 아니었다. 돈깨나 있었는지 모르지만 절색을 보기 위해 천 냥을 던진다는 상황이 좀 마음에 들지 않았다. 이건 뭐 돈 자랑도 아니고! 하지만, 동기가 어떻고 과정이 어땠는가를 떠나서, 아무런 망설임도 어떤 조건도 없이 그 불쌍한 여인을 구원한 홍순언의 행동에는 무조건 뜨거운 박수뿐이다. 어떻게 생각하면, '하룻밤의 쾌락'을 찾아 도달한 자리에서 그것을 깨끗이 털어 버리고 구원자로 나선 반전 때문에 그의 행위가 더 빛나는 것일지도 모르겠다.

거금 천 냥을 투자하여 얻은 가연佳緣의 순간에 저 여인을 조건 없이 구원한 홍순언의 행위가 참 고귀하면서도 그리하기 어려운 일이라 생각할 수도 있겠다. 그렇지만 이 부분에 대한 나의 생각은 조금 다르다. 나는 저 일이 다른 선택의 여지가 없는, 마땅히 그리했어야 할 일이라고 믿고 있다. 집안을 구하기 위해 몸을 판 저 불쌍하고 또 가상한 소녀를 그대로 범한다면, 그것은 인간이 아닌 짐승의 일일 것이다. 사람으로서 차마 그리할 수는 없는 일이다. 저 사람 홍순언, 당연히 그리 여겼기에 추호의 망설임도 없이 저 여인을 구원했던 것이고 또 그 일을 까맣게 잊었던 것이다. 그 상황에서 마땅히 할 일을 그냥 한 것뿐. 누구한테 어쩌고저쩌고 자랑할 일도 아니다.

그렇게 당사자가 까맣게 잊어버린 상황이라서, 그 뒤의 이야기는 더욱 우리를 즐겁게 한다. 저 여인, 과연 저러할 만했을 것이다. 딸로서 집안을 살리고 아내로서 가문을 일으키며, 대국大國의 상서로 하여금 소국의 역관에게 절을 올리도록 하는 것. 그렇게 열심히 살아가고 정성을 다해 보은의 길을 찾는 것.

그것이 또한 저 여인이 마땅히 해야 할 일이었던 터다. 서로가 당당한 인간의 길로 움직이는 것. 그야말로, 완전한 미담이다.

작은 마음이 기적을 만들어 낸다고 했던가. 그 미담은 '역사'로 연결되며 절정에 이른다. 석상서가 조선을 의롭게 여겨 구원병 파견을 주장했다고 하는 대목 말이다. 설사 홍순언의 그 미담이 없었다 한들 명나라 원군이 오지 않았겠는가 하는 생각도 들지만, 그래도 그 일이 중요한 고리가 돼서 구원병 출전이 성사되었다고 믿고 싶다. 큰 역사란 본디 아주 작은 것으로부터 이루어지는 법이다. 왜냐하면 역사라는 것도 '인간'의 일이므로.

스스로를 돕는 법, 또 다른 원칙

여기 타인을 돕는 법과 관련하여, 스스로를 돕는 법과 관련하여 마음 한편에 새겨 둘 만한 또 다른 원칙을 보여 주는 이야기들이 있다.

어느 부잣집에서 초상이 나서 장례를 치르려고 곳간의 술항아리를 꺼냈다. 그런데 술을 뜨려고 보니 그 안에 뱀이 죽어 떠 있지 않은가. 주인이 그 술을 버리려고 하는데 문둥이들이 괜찮다면서 그걸 달라고 했다. 주인이 문둥이들한테 술을 주려다가, 그냥 주면 죄가 될 것 같아서 먼저 한 모금을 마신 다음에 나누어 주었다. 문둥이들이 그 술을 먹고 떠날 때, 주인은 또다시 미안하다며 떡과 음식을 주었다. 그 후 1년이 지나 소상이 되었을 때, 웬 낯선 사람 세 명이 나귀에 돈을 싣고 찾아와 주인에게 절을 했다. 알고 보니 전해에 문둥이로 찾아왔던 사람들이었다. 그들은 주인이 준 술을 먹고서 병이 나았다면서 크게 사례하는 것이었다.

- 《한국구비문학대계》 2-2, 강원도 춘성군 신동면 설화 '뱀술 먹고 문둥병 고친 이야기'(김을손 구연)

내가 못 먹겠다 싶어 버리려는 것을 남이 달라고 한다. 달라고 하니 그냥 주어 버리면 그만이겠지만, 그래도 그게 아니다. 상대방의 입장을 떠나, 내 마음이 아니면 아닌 것이다. 그리하여 그 주인은 문둥이들한테 주기 전에 그 술을 먼저 들이켠다. 어쩌면 그것은 자기 죄의식을 감하여 마음을 편안히 하려는 약은 행동일 수도 있겠다. 하지만 설사 그렇다 하더라도 나는 저 주인의 행동에 고개를 끄덕인다. 나 자신한테도 그렇겠지만, 그것은 상대방에게 무척 고마운 일일 것이다. 미안해하는 그 마음, 걱정하는 그 마음이 애틋하지 않은가 말이다. 주인의 그 행동에, 손님들은 더 흔쾌한 마음으로 술을 받아 들이켰을 것이다. '이거 아주 괜찮은 거거든!' 이러면서 말이다. 술 속에 녹아든 뱀이 어떤 생리작용을 했는지 모르지만, 나는 그 흔쾌한 마음 자체가 그들의 병을 치유하는 데 한몫을 한 것이리라 생각해 본다. 저들이 다음 해에 일부러 주인을 찾아온 것도, 그들이 마신 술보다는 주인의 마음씀 때문이었을 것이다.

여기, 베풀기의 한 원칙! "마음을 함께 베풀어라. 마음을 실으면 독도 약이 된다."

옛날 한 곳에 과객을 들여 이야기를 듣는 것을 좋아하는 사람이 있었다. 어느 날 한 과객이 머물렀는데, 밥을 줘도 먹지 않고 챙겨 두는 것이었다. 주인이 이유를 물으니 그날이 부모 제삿날이라 했다. 주인이 안된 마음이 들어 식사를 권하며 한 그릇을 더 해 주겠다고 했다. 주인이 며느리들에게 사연을 말하며 밥을 한 그릇 더 해 달라고 했다. 큰며느리 둘째 며느리가 그러면 매일 제삿날이 될 거라며 시아버지를 타박했다. 하지만 막내며느리는 그 말을 듣더니 선뜻 준비에 나서면서 양친 중 어느 분 제사인지 알아보시라 했다. 어머니 제사라고 하자 막내며느리는 격식에 맞추어 정성껏 음식을 준비하고 제사상을 차려 주었다.
그 일이 있고 난 뒤 셋째 며느리가 아이를 잉태하여 낳았는데, 시아버지께 청하여 이름에 창昌 자를 넣어 달라 했다. 사연을 물으니, 전날 그 과객이 떠난 뒤에 꿈에 선녀가 하강하여 아들 삼형제를 정승으로 만들어 줄테니 그리 이름을 지으라 했다는 것이었다. 과연 뒷날 셋째 며느리의 세 아들이 모두 정승을 했다고 한다.

- 《한국구비문학대계》 8-4, 경남 진양군 일반성면 설화, '과객 제사 지내 주고 덕 본 며느리'(조채제 구연)

이 이야기를 들으면 세 며느리의 시아버지이기도 한 집주인의 마음자리가 그대로 전해진다. 객지에서 제삿날을 맞은 과객을 어떻게든 도와주고 싶은 그 마음. 그러나 밥을 해 주는 것은 며느리의 몫인지라, 어렵게 말을 꺼낸다. 첫째와 둘째 며느리가 그리하면 안 된다며 거절했을 때, 얼마나 무안했을까. 과객에게 이미 말은 뱉어 놓은 상황. 혹시나 하고 셋째 며느리를 다시 불러 어렵사리 말을 한다. 그 며느리가 그 말씀을 지당한 일로 받아들이고 한 걸음 더 나아가 격식과 정성을 다해 제사상을 차릴 때 그 주인은 얼마나 뿌듯하고 또 자랑스러웠을까. "보소. 이게 내 며느리라오!"

셋째 며느리 입장에서는 시아버지 말씀을 곧이곧대로 따라서 그냥 밥이나 한 그릇 더 해 주는 것으로 '의무'를 때울 수도 있을 것이다(물론, 그것은 시아버지의 진정한 뜻이 아니다). 하지만 그것은 '때우는 것'은 될지언정 '다하는 것'은 되지 못한다. 어설프게 베푸는 일은, 시늉으로 베푸는 일은 진정한 베풂이 아니다. 그것은 자칫 알량한 동정이 되기 십상이다. 남을 도우려면, 정성을 다하여 제대로 도와야 한다. 할 수 있는 데까지 최대한, 끝까지. 이것이 타인을 제대로 돕는 방법이자 스스로를 온전히 돕는 방법이다. 보라. 정성을 다하여 과객을 도운 저 사람, 곧바로 하늘이 나서서 그를 돕지 않는가!

혼자 갈 것인가 함께할 것인가

누군가를 정성껏 도와줘서 기쁨을 주고 자기 자신도 잘된 이야기는 우리 마음을 따뜻하게 한다. 하지만 이야기에 그런 것들만 있을 리 없다. 그 반대쪽 이야기도 있다. 그 반대라면 악행을 베푼 이야기가 될 터이나 꼭 그렇지만은 않다. 덕을 베풀 수 있음에도 베풀지 않는 것, 그것을 귀찮게 여겨 피하는 것. 설화는 이 지점에 문제를 제기한다.

옛날 어느 마을에 큰 부자가 있었다. 그 집에는 늘 손님이 끊이질 않았는데 집안 식구들은 그게 늘 귀찮고 부담스러웠다. 어느 날 그 집에 웬 스님이 동냥을 오자 주인집에서 시주를 주면서 집에 손님이 안 들게 하는 방법이 없겠느냐고 물었다. 그러자 스님은 그 집이 지형상 손님이 많이 들 수밖에 없다며 뒷산으로 가서 용의 목에 해당하는 자리의 맥을 끊으면 손님이 끊길 거라고 했다. 주인집에서는 가래와 괭이를 들고 산으로 가서 스님이 알려 준 자리를 파헤쳐 혈맥을 끊었다. 그러자 과연 그 뒤로 집에 드나들던 손님이 뚝 끊기고 아무도 찾아오지 않았다. 하지만 손님이 찾아들지 않자 그 집은 폭삭 망했다고 한다.

전국적으로 널리 전승돼 온 이야기이다. 손님을 끊으려 한 사람은 이야기에 따라 주인집 가장이기도 하고, 안주인이기도 하며, 며느리이기도 하다. 용의 목에 해당하는 혈맥을 끊었다고도 하고, 자라 목을 잘랐다고도 하며, 집을 굽어보던 거북 바위를 깼다고도 한다. 이처럼 구체적인 설정은 다르지만, 부잣집에서 스님의 가르침대로 해서 손님을 끊은 뒤로 집이 망했다고 하는 것만큼은 모든 자료에서 공통적이다. 이야기의 핵심에 해당하는 요소이다.

날마다 집에 손님이 들어서 수발을 해야 한다는 것, 과연 귀찮은 일일 것이다. 집에 도움이 되는 살갑고 귀한 손님이라면 그나마 낫겠지만 찾아오는 손님들이 다들 그런 이들일 리 없다. 온갖 어중이떠중이 뜨내기에다가 꼴 보기도 싫은 사람까지 찾아와서 시간을 빼앗고 심신을 수고롭게 하면 그 얼마나 짜증나고 신경 쓰이는 일이겠는가. 기껏 대접을 한다고 했는데 대접이 소홀하느니 어쩌느니 뒷공론까지 들리기라도 할라치면 그냥 싹 뒤집어엎고서 문을 닫아거는 것이 상책일 듯싶기도 하다. 저 부잣집에서 제발 손님이 안 들면 소원이 없겠다고 한 사정을 가히 이해할 만도 하다.

하지만 저 설화는 말한다. 그것이 인생이라고. 손님이 드나들어 시끌벅적 부대끼는 일이 곧 살아가는 일이라고. 찾아오는 사람이 많다는 것은 그 집에 생기生氣가 넘친다는 증거가 된다. 아무도 찾아오지 않는 집이란 그 자체로 침침한 흉가가 된다. 재산이 많고 적음을 떠나서, 생기를 잃은 집이 잘될 리 없다. 그런즉 손님이 끊기자 부잣집이 망해 버렸다는 것은 지극히 당연한 이치가 된다.

연구실에 앉아 작업을 하다 보면 손님이 찾아오는 일이 많다. 학생들이 상담하러 오기도 하고, 동료 교수나 연구원들이 찾아오기도 하며, 때로는 이런저런 외판원이 찾아들기도 한다. 기분이 좋고 시간 여유가 있을 때는 좀 낫지만, 몸이 피곤하거나 한창 일이 바쁘거나 한 중에 누가 갑자기 찾아오면 부담감과 함께 때로는 싫은 생각이 들기도 한다. 그래서 가끔은 안에서 문을 걸어 잠그고 들어앉아 있는 적도 없지 않았다. 하지만 저 이야기는 나에게 천둥처럼 말해 준다. 누군가가 찾아오는 것이 너의 복이라고. 그 사람들이 다 너를 살아 있도록 하는 귀인들이라고.

언제 누가 찾아오든 활짝 웃으면서 맞이할 마음을 가져 본다. 어쩌면 연습이 좀 필요할지도 모르겠다. 나의 갸륵한 귀인들이여, 누구라도 부담 없이 찾아오시기를!

다가와 손 내미는 관계의 철학
그 호랑이는 어떻게 형님이 되었나

유치한 동화 한 편, 그러나

사람들은 흔히 옛이야기가 아이들을 위한 것이라고 생각하곤 한다. 옛이야기는 과연 아이들한테 최고의 양식이라 할 수 있다. 즐거움과 교훈에 더하여 가없는 상상력까지, 옛이야기를 통해 얻을 수 있는 것이 하나둘이 아니다.

하지만 옛이야기는 아이들만을 위한 것이 아니다. 본래 이야기라는 게 딱히 아이들 것과 어른 것이 나뉘는 것이 아니다. 어른들끼리만 주고받는 이야기가 있고 또 어른들끼리 주고받기에 안 어울리는 이야기도 있으나, 웬만한 이야기는 남녀노소 공용이라 할 수 있다. 아이들을 위한 이야기라 하더라도 들려주는 사람은 어른인 경우가 많다. 이때 이야기의 혜택을 보는 것은 아이들만이 아니다. 어른들도 이야기를 구연하는 과정에서 이야기의 즐거움과 의미를 내면화하게 된다. 이야기란 듣는 것보다 말하는 것이 더 재미있는 일이 될 수 있다는 것이

나의 믿음이다.

이 책에서 여지껏 다루어 온 이야기 가운데는 그간 동화로 소통돼 온 것들이 많다. 우리는 거기 동화 이상의 의의가 있음을 보아 온 셈이다. 유치해 보이던 이야기에서 모종의 보편적이고 심원한 의미를 발견할 때의 즐거움은 작지 않다. 하나의 '작은 우주'를 새롭게 발견한 것 같은 기쁨에 젖게 된다.

옛이야기는 유치한 것이라고 하는 편견을 버려야 한다는 생각을 가지고 있으면서도, 내심 좀 우습게 여기던 이야기들이 있었다. 이른바 '유아용' 수준의 이야기들. 그중 하나가 바로 '효자 호랑이'였다. 나무꾼이 산중에서 만난 호랑이를 속여서 동생인 척했더니 호랑이가 그 말이 진짜인 줄 알고서 나무꾼의 어머니한테 효성을 다하다 죽었다는 이야기다. 누구나 어릴 적 이야기책에서 보았을 유명한 이야기이다.

딴은 재미있는 이야기이다. 꼭 죽게 된 상황에서 호랑이한테 '형님'이라고 말하는 나무꾼의 기지도 그렇고, 호랑이가 그 말에 깜빡 속아서 나무꾼 집을 보살핀다는 것도 그러하며, 나중에 호랑이가 시묘살이를 하다가 말라서 죽었다는 반전도 그러하다. 삶의 지혜와 웃음과 교훈이 버무러진 이야기. 하지만 거기까지였다. 내가 생각하기에 이 설화는 아이들한테나 어울릴 그저 그런 교훈적인 이야기일 따름이었다. 매우 유명한 이야기임에도 불구하고 《한국구비문학대계》를 비롯한 자료집에 1차 자료가 별로 없다는 것도 나의 선입견을 뒷받침하는 데 한몫을 했다. 나에게 이 이야기는 거품 낀 '전래 동화'에 가까운 것이었다.

두어 해 전 어느 날, 깜짝 놀랐다. 어느 대학원생이 이 설화에 대해서 발표를 하며 나무꾼과 호랑이의 관계를 설명하는데,* 띵한 충격과 함께 머릿속에서 이야기가 줄줄 재구성되기 시작했다. '그래, 이게 이런 이야기였어!' 이 이야기는, 어떤 설화에도 쉽사리 편견을 가지면 안 된다는 깨우침과 함께, 사람들이 좋아하는 이야기에는 무언가 다 이유가 있다는 깨우침과 함께, 내 마음속 정원에 들어와 자리 잡았다. 한 그루 커다란 아름드리 나무로.

위기에 대처하는 나무꾼의 자세

'효자 호랑이' 이야기는 서로 다른 두 가지 스타일로 형상화된다. 하나는 호랑이를 사람처럼 생각하고 말하는 인격적 존재로 그리는 우화 스타일의 표현이며, 또 하나는 호랑이를 사람의 말을 알아듣는 신이한 영물로 그리는 동물담 스타일의 표현이다. 어느 쪽을 선택하는가에 따라 이야기의 느낌이 상당히 달라진다. 개인적으로 후자를 선호하지만, 어릴 적 기억을 되살릴 겸 우화 스타일로 이야기 내용을 정리해 본다. 이야기 문맥을 위해 약간의 각색이 포함될지도 모르겠다.

● 그는 건국대학교 국어국문학과 대학원 김정희이다. 이 글의 기본 착상은 그에게 빚진 것이다. 이 자리를 빌어 감사를 전한다.

옛날 어느 산골에 홀어머니를 모시고서 나무를 해다 팔아서 사는 총각이 살았다. 어느 날 한창 나무를 하고 있는데 앞에 집채만 한 호랑이가 입을 딱 벌리고서 총각을 가로막았다. 꼼짝없이 죽게 된 총각은 순간 기지를 발휘해서 호랑이한테로 다가가서 말했다.
"아이고 형님, 이게 얼마 만이오! 보고 싶었습니다. 형님!"
그러자 이게 무슨 말인지 어리둥절해하는 호랑이,
"이놈아, 나더러 형님이라니 그게 무슨 개풀 뜯는 소리냐?"
"아이고 말도 마세요. 형님, 우리 어머니가 첫 아들을 낳았는데 호랑이를 낳았지 뭡니까. 1년이 안 돼서 산으로 달아났는데 눈 위에 하얀 점이 있댔어요. 이제 보니 형님이 분명합니다. 우리 어머니가 형님을 얼마나 보고 싶어하시는데요. 흑흑흑."
갑자기 혼란에 빠진 호랑이, 가만히 생각해 보니 자기가 누구의 자식인지 어디에서 왔는지 알 수가 없다. 그래 총각의 말에 그만 귀가 솔깃해지는 것이었다.
"어머니가 계시다고?……"
"형님, 어머니가 자나 깨나 형님을 보고 싶어 하시니 집에 한번 꼭 오세요! 저 아랫마을 끄트머리 조그만 오두막집이 우리 집입니다."
"오냐, 그러자꾸나. 내 밤에 내려가마."
그러더니 발로 나뭇가지를 툭툭 쳐서 나무를 한 짐 마련해서 총각을 내려보내는 것이었다.
집에 돌아온 총각이 어머니한테 자초지종을 말하자 어머니는 아들이 살아온 걸 다행으로 여기면서도 한편으로 걱정이 태산이었다. 그러자 아들이 어머니한테 말했다.
"어머니, 밤에 밖에 쿵 하는 소리가 나거들랑 마당에 나가서 호랑이 목을 안고 '아들아!' 하면서 우세요. 그것만이 우리가 사는 길입니다."
아니나 다를까 밤이 되자 바깥마당에서 쿵 소리가 들려왔다. 마당으로 나간 어머니는 커다란 호랑이 목을 감싸 안고서 눈물을 줄줄 흘리며 말했다.
"아이고 이 자식아, 어디 갔다 이제 왔니! 내가 널 얼마나 보고 싶었는데……."
그러자 호랑이도 커다란 눈에 닭똥 같은 눈물을 줄줄 흘리는 것이었다.
"어머니!"
집에서 함께 살 수 없었던 호랑이는 다시 산으로 돌아갔으나 어머니와 동생을 잊지 않았다. 틈틈이 토끼나 노루 같은 짐승을 잡아다가 총각 집 마당에 던져 주었다. 총각이 나무를 할 때면 커다란 나뭇가지를 뚝뚝 부러뜨려 주었다. 그 덕에 총각의 집은 점점 살기가 좋아졌다.
그렇게 세월을 보내던 중에 총각의 어머니가 노환으로 몸져눕게 되었다. 호랑이가 좋은 찬거리를 잡아다 주었지만 늙은 어머니는 그만 세상을 떠나고 말았다. 장례가 치러지는 동안 호랑이는 멀리서 무릎을 꿇고 앉아서 눈물을 뚝뚝 흘렸다.
어머니를 산에 묻은 뒤 아들이 시묘살이를 시작하려 하자 호랑이가 나타나서 말했다.

"어머니는 맏아들인 내가 모실 테니 너는 내려가서 일을 해라."

그 후 호랑이는 어머니 묘를 떠나지 않고 곁을 지켰다. 어머니 잃은 죄인이라고 고기를 먹는 일도 그쳤다. 그렇게 삼 년을 하루같이 정성껏 어머니 묘를 지킨 호랑이는 대상을 마치던 날 그 자리에 쓰러져서 죽고 말았다. 나무꾼은 그 호랑이를 어머니 곁에 고이 묻어 주었다고 한다.

전화위복의 이야기이고 반전의 이야기이다. 목숨을 잃을 위기를 오히려 기회로 바꾸어 복을 불러온 이야기. 그것은 나무꾼의 순간적 기지에 의한 것이었다. 그리고 정신 바짝 차리고 이끌어 낸 용기에 의한 것이었다. 호랑이한테 물려 가도 정신만 차리면 산다는 말 꼭 그대로다. 그냥 포기하고서 죽느니 이렇게 뭐라도 해 보는 것이 정답이다. 통하면 다행이고, 통하지 않으면 할 수 없는 일이다. 밑져야 본전. 그 도박은 대성공이었다.

한 가지 주목할 것은 그 도박의 방법이다. 저 상황에서 주저앉아 먹히는 대신으로 행할 일이란 십중팔구 뒤돌아서 도망치는 것이 일반적인 선택일 것이다. 그리고 그 결과는 백에 아흔아홉 호랑이에게 붙잡혀 사지를 뜯어 먹히는 일이 될 것이다. 그런데 저 나무꾼은 그와 다른 길을 택했다. 무언가 하면, 호랑이한테로 선뜻 다가가서 친한 척하기. 뜻하지 않은 반응인지라 상대도 멈칫한다. 이건 또 뭐지? 그런 빈틈을 놓치지 않고 호랑이를 설득해 가는 저 총각, 과연 만만치 않다. 창조적인 역발상을 통해 위기 극복의 가능성을 높인 남다른 전략이었다. 그 결과는 절멸 대신 든든한 '빽'과 부의 획득이었으니, 그야말로 위기에 대처하는 최선의 자세였다고 할 만하다.

호랑이가 형님이 된 진짜 이유

위기에 처한 나무꾼이 남다른 기지를 발휘해 전화위복을 이룬 이야기라 했다. 이는 거꾸로 말하면 호랑이가 나무꾼한테 깜빡 속아 넘어가 맹랑한 짓을 한 이야기가 된다. 나무꾼을 살려 보내는 데 그치지 않고 나무꾼 집에 짐승들을 잡아다 준다는 데서 그 어리석음은 더욱 증폭되며, 어머니도 아닌 엉뚱한 노파의 무덤을 울면서 지키다가 굶어서 죽었다는 대목에 이르면 어리석음은 극에 달한다. 속임수에 깜빡 넘어간 바보 호랑이의 우스꽝스러운 최후라고나 할까.

그런데 이 지점에서 저 호랑이의 형상은 뭔가 색깔이 달라진다. 말 그대로 우스꽝스러운 바보의 모습일 수도 있으나, 노파의 삼년상을 정성껏 챙기고서 굶어 죽는 저 모습에는 무언가 보는 이를 숙연하게 하는 면이 있다. 사람도 못하는 처신을 하는 저 호랑이를 보면서 이제 우리는 그를 속이고 있다는 데 대한 미안함과 함께 모종의 도덕적인 감동과 교훈까지 얻게 되는 것이다. '효자로군! 하물며 동물도 저리하는데 우리는 부모한테 어떻게 하고 있단 말인가!' 이야기는 어느새 지혜담 내지 치우담(바보담)에서 윤리담으로 전변해 간다.

사실대로 말하자면 그 변화가 그리 자연스럽지는 않다. 적어도 내가 보기에는 그러하다. 깜빡 속임을 당해서 제 어머니도 아닌 엉뚱한 사람을 지성껏 모시다가 그를 따라서 죽는다는 것이 정상적인 상황일 수는 없지 않은가 말이다. 그것은 그냥 웃어넘기기에도, 감동하며 고개를 끄덕이기에도 좀 어색한 상황이라 할 수 있다. 내가 이 이야기를 왠지 부자연스럽고 억지스럽게 느껴 온 것은 아마도 이러한 부조화 때문이었을 것이다.

그런데 어느 순간, 그 부자연스럽다는 생각이 단박에 깨지고 말았다. 나를 깜빡 충격에 빠뜨린 깨달음. 무언가 하면 저 호랑이는 나무꾼이 제 동생이 아님을 알고 있었다는 것이다. 또는 저 호랑이가 나무꾼의 진짜 형님이었다는 것이다. 이건 대체 무슨 말인가. 핵심은 바로 이것. 나무꾼이 호랑이에게 다가가 그를 '형님!' 하고 불렀고, 노파가 호랑이 목을 뜨겁게 끌어안으며 '아들아!' 하고 외쳤다는 사실이다. 경위야 어쨌든 그를 형님으로 대하고 아들로 대했다는 사실이다.

터거리(턱) 밑에다가 잔뜩 머릴 디밀고서 등을 두들기며,
"이놈의 새끼야, 나노니까느루 네 동생이 이렇게 크도록, 크드룩 이렇게 여지껏 에미라고 인제 찾아왔느냐."구 말이여.
두드리면서,

"이런 불효자식이 어딨냐."구.

아, 대성통곡을 했단 말이여.

— 《한국구비문학대계》 2-7, 강원도 횡성군 서원면 설화 '대관령의 유래'(이재옥 구연)

호랑이란 어떤 존재인가. 그야말로 무시무시한 존재이다. 누구나 무서워하고 기피하는 존재. 그와 맞닥뜨리게 되면 오줌을 지리며 쓰러져서 살려 달라고 빌거나 또는 뒤돌아 줄행랑을 치기 마련인 그러한 존재였다. 그것이 호랑이의 변할 수 없는 정체성이었다. 자기한테 미소를 지으며 따뜻하게 손 내미는 존재는 아무도 없는 것이 당연한 일이었다. 그런데 저 나무꾼, 그렇게 했다. 웃으면서 다가와 손을 내밀면서 호랑이한테 '형님'이라 했다. 그러자 저 호랑이 진짜로 '형님'이 되는 것이었다.

저 험상궂고 무서운 호랑이, 알고 보면 그는 외로운 존재였다. 세상에는 온통 자신을 두려워하거나 기피하는 사람뿐이다. 감히 눈을 마주치지도 못하며 벌벌 떨 따름이다. 손을 내밀기라도 할라치면 그냥 맥없이 거꾸러지는 것이다. 아니면 죽자 사자 덤벼서 싸우거나. 그러면 호랑이는 발톱을 휘둘러 그를 쳐 죽인다.

누구와도 손잡을 수 없는 존재, 누구와도 형제가 될 수 없는 존재, 그것이 호랑이였다. 그런 호랑이한테 누군가가 다가와서 '형님'이라 불러 주고 또 '아들'이라 불러 주자 저 호랑이 뜨거운 눈물 뚝뚝 흘리면서 형님이 되고 아들이 되었던 것이었다. 친형보다 더 갸륵한 진짜 형님, 친아들보다 더 뜨거운 진짜 아들⋯⋯. 그가 나무꾼과 노파를 위해 지성을 다하고 나아가 목숨까지 바친 것은 그러니 엉터리 같은 일이 아니라 당연한 결과였던 터였다. 대장부는 자기를 알아주는 사람을 위해 목숨을 바친다 하지 않았던가.

이야기는 저 나무꾼이 호랑이를 '형님'이라 부르고 노파가 그를 '아들'이라고 부른 것이 살기 위한 방책이었다고 말하고 있다. 하지만 나는 이렇게 상상한다. 처음에는 술수로서 그러했을지 모르나 호랑이에게 손을 내밀어 그를 형님으로 받아들이고 아들로 받아들임으로써 어느새 그는 진짜 형님이 되고 진짜 아들이 되었던 것이라고. 이야기 어디에도 저 모자가 호랑이로부터 도망가려고 시도했다는 말이 없다. 그들이 호랑이와 공존을 선택했다는 뜻이다. 나무꾼이 죽은 호랑이를 어머니 곁에 고이 묻어 주었다는 것은 그가 진짜 형님이 되고 아들이 되었음을 나타내는 표상이 된다.

> 그래 뭐 겉만, 그 거죽만 있지. 그 범이라는 게 말이여. 그래, "그냥 나는 죽겠으니 이 어머이 옆에다가서 여기다가 파라. 나를 여기다가 묻어 두구, 묻어 주구. 소상 때 한 번 오고, 대상 때 한 번 오고 두 번이나 오너라."
> "그러냐."구.
> 그러니 거길 파니 슬며시 들어가니 그냥 스러지고 죽어. 죽어 버리고 말어. 동생이 그걸 생각을 하니까 영영 앉아서 울어. 울

면서, 그 너무 가엾어서. 그래 묻어 주고선 인제 집에 왔지.

- 위와 같은 설화

세상 이치란 것이 본래 그러하다. 뜨거운 것이 사람의 정情이라 하지만, 그건 처음부터 저절로 존재하는 것이 아니다. 손 잡고서 부대끼며 움직이는 가운데 끈끈한 정이 생겨나서 떼려야 뗄 수 없는 관계가 된다. 저 모자와 호랑이는 손 내밂과 손 잡음을 통해 그렇게 끈끈한 삶의 동반자가 되었던 것이었다. 현세에서 내세로 이어지는.

다시 돌이켜 보는 뱀과 용 사이

'효자 호랑이' 이야기를 들으면서 혹시 앞에서 살폈던 이야기 하나가 떠오르지 않았는지 궁금하다. 나로서는 이 이야기가 본질 면에서 저 앞에서 살핀 '구렁이각시'와 통한다고 생각하고 있다. 남들이 다 징그럽다고 하는 구렁이였지만 그 구렁이를 고마운 존재로 여기고 손을 내밀어 줌으로써 용으로 승천할 수 있게 했던 선비. 여기 나무꾼이 호랑이한테 한 일은 선비가 구렁이에게 한 일과 다르지 않다고 할 수 있다. 그는 호랑이에게 '인참'을 베풂으로써 그 이면에 깃든 인성人性을, 아니 신성神性을 이끌어 냈던 것이다. 왜 신성인가 하면 어머니를 위해 정성껏 시묘살이를 하다 따라 죽는 그 행위는 하나의 성스러운 모습이므로. 수성에서 신성으로의 그 극적인 비약이 우리를 감복시키는 터이니, 저 호랑이의 죽음을 보면서 기꺼이 감동의 눈물을 흘려도 좋으리라.

수성과 신성. 따지고 보면 그것은 인성人性의 두 측면이라 할 수 있다. 흔히 인간을 동물과 신 사이에 선 존재라 하거니와, 인간은 동물인 동시에 신이어서 그 사이를 오르내리는 존재라고 말할 수 있다. 땅에 몸을 붙이고 있으면서 하늘을 바라보며 화려한 비상을 꿈꾸는 존재. '승천昇天'의 풍경은 늘 우리 가슴을 뛰게 한다.

수성과 신성. 엄격히 말하면 땅과 하늘의 차이이다. 구렁이가 용이 되려면 천년을 묵어야 한다고들 한다. 천년을 묵는다고 다 용이 되는 것도 아니다. 우리는 여의주를 물고도 하늘에 오르지 못한 뱀의 이야기를 이미 만난 바 있다. 하지만 설화는 또 이렇게 말한다. 용과 뱀의 사이란, 수성과 신성의 사이란 다만 종이 한 장 차이일 따름이라고.

그게 참 예(용)이 득천해가 하늘에 올라갈라꼬, 암만 몸띠기를 (몸부림을) 써도 잘 안 되고. 그래, 이랬는데. 그래 다른 사람 다 보고,

"저 구리 봐래이 구리 봐래이!"

내(늘) 이래. 이놈의 득천할라 카이, "구리 봐라." 크이, 마 득천을 몬 하고 깡철이가 돼 나갔 부고, 마 깡철이가 돼 나갔 부고. 그래 하릿날에는 그래 어떤 얼라(아기)가 지거 할매가 간얼라(갓

난아기)를 업고 니 살 먹은 얼라를 앞세워가 가이까네. 그래 참 요이 득천할라꼬 하늘에 올라갈라꼬 득천할라꼬 이래 꾸불텅거린께. 그래 니 살 먹은 얼라가.

"할매, 용 봐래이 용 봐래이!"

크그던. 그라이까네, 이넘의 요이 마 득천을 해가 하늘로 올라갔다.

(……)

"할매야, 용이다 용이다. 용 봐래이 용 봐래이!"

크이까네, 마 [큰 소리로] 이기 마 득천을 해가 하늘로 올라가. 그 걸음에 올라가가, 비를 마이(많이) 내라가 인자, 이 근래(근년에) 어디 숭년(흉년) 지나, 만날 풍녀이지.

― 《한국구비문학대계》 7-2, 경북 월성군 외동면 설화, '유그미들과 용의 득천'(허수선 구연)

　　이야기 그대로다. 비록 용이라 하더라도 내가 그를 뱀이라 믿으면, 뱀이라 부르면 그는 뱀이 된다. 비록 뱀이라 하더라도 내가 그를 용이라 믿으면, 용이라 부르면 그는 용이 된다. 주변의 수많은 존재들을 뱀으로 보는 나, 세상은 뱀으로 가득하다. 어둠과 사기邪氣의 삶. 주변의 수많은 존재를 용으로 보는 나, 세상은 용으로 가득하다. 빛과 생기生氣의 삶.

　　문제는 우리 안의 편견이다. 세상을 살아오면서 갖게 된 불신不信이다. 저 네 살 먹은 어린이로 돌아가 순수한 영혼으로써 세상을 볼 때 세상 만유는 그 안에 담고 있는 밝은 빛을 발한다. 징그러운 뱀은 용이 되고 험상궂은 호랑이는 '형님'이 된다. 세상 누구라도 나의 좋은 친구가 된다. 세상은 만날 '풍년'이 든다.

그렇다. 세상을 움직이는 건 바로 나다. 세상은 내가 보는 대로, 내가 믿는 대로 움직인다.

삶을 꽃피운 아름다운 선택들
선이 선을 불러 행복을 낳다

삶과 이야기와 '선택'

길을 가다 보면 우리는 속속 갈림길에 직면한다. 한꺼번에 두 길 세 길을 갈 수는 없는 법. 어느 한 길을 선택해야 한다. 그 선택은 우리의 행보를 크게 바꾸어 놓는다. 그것은 목적지를 향해 이어진 시원하고 아름다운 길일 수 있지만, 잘 나가는 듯하다가 갑자기 뚝 끊기는 막다른 길일 수도 있다. 어쩌면 혼란에 빠져 좀처럼 헤어나기 어려운 미로일 수도 있다. 어찌 한때의 여행길만 그러할까. 우리의 인생행로가 또한 그러하다.

혼자서 나아가는 길이라면 그나마 가벼울 수 있겠다. 잘못 선택한 길에 대한 대가를 스스로 감당하면 되므로. 하지만 나의 선택에 다른 사람들의 인생까지 걸려 있을 때, 얘기는 또 달라진다. 나의 선택에 따라 누군가가 행복해질 수도 있고 불행해지거나 파멸할 수도 있는 상황. 또는 세상이 환해질 수도 있고 암울해질 수도 있는 상황. 과연 이 상황에서 우리는 어떻게 바른길을 선택해야 하는 것일까.

생각하면 좀 무겁고 엄중한 일이지만, 꼭 그런 것만도 아니다. 갈 길이 정해져 있지 않고 스스로 선택할 수 있다는 것은 신이 우리에게 준 축복이다. 일컬어 자유自由. 그 자유의 선택을 훌륭히 감당해 내어 나를 살리고 나의 인연을 살리고 세상을 빛나게 했을 때 그만큼 기쁘고 보람된 일은 따로 없을 것이다. 일컬어 삶을 꽃피우는 아름다운 선택.

문제는 아름다운 선택이란 과연 어떠한 것인가 하는 것이다. 인생의 고빗길에서 어떻게 해야 최선의 선택을 할 수 있는가 하는 문제다. 꽤나 어려운 일이지만 크게 걱정할 일은 아니다. 왜냐하면 우리 앞에 설화들이 있으니까. 우리네 삶의 갸륵한 축도인 그 좋은 이야기들이.

누구를 짝으로 삼을 것인가

옛날 어떤 정승한테 예쁜 딸이 하나 있었다. 정승은 팔도강산으로 여행을 다니던 중에 한 마을에서 자기 딸만큼이나 잘생긴 도령을 하나 발견했다. 살펴보니 최고의 신랑감이었다. 정승은 자기 신분을 밝히고 그 도령한테 자기 사위가 되어 달라고 했다. 사윗감을 고른 정승이 다시 유람을 나서는데 어느 마을에서 이전 신랑감보다 더 좋아 보이는 도령이 눈에 띄었다. 말을 나눠 보니 최고의 신랑감이었다. 정승은 그 도령이 너무나 탐이 나서 다시 자기 사위가 되어 달라고 했다. 그게 끝이 아니었다. 또 다른 마을에서 정승은 다시 둘보다 더 멋져 보이는 신랑감을 발견했다. 정승은 그 도령한테도 자기 사위가 되어 달라고 했다.

약속된 날이 다가와 세 사윗감이 한꺼번에 집에 찾아올 상황이 되자 정승은 그 일을 어떻게 처리할지 고민이 되어 끙끙 앓기 시작했다. 딸이 이유를 묻자 정승은 딸의 신랑감을 세 명이나 고른 사실을 털어놓았다. 그러자 처녀가 하는 말, "세 사람이 오면 내가 알아서 처리할 테니 걱정하지 마세요."

이윽고 약속된 날이 되자 신랑감 셋이 한꺼번에 정승 집에 들이닥쳤다. 자기가 정승의 사위가 되는 것으로만 알고 있던 세 사람은 색시가 한 사람에 신랑감이 셋이라는 사실을 알고는 기가 막혔다. 그때 처녀가 세 사람한테 차례로 술을 따라 주면서 이렇게 말하는 것이었다. "제가 세 분을 남편으로 삼을 수 없으니 한 분을 골라야 합니다. 세 분한테 각기 천 냥씩을 드릴 테니 각자 최고의 물건을 구해서 오세요. 제일 좋은 물건을 구해 온 분을 저의 낭군으로 삼겠습니다."

세 사람이 보니 정승 딸이 몹시 아름다운 데다가 똑똑하기 그지없었다. 그녀를 꼭 아내로 삼아야겠다고 생각한 세 사람은 각기 천 냥씩을 가지고 세상 최고의 보물을 찾아 길을 나섰다.

한 사람은 천하를 두루 탐색한 끝에 마침내 듣도 보도 못했던 보물을 찾아냈다. 하늘을 날 수 있게 하는 도구였다. 거기 올라 타면 먼 거리를 훌쩍 날아갈 수 있었다. 두 번째 신랑감도 사방을 열심히 찾은 끝에 천 냥을 주고서 신기한 물건을 구했다. 그것은 방금 죽은 사람을 살려 낼 수 있는 배梨였다. 세 번째 신랑감이 구한 것도 그 못지않은 보물이었다. 그것은 보고 싶은 사람의 생일을 적으면 그 모습이 나타나는 신기한 거울이었다.
세 사람은 보물을 구해서 돌아오는 길에 서로 딱 마주쳤다.
세 사람은 각기 자신이 구한 보물이 최고라고 자랑하기 시작했다. 그때 거울을 구한 사람이 거기 정승 딸의 생일을 적자 거울에 정승 딸의 모습이 보였다. 살펴보니 정승 딸은 그새 병이 나서 막 숨이 넘어간 상황이었다. 깜짝 놀란 세 사람은 한 사람이 구한 기구에 올라타고서 하늘을 날아 정승 집으로 향했다. 그들이 훌쩍 정승댁에 이르고 보니 사람들이 울고불고 야단이었다. 사람들 사이를 헤치고 들어간 세 사람은 한 신랑감이 구한 배를 정승 딸에게 먹였다. 그러자 죽었던 사람이 거짓말처럼 기지개를 펴고 멀쩡하게 살아났다.
이제 신랑감 셋 중에서 한 사람을 짝으로 고를 시점이다. 세 사람 모두 정승 딸을 살리는 데 한몫을 한 상황, 과연 셋 중에 누가 신랑으로 선택되었을까?

이야기는 신랑감 셋 중에 하나를 고른 사람이 처녀의 부모라고도 하고 오라비라고도 하며 고을의 원님이라고도 한다. 하지만 나는 처녀가 직접 신랑감을 고르는 것이 딱 맞는 설정이라고 생각하고 있다. 저 똑부러지는 처녀, 스스로 제 짝을 선택하지 않았겠는가 말이다.
그나저나 이야기가 전하는 답은 무엇일까? 누가 신랑으로 선택되었을까? 그리고 그 이유는 무엇이었을까?

답을 말하면, 신랑으로 선택된 사람은 죽은 사람 살리는 배를 구한 도령이었다.

고개가 끄덕여질지 모르겠다. 왜냐하면 어떻든 정승 딸을 살리는 데 결정적인 역할을 한 것은 그 배였으니까 말이다. 하지만 설화가 전하는 이유는 그것이 아니다. 나한테 그 이유는 참 의외이면서도 신선한 것이었으니, 그 내용은 이런 것이었다. 내 식으로, 처녀의 대사로써 표현해 본다.

"세 분 다 참 귀한 보물을 구하셨습니다. 세 분 덕에 제가 살아났으니 이렇게 고마울 데가 없네요. 한 분만 골라야 한다는 게 송구할 따름입니다. 제가 신랑으로 삼을 분은 배를 구해 오신 분이에요. 한 분은 지금 하늘을 나는 도구가 남아 있고 또 한 분은 신기한 거울을 가지고 계시지요. 하지만 저분은 저를 위해 배를 사용하셔서 지금 가진 게 없으셔요. 제가 저분을 선택하는 이유입니다."

말 그대로다. 두 사람은 보물을 가지고 있으니 앞으로 얼마든 멋진 일을 만들 수 있다. 하지만 처녀한테 배를 준 사람이 가진 것은 자기 자신뿐이다. 어떻게 보면 그 사람은 한 번 쓰면 없어질 소모적인 물건을 찾아왔으니 셋 중에 최악이었는지도 모른다. 잇속으로 따지자면 보물을 계속 가지고 있는 사람을 짝으로 삼는 것이 더 이득일지도 모른다. 하지만 그 이득이

'사람'보다 앞서는 것일 리 없다. 자기가 가진 모든 것을 주고 빈털터리가 된 저 사람을 따뜻이 품어 안는 것, 그것이 바로 '사람의 길'이다. 아름다운 선택. 감동.

뒷이야기는 보지 않아도 뻔하다. 저 두 사람 예쁘고 행복하게 오래오래 잘 살았을 것이다.

만약 이런 상황에 처한다면?

옛날 어느 마을에 구대 독자 귀한 아들이 살고 있었다. 집에서는 일찍 자손을 볼 요량으로 열다섯 어린 나이에 아들의 혼인을 서둘렀다. 이리 알아보고 저리 알아본 끝에 훌륭한 색시를 골라서 혼약을 맺고 혼사를 치르게 되었다.

드디어 혼례를 치르는 날, 새신랑은 상객을 대동한 채 신부 집에 이르러 늠름하게 혼례에 임했다. 색시가 왠지 불편하고 힘들어 보였지만 그런가 보다 했다. 그런데 그날 밤, 밤이 깊어 사람들이 물러가고 삼경이 훌쩍 지났는데 뜻하지 않은 일이 일어났다. 신부가 땀을 뻘뻘 흘리며 낯을 찡그리더니 배를 움켜쥐고 쓰러지는 것이었다. 신랑이 사람을 부르러 나가려 하자 신부가 옷자락을 꼭 붙들며 못 나가게 했다. 할 수 없이 옆을 지키고 있자니 신부가 한참 용을 쓰더니만 다리 사이로 무언가를 쑥 낳는 것이었다. 핏덩어리 아기였다. 살펴보니 고추가 달린 남자아이였다.

첫날밤에 색시가 아기를 낳은 상황, 세상에 이처럼 황당한 일이 또 있을까. 행색을 보아하니 주변의 누구도 모르고 있는 모양이다. 어린 신랑으로서 난감하기 그지없는 일이었을 것이다. 이걸 어떻게 해야 하나.

이치로 말하자면, 밖에 나가서 처가 식구한테 알리고 또 상객으로 따라온 이들한테 알려서 처리하는 것이 정석일 것이다. 자기한테 아무 책임도 없는 일이고 억울하게 몹쓸 일을 당한 상황이니 그 혼례는 없던 일로 하고 당장이라도 그 집을 떠나는 것이 맞는 일일 것이다. 하지만 그렇게 하면 저 색시와 아기는 어떻게 되나. 그들이 정상적인 삶을 살 수 없으리라는 것은 불 보듯 뻔한 일이다. 여자는 음녀가 되고 아이는 사생아가 되어 인생길이 꽉 막혀 버릴 것이다. 어쩌면 여자가 아이와 함께 죽어 버릴지도 모르는 일이다. 일이 그렇게 돌아가게 하는 것은 최선이 아닐 것이다. 아니, 이런저런 계산을 다 떠나서 내 눈앞에서 아기를 낳고서 눈물을 흘리고 있는 저 색시를 차마 모른 척 외면할 수가 없다.

세 사람의 인생이 걸려 있는 선택의 순간. 신랑은 결심을 하고서 움직이기 시작한다. 어디서 들은 대로 얼른 아이 탯줄을 잘라 주고 산모의 몸을 닦은 뒤 이불을 덮어 준다. 아이를 안아서 편안한 곳에 눕혀 놓는다. 그러고서 이 사람, 안채로 나가서 소동을 벌인다.

"장모님, 저 좀 보세요! 제가 잠이 안 와서 죽겠어요. 밤참을 안

먹으니 잠을 잘 수가 없어요. 미역국에 따뜻한 밥 한 그릇만 차려 주세요."

새신랑이 하는 부탁이니 안 들어줄 수 없다. 얼결에 미역국을 끓여서 내주니 신랑이 신방으로 가지고 들어와서 색시한테 말한다. "자, 들어요. 이걸 먹어야 살 수 있어요." 아무 말 못 하고 눈물만 줄줄 흘리는 색시. "나를 믿고 어서 먹어요." 그러자 마지못한 듯 미역국을 떠먹는 색시.

여기까지는 그럭저럭 생각해 볼 수 있는 시나리오일 것이다. 문제가 무엇인가 하면 강보에 싸인 '아기'이다. 저 아기를 어떻게 할 것인가 말이다. 그냥 놔둘 수도 없고 버릴 수도 없는 저 아이. 만약 당신이 이 상황에 있다면 어떻게 했을까. 저 색시나 아이를 어떻게든 보살피고자 했다면 말이다.

색시가 미역국을 먹는 것을 본 신랑은 아기를 보자기에 싸서 들고서 일어섰다. 깜짝 놀라 바라보는 색시한테 걱정 말라는 눈빛을 보내고 방문을 나선 신랑은 슬그머니 동구 밖으로 나와 개천에 놓인 다리 아래에 보자기를 내려놓았다. 그러고는 아무 일도 없었던 듯 다시 신방으로 돌아오는 것이었다.

다음 날 이른 아침, 식구들이 다 모인 자리에서 신랑은 이렇게 말하는 것이었다.

"어젯밤에 제가 참 이상한 꿈을 꾸었습니다. 하늘에서 청룡이 내려와 제 몸을 휘감더니 동구 밖 다리 아래로 쑥 들어가지 뭐

겠어요. 꿈이 어찌나 생생한지 아직 몸에 용 자국이 새겨져 있는 것 같아요. 누가 한번 가서 개천 아래를 살펴봐 주시겠어요?"

사람들이 반신반의하면서 개천 다리 아래로 가 보니 거기 웬 갓난 아기가 보자기에 싸여 울고 있지 않은가. 아기를 데려오자 신랑이 말했다.

"이 아이는 하늘이 저한테 내리신 게 분명합니다. 제가 아들로 삼아서 키우겠어요!"

그렇게 고집을 하니 사람들이 처가와 색시의 눈치를 보게 되었다. 색시가 고개를 끄덕이자 마침내 그렇게 결정이 났다. 신랑 신부는 그 아기를 아들로 삼아서 키우게 되었다.

이 이야기를 들으면서 탄복하지 않을 수 없었다. 너그러운 마음 씀씀이도 그렇거니와 저렇게 현명한 처사라니. 저 선택을 통해 색시는 제 몸으로 나은 핏덩어리 자식을 남의 눈치 보지 않고서 떳떳하게 키울 수 있게 되었으니 그건 저 색시와 아기를 위한 최선의 선택이었다. 시댁에서는 오히려 저 며느리한테 미안한 마음을 가지게 되었을 터, 색시로서는 제 신랑에 대한 고마움이 오죽했을까. 신랑을 담뿍 믿고 의지하며 누구보다 열심히 살아가는 것이 당연한 귀결이었다. 신랑 또한 그런 아내를 따뜻이 받아 주고 아이를 친자식처럼 사랑했다고 한다. 그리고 그 아이는 나중에 커서 큰사람이 되고 집안이 크게 흥했다고 한다. 한순간의 아름다운 선택이 빚어낸 길고도 큰 행복이었다.

　넘어가기 전에 사족 하나. 신부는 어떤 사연으로 혼인 전에 아기를 가지게 된 것이었을까? 이에 대해 따로 얘기를 전하지 않고 있는 자료들도 있지만 일부 각편들은 특별한 사연을 전한다. 《세계민담전집》에 이야기를 정리하면서 썼던 내용을 그대로 옮겨 본다.

　"처녀 적에 친구들과 함께 보름날 밤 강으로 목욕을 갔더랍니다. 소변이 마려워 강가에 나와서 소변을 본다는 것이……. 소피에 달이 언뜻 비치는 듯하더니 갑자기 몸이 떨려 오더군요. 그 뒤로 자꾸 배가 불러오더니 그만……."

　저 여인과 저 아이를 그대로 내쳤다면 어찌 되었을까. 하늘이 내려 준 저 아이를. 그 모자를 보살핀 것은 덕을 베푸는 일이 아니라 덕을 얻는 일이었다. 집안이 흥할 수밖에.
　덧붙여서 한 가지. 어떤 과정을 거쳐서 태어났는가와 상관없이 세상 모든 아이는 예외 없이 하늘이 내려 주는 것이라는 사실!

또 다른, 도량 넓은 남편

　옛날 어느 고을에 김진사와 최진사가 친하게 왕래하며 살고 있었다. 김진사한테는 어린 아들이 있고 최진사한테는 딸이 있어, 양가에서는 장차 두 사람을 혼인시켜 함께 살게 하기로 약조를 했다. 김도령과 최낭자도 서로를 미래의 배필로 생각하면서 잘 어울려 지냈다.

그러던 어느 날 김진사와 최진사가 차례로 세상을 떠나고 말았다. 그 뒤로 두 집안의 운명은 판연히 달라졌다. 김진사 집안은 형세가 기울어서 끼니 때울 일을 걱정해야 할 처지가 되었으나, 한양으로 거처를 옮긴 최진사 집안은 아들들이 벼슬길에 올라 떵떵거리며 살게 되었다. 그러는 사이 차츰 두 집안의 왕래도 끊어지고 말았다.

최낭자의 혼기가 차자 오라비들은 옛 약속을 잊고 동생을 딴 집에 시집보내려 했다. 최낭자는 마음이 안 좋았으나 오라비 말을 어기지 못하고 다른 집으로 시집을 가고 말았다. 꽤 잘나가는 대갓집이었다.

최낭자가 혼례를 치렀다는 소식은 돌고 돌아 김도령한테까지 이르렀다. 김도령은 분을 이기지 못하고 최낭자의 시댁을 찾아 나섰다. 한양에 도착했으나 그 집에 들어갈 방도가 없던 김도령은 여자 방물장수로 변장해서 그 집 안채로 찾아들었다. 김도령을 좋게 본 안방마님은 그를 며느리인 최낭자와 함께 묵도록 했다. 그 남편은 마침 공부를 하러 절에 들어가 있는 중이었다.

최낭자와 얘기를 나누던 김도령은 밤이 깊자 자기 본모습을 보이며 최낭자를 끌어안았다. 옛 정인을 만난 최낭자 또한 그 손길을 뿌리치지 못해 두 몸이 한 몸이 되었다.

그때 두 사람의 행색을 수상히 여겨 남몰래 살피는 사람이 있었다. 최낭자의 시숙이었다. 아무리 보아도 제수의 방에 든 방물장수가 남자인 것 같았다. 그는 사람을 보내 동생을 집으로 부른 뒤 넌지시 말했다.
"지금 제수씨 방에 방물장수가 들어 있는데 아무래도 외간 남자인 것 같구나. 네 아내의 일이니 잘 알아서 처리하도록 해라."

형한테서 뜻밖의 이야기를 들은 저 동생, 꽤나 놀랍고 당황스러우며 난감했을 것이다. 이제 갓 결혼한 아내한테 외간 남자라니! 더군다나 벌써 둘이서 밤을 함께 지낸 것 같다 하니 이 일을 어찌해야 한단 말인가. 고민의 순간이다. 어떻게든 결단을 내리고 문제를 해결해야 할 선택의 순간, 과연 이야기 속의 저 사람('박도령'으로 하자)은 어찌했을까.

뜻밖의 말을 전해 들은 박도령은 결심한 듯 형에게 말했다.
"사대부가에서 있을 수 없는 일입니다. 간통 중인 남녀는 그 자리에서 척살해도 되는 것이 국법이지요. 그리하는 수밖에 없습니다."
박도령은 형을 밖에 세워 둔 채로 칼을 뽑아 들고서 아내 최낭자가 있는 방으로 훌쩍 뛰어 들어갔다. 이불을 걷어 올리고는 방물장수한테 칼을 겨누고서 소리쳤다.
"다 알고 왔으니 어서 그 치마를 내려라."

김도령의 본색이 여지없이 드러나는 순간, 일은 어찌 되었을까.

"아이고 이런, 죄송합니다. 전 그만 남자인 줄로만 알았어요. 이거 제가 큰 실례를 했습니다."
이런 말소리가 들리는가 하더니 동생이 당황한 표정으로 문밖으로 나오면서 형한테 소리를 치는 것이었다.
"형님, 이런 망신이 어딨소? 형님 때문에 엉뚱한 여인네를 죽일 뻔했습니다그려."

물론 그것은 박도령의 연극이었다. 방물장수가 남자라는 것을 알면서도 짐짓 아닌 척함으로써 두 사람을 용서하고 또 형의 의심을 푼 것이었다. 두 사람의 생명을 살리고 아내의 체면과 자기 집안의 위신을 두루 지키는 일석 삼조의 선택이었다. 그리고 그에 앞서 하나의 인간적인 선택이었다. 그 처사에 저 남녀가 무릎을 꿇고 감복하는 것은 정해진 순서이다. 저 순간 김도령은 최낭자에 대한 미련을 딱 끊고서 떠났다고 한다. 그리고 최낭자 또한 과오를 뉘우치고서 남편과 집안에 최선을 다했다고 한다.
일부 자료는 두 남자에 대한 재미있는 후일담을 전하기도 한다. 두 사람이 각기 벼슬길에 올라 조정에서 마주쳤는데 김도령이 박도령한테 다가가 지난날 처사에 감사하는 뜻을 나타내려 했단다. 그러자 박도령이 하는 말, "쯧쯧, 큰사람 될 줄 알았더니 내가 사람을 잘못 봤군!" 아니나 다를까 뒷날 박도령은 정승에까지 오른 반면 김도령은 벼슬이 참판에 그쳤다고 한다. 저 박도령의 국량局量은 가히 넘볼 바가 못 되었던 것이었다. 따지고 보면 '정승의 국량'이란 본래부터 완비되어 있었다기보다 위와 같은 처사를 하면서 착착 쌓여 나간 것이라고도 말할 수 있을 것이다. 어떻든 한 번의 선택으로 심각하게 꼬였던 모든 일이 다 잘 풀린 경우.

다시 사족 하나. 나는 《세계민담전집》에 이 설화를 정리해 실으면서 박도령이 방에 들어가 방물장수의 치마를 내리게 함으로써 남자의 본색이 여지없이 드러났다고 썼다. 대부분의 자료들이 그렇게 전하고 있기도 하다. 설화의 논리로는 그게 당연히 맞겠지만, 실제 상황으로 상상해 보자면 그건 좀 심한 일이 아니었을까 하는 생각이 들기도 한다. 김도령과 최낭자가 민망함과 부끄러움을 금할 수 없는 고통스러운 상황이었을 테니 말이다.

그래서 지금의 나는 이런 생각을 해 본다. 김도령이 치마를 내리려는 순간 그 행동을 멈추게 하고서 바로 연기에 들어가는("아이고 이런, 죄송합니다.······") 처사가 어땠을까 하는 생각. 그리하면 자기와 함께 살아가야 할 아내의 체면이 조금은 더 지켜지지 않았을까? 잘은 모르겠지만······.

도량 넓은 아내

도량 넓은 남편 이야기를 했으니 아내 이야기를 하나 하는 것도 괜찮겠다. 서울 도봉구의 이름난 이야기꾼이었던 강성도 어르신이 '구부삼십년求夫三十年'이란 제목으로 촘촘하고 맛깔 나게 구연했던 민담이다.《한국구비문학대계》1-1, 310~329쪽 한 여자가 한 남자(남편?)를 삼십 년 동안 찾아다닌 이야기. 그 이유는 원한이 서려 복수를 하기 위해서였다. 대체 어떤 사연이 있었던 걸까. 최대한 간략하게 간추려 본다.

옛날 창원 월영리라는 마을에 천석꾼 이씨가 살았다. 벼슬을 한 번 해 보는 게 소원이어서 서울 어느 대감 집에 묵으면서 돈을 바치기로 드는데 밑 빠진 독이었다. 천석꾼 재산을 다 바쳤으나 조그만 벼슬 하나 얻지 못했다. 최후 수단으로 아내의 머리를 잘라 판 돈까지 바치고서 얻은 게 알량한 청지기 자리였다. 이씨는 대감의 환심을 얻으려고 춘향전 같은 책을 읽어 주기도 했는데, 거기 넘어간 것은 엉뚱한 사람이었다. 이웃에 사는 김 정승의 과부 딸이 책 읽는 소리에 반해서 이씨를 이끌어 들인 것이었다. 남몰래 밀회를 하던 두 사람은 아예 짝을 이루어 월 영리 고향으로 내려가기로 했다. 여자는 자기한테 속한 큰 재산 을 챙겨서 말에 싣고 새벽에 이씨와 남대문 밖을 나섰는데 깜빡 중요한 물건을 두고 왔음을 깨달았다. 여자는 남자한테 아침 녘 까지 올 테니 강나루에서 기다리라 하고서 물건을 가지러 갔다.

이씨가 거기 서서 기다리는데 점심때가 다 되도록 여자가 돌아오지 않았다. 이씨는 여자가 돈을 줘서 자기를 떼 낸 것이라고 생각하고 혼자서 길을 나서서 강을 건너 고향으로 향했다. 고향에 돌아온 이씨는 그 재산으로 다시 부자가 되어 살게 되었다.

그때 여자는 잊었던 물건(금벼루)을 챙겨서 급히 길을 나선 참이었는데 착오가 있었다. 구문九門 밖을 나가 본 적이 없다 보니 나루로 가는 길을 찾지 못해 헤맨 것이었다. 한참을 헤맨 끝에 점심 무렵이 되어 나루에 도착하고 보니 기다리고 있어야 할 남자가 없었다. 말에 실은 재산도 남자와 함께 사라지고 없었다. 배신감에 치를 떨던 과부는 그대로 강물에 몸을 던져 죽으려다가 마음을 바꾸었다. 반드시 복수를 하고야 말겠다고 결심하고는 방물장수로 변장한 채 남자를 찾아 길을 나섰다. 옆구리에 칼을 하나 찔러 둔 채로.

여자가 이씨에 대해서 아는 정보라고는 그가 월영리에서 왔다는 것뿐이었다. 어디 월영리인지도 몰랐다. 그 한 가지 단서만 가지고 사람을 찾자니 모래밭에서 바늘 찾기였다. 전국 방방곡곡을 뒤지다 보니 삼십 년의 세월이 훌쩍 지나갔다. 그래도 포기하지 않고 움직이던 여자는 마침내 창원 땅 월영리에 발을 들여놓았다. 사람들한테 물어보니 대갓집에 돈을 바쳐 쫄딱 망했다가 다시 부자가 된 이씨가 있다는 것이었다. 여자가 그 집에 찾아들어 살펴보니 세월이 변했지만 그때 그 남자가 틀림없었다. 드디어 원수를 찾은 여자는 삼십 년 원한을 되새기며 허리춤의 칼자루를 더듬었다.

철석같은 믿음을 배반하고서 오갈 데 없는 몸을 버린 채 도망가 사라진 사내. 그 원한이 어땠을지 짐작하고도 남을 만하다. 처음부터 바로 내뺐는지 아니면 길 찾느라 늦은 사이에 없어진지는 모른다. 하지만 무조건 기다려야 하는 일이 아니었는가 말이다. 적어도 그날 하루만이라도. 아무리 생각해도 그건 용서할 수 없는 일이었다.

그런데 남자의 생각은 달랐다. 약속 때가 한참 지나도 여자가 안 오니 뭔가 잘못됐다고 생각한다. 이리저리 생각하다 보니 드는 생각, '이거, 나중에 후환이 두려워서 나를 이렇게 돈으로 떼 낸 거 아니야?' 한번 그렇게 생각하고 보니 꼭 그런 것만 같다. 의심은 점차 확신이 되고, 그는 길을 떠난다. '이만큼 기다려도 안 오는 걸 보면 분명해. 그냥 가자!'

어떤가 하면 나는 이렇게 생각한다. 저 남자, 자기 원하는 방향대로 생각한 것이라고. 시간이 지나자 은근히 여자가 안 오기를 바라는 마음이 싹텄다는 것이다. 여자가 안 오면 재산은 재산대로 차지하면서도 밖에서 첩을 만들어 온 민망함을 피할 수 있으니 일석이조다. 그리하여 그 기다림의 시간은 여자가 오지 않아서 길었던 시간이면서 또한 여자가 올까 봐 길었던 시간이기도 했을 것이다. 이윽고 점심때가 다가오자 그는 급히 결정지어 버린다. '이만큼 기다렸으면 됐어. 그 여자는 안 올 사람이야!' 요컨대 그가 그 자리를 떠난 것은 스스로를 합리화하면서 범한 일종의 '도주' 행위였다고 할 수 있다. 뭐라 해도 정당화될 수 없는 악업이다. 여자한테 그 어떤 알량한 변명도 통할 리 없을지니 복수는 정해진 순서가 된다.
 눈을 부릅뜨고서 칼자루를 만지작거리던 저 여자, 칼을 뽑아서 저 남자를 찔렀을까. 예상했겠지만, 그러지 못했다. 그리할 수가 없었다. 그 남자를 보니 갑자기 마음이 약해져서? 아니, 그렇지 않다. 원인은 딴 데 있었다. 그건 저 남자의 본처 때문이었다!

 여자가 상황을 엿보는 중에 그 집에 참외 장수가 들었다. 주인 내외는 참외를 사더니 손님이나 손자한테도 안 주고 안으로 가지고 들어갔다. 여자가 이를 보면서 다시 눈을 부릅뜨는데, 잠시 후 안주인이 참외를 가지고 나와서 여자한테 권했다. 어딜 다녀왔느냐 했더니 대답이 뜻밖이었다. 옛날 남편이 한양에서 재산을 구해 온 사연을 이야기하면서 이렇게 덧붙이는 것이었다. "그때 남편이 더 기다리지를 않고 떠나왔으니 그 여자가 오갈 데 없는 처지에 십중팔구 죽지 않았겠습니까. 그래 내가 남편을 시켜서 그 사람의 영위靈位를 모셔 놓고 삼십 년째 정성을 바쳐 왔답니다. 그 덕분에 우리가 잘사니 넋이라도 편히 쉬시라구요. 먹을 게 새로 나면 남보다 앞서 그 사람한테 먼저 바치지요. 그러느라고 대접이 늦어서 실례가 되었습니다그려."

 이거 무슨 말인가. 자기가 원수를 찾아다니던 삼십 년 동안 그 남자는 아내의 가르침을 받아서 자기를 위한 정성을 바쳐 오고 있었다니! 꿈에도 생각지 않았던 그 사실 앞에서, 여자는 칼자루를 만지작거리던 손을 놓고서 그냥 무너지고 만다. 삼십 년 묵은 원한이 녹아서 흘러내리는 눈물과 함께.

"내가, 내가 그 사람이오. 저 남자 죽이겠다고 살아남아서, 삼십 년을 찾아 헤매어서 여기에 왔소……."

이어질 결말은 익히 예상될 것이다. 두 여자와 한 남자, 한데 뭉쳐 앉아 한숨과 회한을 한바탕 쏟아 내고서 한 가족이 된다. 한 가족이 되어 서로 어울려 남은 생애 살아간다. 삼십 년 지난 세월이 조금이나마 보상되도록 뜨겁고도 진하게. 그렇게 그들 하나의 '이야기'가 된다.

번다한 설명은 생략한다. 골수에 맺힌 삼십 년 원한을 눈 녹듯 풀어낸 힘. 한 여인의 갸륵한 선택에 의한 것이었다. 인간적인, 너무나 인간적인.

작은 선택이 낳은 큰 차이

이야기가 조금 무거워진 듯도 하니 가볍고 유쾌한 이야기로 넘어가 본다. 무심코 행했을지 모르는 한순간의 작은 선택이 큰 변화를 가져온 사연이다. 이야기 제목은 '우애 깊은 형수.'

옛날에 어떤 선비 형제가 살았다. 형은 큰 부자였는데 동생은 아주 가난해서 끼니를 잇기 어려울 정도였다. 노모가 늘 작은아들 걱정을 해도 형은 전혀 도와줄 생각을 하지 않았다.

가을에 형 집에서 추수를 마치고 너른 마당에 벼를 널었는데 동생의 아내가 와서 한옆에 얼마 되지 않는 곡식을 널고서는 시어머니한테 자기네 벼도 봐 달라고 하고서 일을 보러 갔다. 곡식을 지키며 닭을 쫓던 노모는 무슨 생각이 났는지 주변을 슬쩍 살피고는 큰아들네 벼를 덜어서 작은아들네 벼에 합쳐 놓았다. 그런데 마침 큰며느리가 멀리서 이쪽을 보다가 그 모습을 발견하고 말았다. 큰며느리는 오죽하면 저러실까 싶어서 짐짓 모른 척했다.

그날 저녁에 작은며느리가 와서 널었던 벼를 챙기는데 무언가가 이상했다. 둥구미에 벼를 담고 보니 가져올 때와 달리 벼가 넘쳐 나지 않는가. 며느리는 고개를 갸웃하더니 넘치는 벼를 덜어서 형네 벼에 섞어 놓고서 자기가 원래 가져왔던 만큼만 담아서 돌아갔다.

우연이었는지 필연이었는지, 그 모습을 또 큰며느리가 먼발치에서 딱 목격했다. 그 순간 큰며느리가 감동해서 하는 말. "세상에, 저런 참한 사람이 다 있나. 저런 사람을 안 도우면 도리가 아니지!" 하여 큰며느리는 스스로 앞장서 나서서 냉정한 남편의 마음을 움직여 동생한테 논문서를 나누어 주도록 하는 것이었다. 그 뒤 동생 집도 운이 잘 풀려서 부자가 되고 형제 내외가 오래오래 의좋게 잘 살았다고 한다.

냉정하기만 하던 형으로부터 어느 날 갑자기 논문서를 넘겨받은 동생의 놀라는 모습이 눈에 선하다. 눈이 휘둥그레져서 '이게 무슨 일이지?' 했을 것이다. 그의 아내도. 그 부부, 형의 처사에 그저 고마워하며 기쁘게 움직였을 테니 운이 탁 트일 만하다. 그 모습을 보는 형제의 어머니는 또 얼마나 마음이 흡족했을까. 말 그대로 행복한 어울림의 풍경이다.

그 뜻밖의 역사는 하나의 작은 선택에서 비롯된 것이었다. 가난하기 그지없는 처지에 누군가 덤으로 얹어 준 곡식을 그냥 가져와도 되련만 굳이 덜어 놓은 저 여인의 선택 말이다. 그렇게 해야 마음이 더 가벼웠던 것일까? 아니, 그것은 그냥 자연스레 배어 나온 행동이었을 것이다. 고민하고 말고 할 것도 없이 당연히 그리해야 하는 그 무엇. 하지만 사람들은 저런 작은 일에 더욱 감동하는 법이다. 동서 간이라면 십중팔구 좀 껄끄러운 사이일 터인데 큰동서의 마음이 크게 움직였으니 그 또한 '인간의 힘'이었다. '좋은 사람' 앞에서 동서든 처첩이든 계모든 대수일 리 없다. 모든 벽은 훌쩍 허물어지고 삶은 꽃처럼 피어난다.

그때 큰며느리가 우연히 그 모습을 보지 못했었다면 어떠했을까? 아니, 나는 그것이 우연이 아닌 필연이라고 믿는다. 저 하늘이 역력히 보고 있지 않은가 말이다.

그 아내에 그 남편

옛날에 어떤 암행어사가 시골길을 순행하던 중의 일이다. 어쩌다가 첩첩산중에 들어갔는데 아득히 길을 잃고 말았다. 이리저리 헤매도 벗어날 길을 찾지 못하고 맴돌던 어사는 기진맥진해서 쓰러지고 말았다. 그렇게 쓰러져 있다 보니 그만 굶주려서 숨이 끊어질 지경이 되었다.

그때 웬 노파와 젊은 여인이 우연히 그 모습을 발견했다. 나물을 캐려고 산중에 들어온 시어머니와 며느리였다. 시어머니는 무섭다며 어서 가자고 했지만, 며느리는 그냥 지나치지 못했다. 가서 살펴보니 다 죽어 가는 중인데 나지막이 맥이 뛰고 있었다.

어떻게든 급히 손을 써야 할 상황. 그러나 깊은 산중에 달리 어찌할 방도가 없었다. 여인은 결심한 듯 옷섶을 푸르기 시작했다. 젖가슴을 꺼내더니 쓰러진 사람한테 젖을 먹이기 시작했다. 마침 아기를 낳은 지 얼마 안 되는 터라 젖이 많았다. 젖 두 통을 다 먹자 쓰러졌던 사람은 정신을 차리고서 일어나 앉았다. 그러자 여인은 급히 옷을 수습하고서 저쪽에 있는 시어머니한테로 향하는 것이었다.

알지도 못하는 남자한테 옷섶을 열고 젖을 물린다는 것은 쉬운 일이 아니었을 것이다. 게다가 옆에 시어머니까지 보고 있는데 말이다. 하지만 부끄럽고 민망한 건 다음 문제다. 죽어 가는 사람을 살리는 것이 우선이 아니겠는가. 그 기지와 용기에는 그저 뜨거운 박수뿐이다. 또 하나의 아름다운 선택.

문제는 일이 거기서 마무리되지 않고 뒤탈이 났다는 사실이다. 시어머니가 며느리의 처사를 인정할 수 없었던 것이다. 남자의 사정이 어땠는가를 떠나서 남의 아내로서 어찌 외간 남자에게 젖을 물릴 수 있겠는가 하는 것이다. 속상하고 화가 난 시어머니는 아들한테 그 일을 고자질한다. 화가 나서 제 아내를 치죄하려 드는 남편. 하지만 그 순간 산중에 쓰러졌던 사람이 훌쩍 나타난다. 손에 마패를 들고서. 암행어사는 자기를 살린 은혜에 감사하면서 그 집에 큰 사례를 베푼다. 여인은 상을 받고 가난했던 집은 부자가 된다. 예정된 해피엔딩.

그런데 이런 결말은 조금 씁쓸한 면도 있다. 그때 쓰러져 있던 사람이 암행어사였기에 망정이지 거지이기라도 했다면? 그때는 미담이 아니라 스캔들로 결말이 날 수도 있지 않았겠는가 말이다.

어떤가 하면 이러한 서사 전개는 하수下手의 선택이라 할 수 있다. 서사의 가닥을 아는 이야기꾼이라면 저렇게 얘기하지 않을 것이다. 내가 만난 최고의 이야기꾼이었던 탑골 공원의 김한유 어르신. 그는 이 이야기를 어떻게 풀어냈던가.

집에 돌아온 시어머니는 며느리가 한 일을 생각하면서 안달복달이었다. 그때 아들이 나뭇짐을 지고 돌아왔다. 그 아들 이름은 홍대권. 키가 전봇대 두 개만 한 거한이다. 지고 온 나뭇짐은 8톤 트럭 여덟 개 분량. 노모는 아들한테 다가오더니 아주 야단이다. "어쩌면 좋으냐! 니 색시가 산중에 쓰러져 있는 낯선 사람한테 젖을 먹였어. 부끄러워서 어떻게 사니?" 그러자 홍대권의 대답. "그래요? 까짓 거 그년 때려죽이고 새장가 들면 그만이지요." 그러더니 작대기를 들고서 아내를 끌고 방으로 들어가는 것이었다.

그다음 장면은 김한유 어르신의 목소리로 직접 들어 보는 게 좋겠다.

아 그 여자 끄댕일 잡고, 부엌에서 밥하는 마누라 끄댕일 잡더니 건넌방으로 끌고 들어가요. (……) 여자를 아랫목에 앉혀 놓더니 그 무지한 놈의 서방이 절을 해요. 자기 부인한테 절을 해요. '저 때려죽인다고 허더니 왜 절을 허나?' 허면서 허는 말이, 그 남자가 허는 말이, 초부가 허는 말이 "여보, 참 좋은 일을 했소. 이왕, 어린 건 죽어 갖다 묻었구, 짜 내버리는 젖 가지구 두 생명을 구했다니 참 장헌 일을 했소. 그러나 어머니는 부끄럽다고 저렇게 안방에서 야단을 허시니 자식 된 도리로 어떡헌단 말이요. 우리 이렇게 해 볼까?" "뭘 어떻게요?" 이불을 확 잡아댕겨 내려놓더니, "내가 물푸레나무 작대기로 이불을 때릴 티니께 당신은 죽는 소릴 혀. [청중 웃음] 그러면 어머니가 뭐 분이 좀 풀리실 거요." (……)
나오더니만 물푸레나무 작대길 마당에다 훌떡 던지더니 "어머니, 내려가 저녁이나 허세요. 그년 때려죽였습니다." 이기여. 아

죽였다고 허니께 어머니가, "야! 이놈아, 그 아내가 네 처가 어떤 여자냐? 열세살 먹어서 민며느리로 데려다 키워 가지고 네가 장가를 들었는디, 그 뭐 내가 때려죽이라고 했니 부끄럽다고만 했지." 게 건넌방에 시어머니가 가 보니께 아랫목에 이렇게 누워서 눈감고 있어요. "아이고 이거 죽었네. 애야 깨나라, 깨나라." 허니께 눈을 바시시 뜨더니, "어머니세요?" "죽지 않고 살았구나." "괜찮아요." 부스스 일어나 앉습니다. 그만 어머니가 좋아서 (……) "그 나쁜 놈이 너를 을마나 두들겼나 그 때리는 소리가 안방에까지 들렸다."

- 1998년 4월 14일, 서울 종로구 탑골 공원에서 김한유 구연
신동흔,《이야기와 문학적 삶》, 월인, 2009, 623~624쪽

이만하면 과연 그 아내에 그 남편이라 할 수 있지 않을지. 아내한테 넙죽 절을 하는 저 모습이 어찌 그리 듬직한지 모른다. 굳이 저렇게 엉터리 연극까지 해야 했는가 싶기도 하지만 (이야기니까 당연히 그리 전개돼야 한다는 사실은 일단 살짝 접어둔다), 화가 잔뜩 났던 어머니가 오히려 며느리 편이 돼서 걱정을 하도록 만들었으니 그 의사意思가 과연 놀랍다 아니할 수 없다.

그 아름다운 선택에 이어지는 뒷이야기는 그야말로 신명으로 흘러넘친다. 숨어서 그 모습을 지켜보고 있던 암행어사는 임금에게 표문을 올려 나무꾼을 천거하며, 홍대권은 경복궁 대궐로 불려가 임금 앞에 엎드린다. 그는 거침없이 씩씩하고 구김없이 당당한 언행으로 세상을 한바탕 유쾌하게 뒤집어 놓

는다. 온 천하가 함께하는 즐거운 어울림. 그 모습을 생각하면 언제라도 입이 절로 벙그러진다.

선善이 선善을 불러 행복을 낳다

어쩌다 보니 좀 길게 늘어진 이야기판이 되었지만 보따리 풀어 놓은 길에 하나 더 꺼내 보기로 한다. 마침 돈 보따리에 얽힌 이야기이다. 이름 하여 '잃어버린 돈'.

옛날에 늙은 홀아버지가 외아들과 함께 가난하게 살고 있었다. 이리저리 발버둥 쳐도 가난에서 벗어날 길이 없자 아들은 한양에 가서 어떻게든 돈을 벌어 보겠다며 십 년 기약을 하고 집을 떠났다. 그렇게 떠난 아들은 몇 년이 지나도록 통 소식이 없더니 어느 날 어디 어디로 자기를 찾아오라고 하는 편지를 보냈다. 아버지가 서둘러서 아들한테 찾아갔더니 아들이 그간 뼈 빠지게 번 돈이라면서 논 닷 마지기 값이 든 보따리를 내밀었다. 자기도 머잖아 내려갈 테니 그걸 가지고 가서 논을 사서 농사를 지으라는 말과 함께.
아버지가 돈 보따리를 챙겨서 돌아오는데 신경이 온통 돈에만 쏠렸다. 몇 번이나 꺼내 보고서 잘 있는지 확인하곤 했다. 어느 높다란 언덕을 넘으면서 다시 돈을 확인해 보고 길을 떠난 노인은 한참을 가다가 깜짝 놀라고 말았다. 품 안에 돈 보따리가 없지 않은가. 평상이나 어디에 놓고 온 것이 분명했다. 노인은 넋이 다 나가서 헐레벌떡 평상 있는 데로 돌아갔다. 하지만 돈이 그대로 기다리고 있을 리 없었다. 노인이 맥이 풀려서 털썩 주저앉아 있는데 어떤 영감이 다가와서 무슨 일이냐고 물었다. 노인이 귀하디귀한 돈 보따리를 잃어버린 사정을 이야기하자 영감이 말했다.

"아마도 이 물건인 게로군. 혹 누가 가져갈까 봐 내가 보관하고서 기다리고 있었다우."

품에서 무건가를 꺼내는데 노인이 잃어버린 그 보따리였다. 살펴보니 돈이 그대로였다. 노인이 백배 사례를 하자 영감은 조심해서 잘 가라며 훌쩍 자리를 떴다.

전보다 더 조심해서 길을 가던 노인은 웬 강물 앞에 이르렀다. 일전에 내린 비로 강물이 분 데다 물살이 세서 건너기가 쉽지 않았다. 그때 어떤 사람이 강물에 빠져 허우적대면서 사람 살리라고 외치는 소리가 들렸다. 노인 아들 또래의 청년이었다. 강가에 많은 사람이 있었으나 아무도 그 청년을 구하러 나서는 사람이 없었다. 늙은 몸으로 물에 뛰어들 수 없었던 노인은 그만 안달이 났다. "누가 저 사람을 좀 구해 줘요!" 그래도 아무도 나서지 않자 노인이 말했다. "누가 저 사람을 구하면 내가 논 닷 마지기 값을 주리다. 어떻게 좀 해 봐요!" 그러자 한 건장한 사람이, "노인장 그 말 사실이지요?" 하더니 강물로 뛰어들어 그 청년을 구해 왔다. 노인이 내뱉은 말을 주워 담지 못하고 돈 보따리를 내밀자 건장한 사람은 돈을 챙겨서 유유히 사라졌다.

죽다가 살아난 사람은 사정을 전해 듣고서 노인한테 넙죽 절하며 사례했다. 그리고 사양하는 노인을 굳이 자기 집으로 이끌고 갔다. 가 보니 무척 잘사는 집이었다. 청년은 아버지한테 강에 빠져 죽다가 살아난 사연을 이야기하고는 노인을 안으로 모셔 들였다. 청년의 아버지와 노인은 서로를 보고서 깜짝 놀라고 말았다. 청년의 아버지는 평상에서 돈을 찾아 주었던 그 영감이었던 것이다. 영감은 노인의 손을 잡고서 말했다. "그게 어떤 돈인 줄을 내가 아는데, 그 귀한 돈을 내던져서 우리 아들을 구했단 말이오!" "사람이 죽어 가고 있으니 앞뒤 생각할 겨를이 없더랍니다. 허허."

이어지는 결말은 뻔하다. 영감은 노인에게 재산을 뚝 떼어 나누어 주고 서로 형제처럼 어울리며 남은 평생을 잘 살았다고 한다. 한양에 갔던 노인의 아들도 집으로 내려와서 영감의 아들과 한 형제로 어울리면서 각기 좋은 짝을 만나서 아들딸 많이 낳고 오래오래 행복하게 살았다고 한다.

   선善이 선善을 불러 행복을 낳는다.
   물론 이것은 이야기 속의 일이다. 하지만 그건 그냥 이야기가 아니라 '진짜 이야기'이다. '인생의 이야기'이다. 이야기를 삶의 길로 선택한 나는, 이렇게 이야기를 마음껏 선택하여 풀어 놓고 있는 나는 복 받은 사람이다. 저 앞에 내가 잘 모르는 무수한 선한 인연들이 있었으리라.

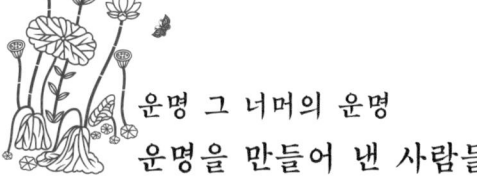
운명 그 너머의 운명
운명을 만들어 낸 사람들

팔자와 운수에 관한 이야기들

 우리 옛이야기에는 팔자나 운수에 관한 이야기들이 아주 많다. 사람에게는 타고난 복이나 팔자가 있어서 그에 따라 살아가게 된다는 것이다. 사람만이 아니라 땅에도 정해진 운수가 있어서, 명당이 있는가 하면 흉한 자리가 있다고 한다. 세상사가 팔자소관이고 운수소관이라 하니 그건 얼핏 결정론적 운명론으로 보인다. '아무리 용을 써 봤자 헛짓'이라는 시각이다.
 우리 설화에 무척이나 많기도 한 풍수담이나 점복담, 예언담 같은 것들과 만나면서 처음에는 좀 당황하기도 했었다. 사람이 운명에 따라 살아간다는 태도는 너무 소극적이고 보수적이라는 생각을 했었다. 하지만 이야기들과 거듭 만나고 그 의미 맥락을 반추하면서 그런 생각은 점차 바뀌게 되었다.
 어떤가 하면, 운명을 화두로 삼고 있는 수많은 설화들은 주인공이 운명에 속절없이 굴복하여 좌절하는 사연을 그리고 있는 것이 아니었다. 그런 설화도 없지 않았지만, 더 많은 경우 그 운명은 극복하기 위해서 주어지는 것이었다. 운명을 탐지하는 순간, 예컨대 '머지않아 죽을 운수다' 하는 사실을 알게 되는 순간 그로부터 벗어나기 위한 움직임이 시작된다. 좁고 어려운 길이지만 늘 출구는 있다. 그리고 결정적인 지점에서 주인공은 그 출구를 통과한다. 그 앞에 펼쳐지는 것은 탄탄대로. 하여 운명담은 사람들이 어떻게 운명을 이겨 내거나 만들어 왔는지를 말해 주는 이야기가 된다.

풍수담 같은 경우도 맥락이 크게 다르지 않다. 묏자리나 집터에 따라 삶이 달라진다는 것은 꽤나 비과학적인 결정론처럼 보인다. 하지만 그 안에 담긴 것은 체념과 절망의 메시지라기보다 희망의 메시지일 수 있다는 것이 내가 가지게 된 생각이다. 지금 가난하고 천해서 아무 희망도 안 보이는 상황이지만, 조상의 묘를 좋은 곳에 잘 쓰면 상황은 달라질 수 있다. 부귀와 영화가, 크나큰 행복이 그의 것이 될 수도 있다는 것이다. 더구나 그 명당이라는 것은 여기가 거기다 하고 딱 드러나 있는 것이 아니다. 내가 정성을 들여서 쓴 조상의 묘가 바로 그 명당일 수 있다. 숨어 있는 것처럼 보이는 행운은 어느 날 갑자기 나의 것이 되어 나타날 수 있다. 바로 이와 같은 생각이 풍수담에 깃들어 있다는 말이다.

실제로 대다수 풍수담의 주인공은 존귀하거나 부유한 사람이 아니라 가난하고 천한 사람들이다. 그들이 어떻게 명당을 통해 인생 역전을 이루었는지를 이야기하는 것이 하나의 정형을 이루고 있다. 비록 그런 이야기에 담긴 희망이 추상적이고 공허한 것이라 하더라도, 희망을 갖지 않는 것하고는 천지 차이가 된다.

호환을 벗어나는 길

운명담 내지 예언담의 가장 전형적인 시작은 주인공이 어린 나이에 죽게 될 운명이 탐지되는 것이다. 그 운명을 알려 주는 사람은 점쟁이이거나 또는 낯선 스님이다. 그리고 죽게 되는 이유는 호환虎患인 경우가 꽤 많다. 옛사람들한테 호랑이는 생사를 가르는 현실적인 공포의 대상이었거니와, 호랑이는 누군가 팔자가 사나운 사람을 골라서 잡아간다고 생각했었던 것 같다.

그렇다면 호랑이한테 잡혀갈 운명에는 어떻게 대처해야 하는 걸까? 여러 이야기 가운데 '호환 면하고 장가든 아들'을 살펴보기로 한다. 이 설화는 자료에 따라 서사의 가닥이 여러 가지로 나뉘는데, 강원도 홍천군 동면 답사에서 직접 채록한 '신바닥이' 이야기를 소개한다. 후반부가 남자판 신데렐라 이야기처럼 전개되는 흥미로운 이야기이다.

옛날 어떤 사람이 무녀 독남 외아들을 데리고 살고 있었는데, 어느 날 한 스님이 지나다가 그 아이를 보고 혀를 쯧쯧 차는 것이었다. 부모가 무슨 사연이냐고 물으니 스님은 그 아이가 장성하기 전에 호랑이한테 물려 갈 팔자라고 했다. 깜짝 놀란 부모가 아이 살릴 방도를 물으니 지금이라도 집을 내보내면 살길이 있을지 모른다 했다. 그러자 부모는 눈물을 머금고 아이를 스님에게 딸려서 내보냈다.

아이는 스님을 따라다니며 동냥도 하고 노숙도 하면서 힘든 생활을 이어 갔다. 그러던 어느 날 스님은 아이한테 그날 밤은 법당 부처님 밑에서 자고 밖으로 나오지 말라 했다. 아이가 부처님 밑에서 자는데 밤중에 웬 사람들이 밖에 와서 수군거리는 소리가 들렸다. "에이, 오늘 먹이를 놓쳤군!" 아이가 살짝 내다보니 사람들이 뒤돌아 나가는데 뒤에 호랑이 꼬리가 넘실거렸다. 다시 아이가 스님을 따라 세상을 유랑하는데 비슷한 또래의 아이 하나가 동행이 되었다. 어느 날 두 아이가 큰 기와집에 동냥을 갈 적에 스님이 그 집에서 내주는 음식을 먹으면 안 된다고 했다. 두 아이가 들어가자 안주인이 반겨 맞더니 맛난 밥상을 차려 내면서 먹고 가라고 했다. 아이가 보니 국물에 손가락 같은 이상한 것이 보였다. 그런데 함께 간 아이가 밥상에 달려들어 음식을 먹는 것이었다. 음식을 먹고 난 아이는 그 집에서 사위 노릇을 하겠다며 눌러앉았다.

아이가 동냥을 챙겨서 돌아오자 스님은 다시 그 집에 돌아가서 어떤지 살펴보라고 했다. 아이가 가서 보니 그것은 기와집이 아니라 큰 동굴이었다. 살짝 훔쳐보니 커다란 어미 호랑이가 새끼들과 함께 거기 머무른 아이를 뜯어 먹고 있었다. 아이는 그만 온몸의 털이 쭈뼛 서고 말았다.

스님은 이제 아이와 헤어질 때가 됐다면서 혼자서 제 길을 찾아가라고 했다. 하얀 두루마기 옷과 부채를 하나 주면서 하늘을 날 수 있는 보물이니 꼭 필요할 때 쓰라는 말을 남기고는 온데간데없이 사라지는 것이었다.

신바닥이 이야기의 전반부에 해당하는 내용이다. 호식虎食할 운명에 대한 서사가 이 부분에 잘 나와 있다. 보통 호식할 운명은 한 번의 고비를 잘 넘기면 해결되곤 하는데 이 이야기에서는 한 번이 아닌 두 번의 위기를 거치는 것으로 되어 있다. 그만큼 운명의 그림자가 끈질긴 것임을 나타내는 것인지도 모르겠다.

관건은 그 운명을 어떻게 벗어났는가 하는 지점인데, 우선 '집을 떠나야 한다'는 사실이 눈길을 끈다. 생각하면 집만큼 안전한 곳이 없을 텐데 거기를 떠나라는 것은 역설처럼 보인다. 하지만 잘 생각해 보면 그 속에 중요한 이치가 담겨 있다. 집에 머물면서 편안히 살아간다는 것은 좁은 울타리 안에 머묾으로써 세상을 감당할 능력을 못 가진다는 것과 통한다. 거친 세상으로 나섰을 때 위험에 먹히기 십상이니, 일찍이 집을 나서서 움직이며 고생을 해야 한다는 것이 과연 그럴싸하다. 특히나 주인공은 사랑을 독차지하며 지낸 귀한 아들이니 그런 과정이 더 필요한 것이었다고 할 수 있다. 집에 내내 머물면서 웅크린다는 것은 '죽음'의 다른 이름이라는 사실을 우리는 이미 앞서 다른 설화들에서도 본 바 있다. 이 설화는 그 죽음을 '호식'으로 표현한 것이라 할 수 있겠다.

다음은 호랑이와 대면하는 두 번의 장면이다. 얼핏 똑같은 '위기 극복'의 중복처럼 보이지만 잘 살펴보면 그 의미 맥락이 다름을 알 수 있다. 첫 번째 위기의 극복은 '보호자'를 통해 이루어진 것이었다. 탁발 생활을 통해 얻게 된 '부처님'이라는 강력한 보호자가 호랑이를 물리쳐 아이를 구해 준 상황이다. 하지만 그것은 완전한 극복이 아니었다. 운명의 완전한 극복은 스스로 직면하여 감당해야 가능한 것이었으니 기와집에서의 두 번째 장면이 곧 그것이다. 눈앞에서 자기를 홀리는 호랑이 앞에서 정신을 똑바로 차림으로써 저 아이는 죽을 운명에서 벗어날 수 있었거니와 그것은 자기 자신의 공$_功$이었다. 이제 그는 홀로 설 수 있음을 증명한 셈이니, 그 일이 있은 뒤에 스님이 아이를 떠나보내는 것은 자연스러운 일이 된다.

한 가지 흥미로운 사실은 그와 함께 기와집에 들어갔다가 호랑이한테 잡아먹힌 아이에 대한 것이다. 그 아이의 정체는 무엇일까? 이에 대해서는 두 가지 생각을 해 본다. 하나는 타인이 주인공의 운명을 대신 가져갔다는 것. 운명은 누군가가 그것을 대신함으로써 완전히 풀리게 된다는 인식을 떠올리는 설정이다. 그 아이로서는 무척 억울한 일일지 모르나 스스로 호랑이 밥이 되기를 자청한 것이니 누구를 탓할 일이 아니라 하겠다. 또 하나는 그 아이가 주인공의 분신, '그림자'가 아닐까 하는 것. 호랑이한테 먹혀 죽게 될 운명을 제 분신한테 넘김으로써 저 소년은 그로부터 탈출했다고 하는 해석이다. 좀 더 상상력을 펼쳐 보면 그 아이는 주인공이 집을 떠나지 않고 본래대로 살았으면 그리되었을 모습을 표상하는 그림자라 볼 수도 있을 것 같다. 말하자면 주인공은 지금 '자기의 또 다른 인생'을 보고 있다는 뜻이다. 좀 억지일지는 모르지만 이쪽 해석이 좀 더 그럴듯해 보이기는 한다.

어떻든 이렇게 운명으로부터 탈피한 우리의 주인공, 이제 너른 세상 가로지르며 훨훨 비상할 차례다. 그 비상은 실제로 이루어진다. 두루마기를 입고 부채를 펼쳐 하늘로 훨훨 날아오르는 모습으로서.

그 사연은 따로 길게 풀어 놓지 않는다. 간략하게 말하면 그 것은 밑바닥에서 하늘로의 극적인 비약이었다. 그 밑바닥의 상징이 뭔가 하면 바로 '신바닥이'. 얼굴에 때를 묻힌 채 남의 집에서 머슴살이를 시작한 그가 신 바닥처럼 더럽다고 해서 얻은 이름이었다. 하지만 어느 순간 그는 꼭꼭 간직했던 보물을 꺼내 하늘로 훨훨 날아올라서 사람들한테 신선으로 기림을 받는다. 그리고 아름답고 현명한 색시를 얻은 뒤 하늘을 훨훨 날아 집으로 귀환한다. 말 그대로 화려한 귀환이다. 그리고 이어지는 행복한 삶. 그렇게 그의 '새로운 운명'은 완성이 된다.

설화는 그러한 비상이 스님이 남겨 준 보물 덕이었던 것처럼 말하지만, 그 보물은 실상 그 자신이 만들어 낸 것이다. 집을 떠나 운명과 맞서 그것을 헤쳐 낸 역정 그 자체가 그를 훨훨 날아오를 수 있게 하는 보물이었다는 뜻이다. 그렇다. 운명의 벽은 높아 보이지만 일단 넘어서기만 하면 훌쩍 새 세상이 열린다. 다시 만나는 '고갯마루'의 메타포.

차복의 길과 석숭의 길

'죽을 운명'이라는 건 좀 추상적일지 모르겠다. 지나고 났으니까 말이지 그게 죽을 운명이었는지 아닌지 어떻게 알겠느냐고 할 수도 있겠다. 그렇다면 이건 어떨까? "어찌 된 게 나는 하는 일이 이렇게 안 풀리지? 하여튼 복도 지지리 없어!" 이런 생각을 해 본 사람은 무척이나 많을 것이다. 따지고 보면 그것도 '팔자' 내지 '운명'의 일종일 수 있다. 다음은 이에 대한 이야기.

옛날 한 마을에 차복이라는 나무꾼이 살고 있었다. 결혼해서 살아가는데 집안 형세가 초라하기 그지없었다. 부지런히 나무를 해서 팔았지만 형편은 오히려 어려워져만 갔다.
계속 그렇게 살 수는 없다고 생각한 차복은 단단히 결심을 하고 더 부지런히 움직여 하루 한 짐씩 하던 나무를 두 짐씩 하기 시작했다. 그런데 아침에 일어나 보면 나무 한 짐이 감쪽같이 사라지고 없는 것이었다. 그런 일이 계속되자 기가 막힌 차복은 어느 날 밤 나뭇짐 속에 숨어서 상황을 엿보았다. 밤이 깊어 깜빡 졸고 있는데 이상한 일이 일어났다. 자기가 숨어 있는 나뭇짐이 두둥실 떠오르고 있는 것이었다. 하늘로 까마득히 떠오른 나뭇짐은 어딘가에 쿵 떨어졌다. 차복이 정신을 차리고 보니 그것은 옥황상제가 사는 하늘나라였다.

"오늘도 나무를 두 짐 했더냐? 쯧쯧 제 복도 모르고."

옥황상제의 말이 끝나기 무섭게 차복이 나뭇짐에서 뛰어내려서 옥황상제에게 말했다.

"내 복이 어쨌다는 겁니까. 왜 내 나뭇짐을 가져가시는 건데요!"

그러자 옥황상제는 혀를 차더니 그게 너의 복이라고 하는 것이었다. 그러면서 차복을 이상한 창고로 데려갔다. 그 창고 안에는 크고 작은 수많은 주머니가 걸려 있는데 각기 이름이 쓰여 있었다. 옥황상제는 그중 작고 볼품없는 주머니를 가리키며 말했다.

"봐라. 저게 네 복이다."

그 복주머니 앞에 선 차복은 기가 막혔다. 복이 그렇게 없으니 하는 일이 될 리가 없었다. 복 없는 팔자가 원망스러울 따름. 그때 그의 눈에 유난히 커다란 주머니가 눈에 띄었다.

"저건 누구의 주머니입니까?"

"그건 석숭의 것이다. 복을 대차게 지녔지. 머지않아 세상에 태어날 게다."

그러자 차복이 말했다.

"상제님, 석숭이 누구인지는 몰라도 아직 안 태어났다면 그 복을 잠깐 저한테 빌려 주십시오."

차복이 그렇게 사정을 하는데, 가만 생각하니 빌려 주지 못할 일은 아니었다. 옥황상제는 석숭의 복을 차복한테 빌려 주면서 그 대신 석숭이 일곱 살이 되면 복을 다 돌려줘야 한다고 했다. 차복은 꼭 그러마고 다짐을 하고서 동아줄을 타고 지상으로 내려왔다.

그 뒤로 차복은 하는 일이 착착 풀리기 시작했다. 알밤을 줍자 웬 노인이 부싯돌을 주고 바꿔 가고, 누군가가 부싯돌을 빌려 쓰고 노루로 갚았다. 어떤 사람이 다시 노루를 말이랑 바꾸어 가고, 또 다른 사람이 좋은 황소로 말을 바꿔 갔다. 차복이 황소로 농사를 짓는데 풍년 또 풍년으로 몇 년 만에 아주 갑부가 되었다. 이제 한 가지 남은 걱정은 그 복을 임자한테 돌려줘야 하는 일이었다.

어느 날 그 집에 웬 거지 부부가 동냥을 왔다. 차복이 불쌍히 여겨서 쉬게 했는데 여인이 아기를 낳았다. 그런데 거지 부부가 아기 이름을 '석숭'이라 짓는 것이었다. 차복은 복의 임자가 찾아왔음을 깨달았다. 차복은 석숭의 가족을 집에 함께 살도록 하면서 몇 년 동안 잘 보살펴 주었다. 석숭이 일곱 살이 되자 차복은 지난 사연을 털어놓고는 자기 재산을 다 석숭한테 넘겨주겠노라고 했다. 그러지 않으면 큰 탈이 날 거라 했다.

석숭의 부모가 난처해서 망설이는데 어린 석숭이 말했다.

"내 복인데 당연히 내가 받아야지요!"

그러더니 이렇게 덧붙이는 것이었다.

"그 대신 두 분도 지금처럼 우리랑 함께 살자구요."

그 뒤로 석숭은 친부모와 차복 부부를 함께 모시고서 세상 제일 가는 부자가 되어 오래오래 잘살았다고 한다.

하늘에 있다는(어떤 설화에서는 저승에 있다고도 한다) 복 창고란 과연 어떠한지? 사람마다 복이 제 분량만큼 딱딱 담겨 있다니 좀 기가 막힌 일이다. 한번 가 보고 싶은 마음이 들 정도다. 과연 나의 복주머니는 어떻게 생겼는지 확인하러 말이다.
세상일이 정확히 제 복대로 간다고 말하고 있지만, 그럼에도 이 설화 또한 '운명론'을 주입하는 이야기라 할 수 없다. 이 이야기는 우리에게 운명이란 어떻게 넘어설 수 있는지를, 어떻게 새롭게 만들어 낼 수 있는지를 말하고 있다. 내 복이 여기까지구나 하고서 턱 주저앉는 순간 복은 딱 거기까지가 된다. 하지만 새로운 복을 찾아내는 사람한테는 또 다른 길이 열린다. 차복이 석숭의 복을 '빌리는 것'은 그 상징이 된다.
그 복은 어디까지나 빌린 것이니 자기 복이 아닌 것 같았다. 돌려줘야 하는 것이니 없는 것이나 마찬가지인 듯싶었다. 석숭한테 복을 돌려주는 순간은 모든 걸 다 상실하는 순간이었다. 하지만 그렇지 않았다. 그 복은 배타적인 것이 아니었다. 함께 나눌 수 있는 것이었다. 저 복 많은 아이 석숭은 제 복을 차복과 공유함으로써 그의 빈약한 복을 채워 주었다. 복은 나눌 수 있는 것이니, 내가 복이 없다면 복 있는 사람을 옆에 두면 된다. 누군가가 복이 없다면 나의 복을 나누어 주면 된다. 복은 나누어 줌으로써 없어지지 않는다. 오히려 더 커진다. 그렇게 더불어서 운명을 만들어 나가면 된다. 차복이나 석승이 아니라 누구라도 할 수 있는 일이다.

　차복은 복을 빌린 사람이라 했다. 이름부터 '차복借福'이다. 때가 되면 돌려줘야 할 복이라 했는데, 잘 생각해 보면 그건 심상한 일이 아니다. 이치를 따져 보자면 세상에 때가 되어도 돌려주지 않을 복이란 없다. 세상 사람 누구라도 잠시 이 땅에 머물면서 하늘의 복을 빌려서 누리다가 다시 그걸 내려놓고 떠나는 것이 아니겠는가 말이다. 그러니 '빌린 복'이라고 해서 남의 복이라 할 것이 아니다. 그것이 곧 자신의 복이다. 하여 차복은 내내 그 복을 누리며 살아 나갈 수 있었던 것이다.

　덧붙여 해 보는 생각. 차복은 하는 일마다 잘되는 게 없었다. 일이 꼬여서 형편이 나빠져만 갔었다. 그런데 하늘에서 복을 빌려 온 뒤로 하는 일마다 잘되었다. 그 차이란 과연 무엇일까? 그것은 혹시 이런 것이 아니었을까? "내 인생은 완전히 꼬여 버렸어. 되는 일이 없다니까!" 이렇게 생각하며 움직일 때 인생은 실제로 꼬였던 것이라고. 그러다가 어느 날, "됐어. 이제 내 인생 풀리기 시작할 거야. 이것 보라구. 하는 일마다 척척 잘되잖아!" 이렇게 생각하며 움직이기 시작하자 실제로 인생이 술술 풀렸던 거라고. 나의 복이란, 복주머니가 걸려 있다는 하늘이란, 결국 내 마음속에 있다는 얘기다.

　같은 맥락에서, 복 많은 인물 석승에 대한 상념. 그는 어떻게 그리 복이 많았던 것일까 하면 그 답도 이야기 속에 있는 것이 아닌가 한다. 제 복을 기꺼이 인정하여 즐거워하며 그 천

복을 주변에까지 흘러넘치게 하는 것, 그것이 바로 복 많은 사람의 비밀이 아니었을까 하는 것이다. 마음이 저렇게 거침없이 활짝 열려 있는데 어찌 복이 흘러 들어오고 흘러 넘치지 않겠는가 말이다.

무수옹의 걱정 없는 삶

복福 하면 빼놓을 수 없는 사람이 있다. 바로 무수옹이다. 세상에 걱정이라고는 없는 사람이라서 아예 이름이 '무수옹無愁翁'이 되었다. 그는 어떻게 무수옹이 되었던 것일까?

옛날 어느 마을에 걱정 없는 노인이 살았다. 하는 일마다 잘되고 걱정이라고는 없어서 무수옹이라 불렸다. 그런데 자식이 몇 명이냐면 열셋이었다. 아들 열둘에 딸이 하나. 자식들이 서로 아버지를 모셔 가려 하니 행복한 고민이었다. 열두 아들은 서로 돌아가며 한 달씩 아버지를 봉양했다. 윤달이면 딸이 아버지를 모셔 가서 보살폈다. 어느 집을 가든 가는 곳마다 편안한 웃음이 넘쳤다.
무수옹에 대한 소문은 돌고 돌아 임금의 귀에 들어갔다. 임금은 자기보다 더 걱정이 없다는 그 노인이 어떤 사람인지 궁금했다. 대궐로 불러서 물으니 정말로 근심 걱정이라고는 아무것도 없다고 했다. 임금은 노인에게 오색찬란한 구슬을 선물로 주면서 다음에 다시 올 때 그 구슬을 꼭 가져오라고 했다.

무수옹이 배를 타고 강을 건너올 때였다. 뱃사공이 그 구슬을 구경시켜 달라고 하더니 그만 실수로 강물에 떨어뜨리고 말았다. 물속 깊이 들어간 구슬은 흔적조차 보이지 않았다. 어찌 된 일인가 하면 임금이 일부러 그리하도록 시킨 것이었다.

무수옹이 집에 와서 그 이야기를 하자 자식들이 다 모여 걱정하면서 노인을 위로했다. 식구들이 모이자 맏며느리는 음식을 차리기 위해 물고기를 사 가지고 왔다. 그런데 물고기 배 속에서 오색 빛깔 구슬이 튀어나왔다. 노인한테 가지고 와서 보이니 그게 바로 임금님한테 받은 구슬이라 했다. 집안에는 다시 즐거운 웃음꽃이 피었다.

다시 무수옹을 불러들인 임금은 전에 선물한 구슬을 보자고 했다. 그러자 노인은 품속에서 구슬을 꺼냈다. 임금이 깜짝 놀라며 그 구슬을 어떻게 찾았느냐고 하자 무수옹이 웃으며 사연을 이야기했다. 그러자 임금이 무릎을 치며 탄복하는 것이었다.

"하늘이 내린 복은 어쩔 수가 없군요. 과연 무수옹이십니다그려!"

이렇게 임금한테까지 인정받은 무수옹은 남은 평생을 아무 근심 걱정 없이 잘 살았다고 한다.

사람이 어찌 근심 걱정이 없을 수가 있겠느냐며 일부러 노인에게 걱정거리를 안겨 주고자 했던 임금의 계략도 무위로 돌아갔으니 과연 대단한 복이다. 생각하면 참 부럽기도 한 무수옹. 과연 그는 어떻게 하여 근심 걱정 없는 사람이 되었던 것일까?

이에 대한 일차적인 대답은 그가 본래 큰 복을, 좋은 팔자를 타고났다는 것이다. 세상에는 운수가 참 좋기도 해서 하는 일마다 쑥쑥 잘 풀리는 사람이 있는데 무수옹이 바로 그런 사람이라는 설명이다. 실제로 세상을 살다 보면 참말 팔자가 좋은 사람과 운이 꽤나 나쁜 사람을 만나게 되는 것이 사실이고 보면 터무니없다고 할 수만은 없는 이야기다.

하지만 물론 이것뿐일 리 없다. 그 복은 저절로 생겨나서 저절로 펼쳐지는 것일 리 없다는 말이다. 그를 복된 존재로 만드는 무언가가 행간에 숨어 있을 것이다.

그 행간의 의미에 대해 동료 교수와 잠깐 토론을 한 일이 있다. 설화를 통해 문학 치료의 길을 찾고 있는 성실하기 그지없는 학자다.《한국구비문학대계》의 무수한 설화를 꼼꼼히 검토하고 요약 정리하는 작업을 다년간에 걸쳐 수행해 온 터라서 이야기를 보는 감각이 탁월하기도 하다. 서로 해석이 일치하는 경우가 많은데, '무수옹'에 대해서는 의견이 좀 달랐다. 먼저 그의 해석을 따라가 본다.

무수옹은 어떻게 하여 '걱정 없는 노인'이 될 수 있었던가. 그 답은 무수옹이 구슬을 잃고 난감한 처지가 된 장면에서 찾을 수 있다. 해결할 일이 생기자 자식들이, 주변 사람들이 쫙 모여든다. 그리고 자기 일처럼 함께 걱정하고 함께 움직인다. 그런 과정에서 문제를 해결할 수 있는 길이 열린다. 생선 속의 구슬은 그들이 함께 힘을 합쳐 해결책을 찾아낸 상황의 표상이 된다. 좋은 사람들이 마음을 함께하며 함께 움직이니 저 노인은 걱정할 일이 없는 터다. 기쁨은 나눔으로써 커지고, 고통은 나눔으로써 적어지는 법. 그리 살아옴으로써 저 사람은 무수옹이 된 것이다.

이 설화가 열어 놓고 있는 가능한 해석이며 지당한 해석이다. 실제로 전승자들이 구연 과정에서 이 비슷한 생각을 암시하고 있기도 하다. 많은 화자들이 노인이 구슬을 잃은 뒤 걱정에 빠져 누워 있었는데 자식들이 찾아와 보살피는 과정에서 문제가 해결된 것으로 이야기하고 있다. 하지만 나는 그것이 자료의 실상임을 인정하면서도 이와 좀 다른 각도에서 이 이야기의 행간을 읽고 싶은 마음을 가지고 있다. 강물에 구슬을 빠뜨린 뒤로 깊은 근심에 빠졌다면 과연 그게 진정한 무수옹일까 하는 의문으로부터 나의 해석은 시작된다.

그 핵심이 무엇인가 하면 저 노인은 늘 거칠 것이 없고 막힐 것이 없는 사람이었다는 것이다. 무엇에 연연하지 않고 바람처럼 햇살처럼 가볍게 움직이는 사람. 생각해 보면 한 달에 한 번씩 아들 집을 옮겨 다니며 산다는 것은 참으로 번거롭고 괴로운 일일 수 있다. "자식 놈이라고 아무도 나를 제대로 안 챙기려 드니 내가 이렇게 고생이라구! 에이, 내가 어서 죽어야지!" 이런 탄식이 나올 수도 있는 상황이다. 하지만 저 노인한테는 그것이 즐거운 일이었다. 다른 자식의 집에 갈 때마다 늘 새로운 즐거움이 있었다. 당사자가 그러하니 자식들 또한 그러하다. 늘 즐겁고 쾌활하게 움직이니 집에 모시면 생기가 넘친다. 그러니 기꺼이 노인과 함께하며 즐거움을 나누려 한다. 저 노인은 이렇게 스스로 복을 만들어 갔던 것이 아닐까?

구슬에 얽힌 상황도 그러하다. 임금이 내린 귀한 선물이니 소중하고 즐겁게 잘 간직하는 것이 맞는 일이다. 그런데 뜻하지 않게 구슬을 잃어버렸다. 찾을 방도도 없다. 그렇다면 이때 저 '걱정 없는 노인'은 어떻게 했을까? 그에 대한 나의 답은 벌어진 일을 있는 그대로 받아들인다는 것이다. 돌이킬 수 없는 일에 연연하지 않는다는 것이다. 그래서 나는《세계민담전집》에 이 이야기를 정리해 실으면서 이 대목을 다음과 같이 표현하였다.

"아이구, 이걸 죄송해서 어쩝니까? 귀한 물건인데……."
무수옹은 깜짝 놀라 당황했지만 금방 체념한 듯 말했다.
"어쩌겠습니까. 일부러 그런 것도 아닌걸요."

소식을 들은 열세 남매가 함께 모였다. 머리를 맞대고 함께 걱정을 했지만 뾰족한 방법을 찾을 수가 없었다. 그러자 무수옹이 말했다.
"걱정들 마라. 어떻게든 되겠지."

다소 주관적인 각색이 들어간 설정이지만, 나는 지금도 이것이 무수옹이 살아가는 방식이었을 거라고 믿고 있다. 지나

329

간 것 지나간 대로 두면서, '이 또한 지나가리라' 하면서 마음을 비우고 편안히 움직이는 것. 무수옹이 잃었던 구슬을 되찾은 것은, 집안에 다시 웃음꽃이 넘친 것은 그러한 마음의 힘에 의해 이루어진 일이라 생각해 본다. 그렇지. 설사 구슬을 되찾지 못했더라도 저들은 금세 웃음꽃을 찾을 수 있었을 것이다.

어느 해석은 맞고 어느 해석은 틀리다고 말할 일은 물론 아니다. 그런 것을 가지고 고민할 일이 아니다. 이렇게 보아도 의미가 있고 저렇게 보아도 즐거우니 다 좋은 일이다. 어허 이거, 이만하면 이 몸도 무수옹 無愁翁?

나를 연다는 것

어느 날이었는지는 잘 모르겠다. 문득 그런 생각이 우러나왔다. 사람이 삶을 넓혀 나가는 방식에 두 가지가 있구나, 하는 깨침.

하나. 나 자신을 점점 확장해 가는 방식. 더 배우고 더 얻어서 더 큰 사람이 된다. 남들보다 두 배, 세 배 또는 열 배 백 배로. 그리하여 큰 삶 훌쩍 짊어지고서 성큼성큼 나아간다. 큰 소유의 삶.

또 하나. 나 자신을 훌쩍 여는 방식. 나와 세상 사이의 경계를 허물어서 내가 가진 것이 남의 것이 되게 하고 남이 가지고 누리는 것이 나의 것이 되게 한다. 드넓은 우주를 호흡하며 바람처럼 나아간다. 무소유의 삶.

돌아보니 나는 내내 앞의 방식으로 사느라 발버둥 쳐 온 것이었다. 온몸 무거운 채로. 아득히 갈 길 멀지만, 뒤의 방식으로 움직여 보리라 마음먹어 본다. 우주를 향해 몸과 마음을 열고서⋯⋯.

이야기와 만난 덕에 이런 생각을 가지게 된 것인지 어떤지는 잘 모르겠다. 대답 대신, 내가 만났던 살아 있는 무수옹無愁翁, 탑골 공원 이야기꾼 김한유 어르신의 이야기 한 대목을 옮긴다.

우리 한국에 대학이 많아요. 제일가는 대학이 무슨 대학이냐? 옛날에 경성제국대학이라는 게 해방돼서 없어져 버리고 그 후신이 서울대학이요. 관악산 밑, 여기 있다 관악산 밑으로 간 서울대학. 서울대학 고려대학 성균관대학 동국대학 신학대학 한양공대 이대 숙대 연대 중앙대 서강대 명지대 국제대학. 백일흔두 개 대학이 있는디 백일흔두 개 대학이 아무리 좋아도, 권위가 있어도, 우리 파고다 대학을 못 당해요. [웃음] 우리 파고다 대학은 아주 이게 종합대학이요. 그리고 등록금이 없어요. [웃음] 시험을 안 봐. [웃음] 그저 전동차 타고 내려서 종로 3가에서 걸어만 오면 대문 열어 놓고 서서 오시래요. 이 땅이 얼마짜린지 아시우? 콤퓨타더러 물어봐도 안 나와. [웃음] 그러면 파고다 공원만 내 거요?

"당신 어디 사오?"

"나 서울 사오."

서울이 내 거여. 내 활무대여. 내가 서울 시내를 맘대로 돌어댕긴다 이기유. 그럼 서울만 내 거요? 내가 한국 사람이니 한국의 국적을 가지고 있으니, 나는 한국 사람이다 이기유. 그럼 한국만 내 것이요? 땅을 밟고 지구촌에 지구를 디디고 섰으니 내가 지구의 주인공이여. 누가 무슨 소리를 해도 이 땅덩어린 내 거다 이기여. 하늘도 내 거여. 해도 달도 별도 하물何物이든지 천하만물이 다 내 거다 이기여. (……)

제가 여든일곱 살까지 사는 동안에 이 공기를 몇 섬이나 마셨겠어요. 그렇지만 여태 공기 마셨으니 세금 내라는 고지서 받은 일 없어요. [웃음] 콧구녕을 막고 2분만 지나면 가슴이 터질라구 못 견뎌요. 그런디 팔십 평생을 대기를 호흡했으니 얼마나 고맙습니까? 어저께 죽은 사람 오늘 여기 못 나와요. 어제 끝막었어. 여러분들은 오늘까지 나오셨어요. 얼마나 행운입니까? 얼마나 행운이요?

— 1998년 3월 24일 화요일 오후에 탑골 공원에서 김한유(87세) 구연

다시 여는 이야기
나의 길, 이야기의 길

들판에서 만난 두 개의 세상

지금으로부터 몇 해 전 어느 봄날, 나는 터키의 오래된 마을을 거닐고 있었다. 그 이름은 사프란볼루. 사프란 꽃이 피는 마을이라는 뜻이다. 밤새 버스를 타고 달려왔으나 이른 아침의 시골길을 걷는 마음은 아주 청량했다. 소박하고 아름다운 전통 가옥이 늘어선 골목길은 나의 마음을 푸근히 감싸 주었다. 번잡한 이스탄불을 헤매며 피로에 휩싸였던 심신에 생기가 도는 느낌이었다.

그러나 진짜 길은 마을 너머에 있었다. 사프란볼루 시내를 벗어나 뒷산 언저리 오솔길을 거닐면서 나는 말 그대로 행복했다. 들판을 가득 채운 노란 들꽃의 무리. 풀밭을 구름처럼 흘러가는 양떼들. 초원 위에 외로이 놓인 그림 같은 집. 마침내 들꽃의 전당이라 할 만한 나지막한 언덕에 이르러 나는 경이로운 우주와 하나가 되었다. 그대로 그 자리에 영원히 멈춰도 좋을 것 같았다.

사프란볼루에서 하루를 묵은 뒤 이른 아침에 버스를 타고서 카파도키아의 소도시 괴레메로 향했다. 버스는 여섯 시간을 넘게 달렸으나, 버스 안에서 나는 행복했다. 창밖을 흐르고 있는 드넓은 들판. 그 들판을 수놓은 노란 들꽃 무리들. 들꽃이라고 하기엔 무척 화려한 양귀비꽃의 붉은 물결……. 무심히 그 풍경을 바라보는 나의 마음은 그지없이 평온했다.

어느 순간, 문득 불편해지기 시작했다. 그 평화로운 풍경을 이리저리 할퀴고 찢어 내는 것들이 있었다. 삐죽삐죽 솟은 전봇대와 마구 뒤엉킨 전선, 원색의 어지러운 표지판과 간판들, 녹슬어 방치된 기계 덩어리, 마구 버려진 음료수 병과 비닐봉지……. 그들은 마치 작심하고서 세상을 망쳐 놓기로 한 침입자와 같았다. 상처투성이의 대지(大地; Gaea). 많은 곳들이 흉하게 딱지가 져 있고 어떤 곳은 피를 철철 흘리고 있었다.

무심히 그 모습을 바라보던 나의 마음속으로 두 개의 길이 성큼 다가왔다. 하늘의 길과 사람의 길. 그 둘은 어찌 그리 다른지 몰랐다. 하늘이 낸 것은 저렇게 장엄하도록 조화로운데 사람이 만든 것은 어찌 저리 무모하도록 흉하고 조잡한지! 그 선명한 대비와 직면하면서 시속 일백 킬로미터 대형 버스 속에서 나는 눈을 질끈 감지 않을 수 없었다. 버스에 매달린 소형 TV에서 방영 중인 드라마 속 인물들이 서로를 마구 할퀴는 고함이 따갑게 귓전을 맴돌았다.

하늘의 길과 인간의 길…….

마침내 도착한 카파도키아는 두 길이 얽힌 세상의 선명한 축도였다. 하늘이 만든 풍경은 입을 못 다물 정도로 장엄했다. 수십 수백만 년의 세월이 만들어 낸 기암괴석의 봉우리와 골짜기. 그리고 그 신들의 정원을 화사하게 수놓고 있는 푸른 초목과 무수한 들꽃들. 사람들은 그 들판과 골짜기에 아스팔트를 깔고 전봇대를 세우고 확성기를 설치해 놓았다. 수백만 년의 돌기둥에 구멍을 파서 조명등을 달고, 굴을 파내어 호텔 방을 만들고 침대와 욕조를 설치했다. 시내 구석구석마다 갖은 쓰레기들이 쌓여 있었다. 그 문명 속에서 사람들은 희희낙락하고 있었다.

다음 날 사람의 발길이 안 미치는 깊은 골짜기들을 걸었다. 하늘이 낸 기적, 아름다웠다. 그리고 거기에는 또 다른 사람들의 자취가 있었다. 천 년, 또는 이천 년의 자취들. 사람들은 돌기둥 속에 작은 굴들을 파고서 마치 개미처럼 그 속에 깃들어 살았다. 굴속에는 그들이 모시던 신들의 그림들도 그려져 있었다. 그건 흉한 모습이 아니었다. 아름다웠다. 그 자체 하나의 기적과 같았다. 저 장엄한 대자연 속에 터를 잡고 깃들어서 하늘을 경배하며 그 자신 하나의 자연으로 움직였던 사람들……. 인간의 길이 하늘의 길과 어울려 바람처럼 물결처럼 함께 흐르던 시절……. 그래. 그것이 우리의 삶이 아니었던가.

어릴 적 삶의 풍경이 떠올랐다. 산기슭에 들녘에 옹기종기 모여 선 초가집들. 집을 둘러싼 대나무와 감나무, 살구나무들. 산과 들을 마음껏 쏘다니며 재잘거리던 아이들. 봄 여름 가을

겨울, 해가 뜨면 들녘에 나갔다가 해가 지면 집으로 돌아와 몸과 마음을 함께 내려놓던 사람들. 그렇다. 그 물 흐르는 삶 속에는 이야기가 있었다. 하늘을 닮은 이야기들!

순간 나는 깨달았다. 내가 가야 할 운명의 길이 무엇인지를. 하늘의 길을 거스르는 사이비 이야기를 걷어 내고서 하늘의 길을 따르는 참 이야기를 찾아내고 풀어내고 빚어내는 것. 하여 인간의 길이 하늘의 길과 어울려 강물처럼 굽이굽이 흐르게 하는 것. 그것이 나에게 주어진, 아니 내가 만들어 가야 할 운명이었다. 앙가라처럼, 또는 신바닥이처럼 나는 그 길을 가야 한다. 바라건대는 이왕이면 그 길이 앙가라나 아기장수의 길이 아닌 신바닥이의 길, 무수옹의 길이 될 수 있기를!

그리고, 새로 시작되는 이야기

옛날 아주 먼 옛날, 어느 마을에 이상한 아기가 태어났다. 태어나자마자 재잘재잘 말을 하고 오종오종 걸어 다녔으며 폴폴 날아다니기도 했다. 아기는 누구나 가리지 않고 잘 따랐다. 손을 내밀면 선뜻 다가가 안겨서 배실배실 웃으며 재롱을 떨었다. 마을 사람들은 남녀노소 없이 그 아기를 안고 어르며 장난을 했다. 그렇게 놀다가 아기를 품에 안고서 잠들기도 했다. 그러다 보니 그 아기의 부모가 누구인지 모를 지경이 되었다. 다들 자기 아이인 것처럼 아기를 데리고 가서 보살피며 함께 놀았다. 여러 사람들이 모인 자리에는 꼭 그 아기를 데려오곤 했다. 그 아기가 있으면 사람들이 두루 즐거웠기 때문이다.

신기한 것은 그 아기가 늘 아기였다는 것이다. 날이 가고 달이 가도 아기는 나이가 들지 않았다. 몸집이 좀 커지는가 싶기도 했지만, 해맑은 눈빛과 구김 없는 재롱은 늘 그대로였다. 세월이 흘러 이전에 살던 사람들이 늙어서 죽고 새로운 사람들이 태어나 어른이 되었지만, 마을 사람들은 여전히 그 아기를 사랑해서 늘 함께했다. 때로는 아기를 향해 전에 없던 짓궂은 장난을 하기도 하고 물구나무나 자맥질 같은 심한 일을 시키기도 했지만 아기는 천진하게 웃으면서 즐겁게 받아 주었다. 마을 사람들한테 아기는 늘 거기 그렇게 당연히 있는 존재였다. 머나먼 옛날부터 그랬으며 앞으로도 언제나 그럴 것이었다.

그러던 어느 날 마을에 뜻하지 않은 전염병이 돌았다. 그건 일종의 정신병이었다. 누군가가 마을에 들어와서 동그란 쇳덩어리를 뿌리고 갔는데, 거기에는 놀라운 마법의 힘이 깃들어 있었다. 그 쇳덩어리를 던지면서 원하는 물건을 말하면 앞에 툭 튀어나왔다. 쇠를 한꺼번에 많이 던지면 더 크고 좋은 물건이 나왔다. 한 가지 문제는 물건을 얻고 나면 던진 쇠가 사라진다는 것. 사람들은 그 마법의 힘에 완전히 매료되었다. 쇠를 하나라도 더 차지하기 위해 눈에 불을 켜기 시작했다.

사람들이 온통 마법의 쇠에 정신이 팔리자, 예전부터 마을에 살아왔던 아기는 점차 뒷전이 되었다. 아직 나이가 어린 아이들을 제외하면, 아기한테 관심을 가지는 사람은 이제 거의 없었다. 왜냐하면 아기는 마법의 쇠를 얻는 데 도움이 되지 않았기 때문이다. 아기한테 신경을 쓰다 보면 그 틈에 다른 사람이 쇠를 차지하곤 했다. 아기하고 노는 시간에 쇠를 하나라도 더 얻기 위해 뛰어야 했다.

어른 대신 아이들이 아기랑 놀아 줬지만, 아이들도 점차 아기보다 쇠를 좋아하기 시작했다. 잠깐 아기랑 놀다가 몰라라 팽개치곤 했다. 노는 방식도 짓궂음을 넘어서 점점 거칠어져서 아기한테 상처를 내기 일쑤였다. 일부러 아기한테 상처를 내 놓고서 그걸 가리키며 깔깔거리고 웃는 아이들도 많았다. 어른들은 그 일을 말리는 대신 제 아이 손을 잡고서 함께 깔깔거리곤 했다. 무엇보다도 그 아기는 자기 아이가 아니었던 것이다.

어느 때부터인가 마을에서 아기 모습을 보기 어렵게 되었다. 며칠씩, 때로는 한두 달씩 모습을 감추기도 했다. 하지만 사람들은 아기가 안 보인다는 사실조차도 알아채지 못했다. 많은 사람들은 아기가 본래 마을에 있었다는 사실조차도 까맣게 잊어버리고 말았다.

그렇게 아기의 존재가 까맣게 잊혀 갈 무렵, 마을의 청년 하나가 기발한 생각을 했다. 마법의 쇠를 얻기 위한 경쟁이 갈수록 치열해지는 즈음이었다.

"그래, 그 아기를 이용해서 쇠를 모으는 거야!"

그런데 아기가 보이지 않았다. 청년은 급히 마을 구석구석을 뒤져 아기를 찾기 시작했다. 청년이 겨우 그 아이를 찾아낸 곳은 마을의 버려진 헛간 한구석이었다. 아기는 거기 웅크리고 누운 채 신음하고 있었다. 먹지를 못해 몸이 잔뜩 졸아들고 온몸은 상처로 가득했다. 내쉬는 숨은 달막달막했다.

청년은 얼른 그 아기를 데려다가 자기 방에 눕히고 급히 음식을 구해다가 먹였다. 아기는 정신을 차리고 눈을 떴으나 예전의 생기를 잃은 지 오래였다. 그렇지만 청년이 보기에 그 아기한테는 여전히 특별한 무언가가 있었다. 아주 오래전부터 살아온 아기라는 것부터가 특별하지 않은가.

청년은 아기의 상처를 대략 수습한 뒤 화려한 새 옷을 입히고 얼굴을 곱게 단장한 다음 아기를 안고서 장터로 나갔다. 그리고 사람들한테 소리쳤다.

"자, 이 아기 좀 보세요. 대대로 마을에 살아온 아주 오래된 아기입니다. 몇 백 년, 아니 천 년은 살았을 거예요. 그런데도 아직 이렇게 아기랍니다. 게다가 재주가 아주 신통방통하지요. 물구나무도 잘하고 재주도 잘 넘어요. 폴폴 날기도 한답니다."

그러자 사람들이 가득 몰려들었다. 청년은 아기한테 재주를 시켰다. 아기는 자기가 가진 재주를 힘껏 보여 주었다.

"에이, 별것도 아니구만! 그런 재주는 세상에 흔하디흔한 거라구!"

콧방귀를 뀌며 물러서는 사람도 있었지만, 흥미를 가지고 다가오는 사람들도 있었다. 청년은 아기의 재주를 더 보려면 쇠를 내라고 했다. 그냥 돌아가는 사람도 있었지만, 쇠를 내는 사람도 있었다. 아기를 자기한테 팔 수 없느냐고 묻는 사람도 있었다.

"무슨 말씀을요! 이 아기는 내 아기인걸요! 하기야 뭐 쇠만 충분히 주신다면……."

그렇게 다시 세상에 나온 아기는 멀고도 긴 여행을 시작하는 것이었다. 마을 사람들이 누구나 자기를 사랑하여 함께 행복을 나누던 지난날을 떠올리면서, 언젠가 그런 좋은 날이 다시 올 것이라고 믿으면서…….

- 현재 진행 중인 이 이야기는 과연 해피엔딩으로 끝날 수 있을까? - "그 후로 이 아기는 사람들과 더불어 오래오래 행복하게 살았습니다."
- 사람들이 그를 보살폈다고 하지만 사실은 그가 사람들을 보살폈던 이 아기의 이름은, 하늘을 닮은 '이 아기'의 이름은 바로 '이야기'이다. 옛날 옛적부터 우리 곁에 있었던 이야기, 옛이야기.